2023年度河南省哲学社会科学规划项目"新时代河南农村老
研究"(2023BSH015)

河南省教育厅人文社会科学研究项目"新时代河南省农村老
究"(2024-ZZJH-253)

2021年度河南省高等教育教学改革研究与实践项目"'新文科'背景下公共管理类
专业课程质量建设提升路径与模式创新研究"（2021SJGLX408）

经管文库·管理类

前沿·学术·经典

社区居家养老服务
需求特点及其满足策略

COMMUNITY HOME-BASED CARE SERVICE FOR
ELDERLY: NEED CHARACTERISTICS AND
SATISFYING STRATEGY

侯　冰　著

经济管理出版社

ECONOMY & MANAGEMENT PUBLISHING HOUSE

图书在版编目（CIP）数据

社区居家养老服务需求特点及其满足策略 / 侯冰著 .

北京：经济管理出版社，2024.11（2025.3重印）.

-- ISBN 978-7-5096-9854-9

Ⅰ. D669.6

中国国家版本馆 CIP 数据核字第 2024RN0107 号

组稿编辑：杨国强

责任编辑：白　毅

责任印制：许　艳

责任校对：王淑卿

出版发行：经济管理出版社

　　　　　（北京市海淀区北蜂窝 8 号中雅大厦 A 座 11 层　100038）

网　　　址：www.E-mp.com.cn

电　　　话：（010）51915602

印　　　刷：北京厚诚则铭印刷科技有限公司

经　　　销：新华书店

开　　　本：710mm×1000mm/16

印　　　张：16.25

字　　　数：301 千字

版　　　次：2024 年 11 月第 1 版　　2025 年 3 月第 2 次印刷

书　　　号：ISBN 978-7-5096-9854-9

定　　　价：98.00 元

　　精准识别老年人服务需求是影响社区居家养老服务质量的基础性内容和服务供给的首要环节，不仅涉及服务内容设置的合理性、供需匹配的精准性，而且还直接影响到老年人对服务的满意度和认同感。社区居家养老作为承接大多数老年人服务需求的重要模式，在运行中存在着针对性不足、精准性欠缺和供需错位的问题，导致服务缺乏吸引力和老年人潜在服务需求无法充分释放。因此，准确甄别老年人服务需求并作出优先性的满足策略安排，既是提升老年人服务满意度的有效路径，也是社会养老服务资源有限条件下的理性选择。

　　在"需求"的理解上，存在着"需要"与"想要"两种形态的区分。就老年人服务需求而言，"需要"表现在重要性基础上，是指老年人对服务的"依赖性"；"想要"则表现在超出"需要"的基础上，是指老年人对服务的"期待性"。为此，本书以"城市老年人社区居家养老服务需求"为主题，针对现有研究的不足，重点分析以下内容：第一，分析老年人对社区居家养老服务的整体需求表现、需求类型以及哪些因素对需求动机存在影响。第二，审视老年人的服务需求在"依赖性"和"期待性"间存在何种倾向，从依赖性角度如何作出服务需求满足的优先排序。第三，围绕需求的优先满足策略，探讨需求对象如何识别、服务资源如何投入和服务内容如何提供等问题。上述内容间存在着较为紧密的逻辑关系，也是理解与探讨老年人服务需求中无法回避的重要问题。

　　围绕研究内容，本书首先依据马斯洛需求理论、ERG 理论和人的需要理论，对老年人服务需求的内容、类型和"需要—想要"进行辨析；借鉴魅力质量理论及其 Kano 模型，探讨如何对"需要—想要"所表现出的"依赖性—期待性"进行操作化的区分。其次，通过对政策文本、研究文献和访谈资料的定性分析，构建社区居家养老服务需求的内容框架，并作为服务需求分析的主要内容。基于对上海、长沙、开封和银川的问卷调查，以及对老年人及家庭、政府、社区和服务机构的半结构化访谈，本书得出以下研究结论和观点：

（1）老年人整体服务需求较低，呈现出"期待性"高于"依赖性"的倾向。通过 Kano 模型的需求层次分析，共划分出 2 项必备要素、4 项一维要素和 5 项魅力要素，多数服务的需求层次较低；同时，多数服务的不满意度系数明显低于满意度系数，表明老年人服务需求的满足仍以非正式服务为主，尚未对正式服务呈现较高依赖。另外，社区居家养老服务发展水平有限、老年人对服务的认知与体验不足、服务接受习惯尚未形成也是依赖性较低的重要原因。

（2）老年人的服务需求较为集中。一是医疗保健类服务的需求普遍较高，且生活照料类高于精神慰藉类。二是在必备要素、一维要素、魅力要素的服务构成上，分别呈现出老年人对基础性服务功能的注重、对基础医疗可及性基础上的前置性与便利性服务期望、对围绕日常生活的补充性服务期待。三是在各类服务中，生活照料方面对家政类、照料类和应急类的日常型服务需求明显；医疗保健方面对上游性、基础性的疾病预防、健康维护、基础医疗的服务需求突出；精神慰藉方面呈现对具有能动性导向的自我满足型服务的集中需求。此外，上述倾向在整体和群体层面的表现也较为一致。

（3）老年人群体划分下的需求层次逐渐凸显，群体之间的"依赖性"存在明显差异。在老年人自我满足能力和家庭满足能力层面，各因素对需求的影响存在差异，其中，年龄、失能、居住状态和地区因素的影响作用最为普遍且突出。一方面，针对各年龄段、失能等级、居住状态的群体需求层次分析显示，群体间的需求层次差异明显，高年龄段、高失能等级和独居老人的需求层次最高。同时，群体之间的层次归属、不满意度系数（DI）和满意度系数（SI）呈现一定的梯次差异，其中，生活照料类、精神慰藉类差异明显，医疗保健类差异较小。另一方面，依据梯次性调研地区的选择，通过对地区之间的"依赖性""期待性"差异分析发现，上海的"依赖性"显著高于其他地区。上海、开封的"期待性"显著高于长沙、银川，而长沙、银川间的差异均不显著。因此，本书从"地区服务发展水平与老年人服务习惯""社会服务资源对社区功能的替代性"两个角度分别对地区间的依赖性、期待性差异给予了解释。

（4）在服务需求满足的应然策略和实然现状间，存在服务的可获得性困境。一方面，依据需求分析结果，本书从应然角度，对需求对象如何识别、服务资源如何投入、服务项目如何提供予以了探讨。另一方面，从实然角度，基于对服务供给现状的对照，认为服务提供能力不足所导致的可获得性困境，制约了服务需求优先满足策略的实现。然而，政策的导向性欠缺、政府角色的偏差和主体责任的不明晰影响了多元主体的功能协同，也是造成服务供给困境的深层次原因。

（5）老年人服务需求的有效满足，应立足于既定资源有效利用和服务能力持续提升两种视角。一方面，应强化正式与非正式服务的结合、实施动态需求评估与菜单化服务模式、加强服务侧重与推进医养结合，进而保证既定条件下老年人服务需求的优先满足。另一方面，在多元主体有序参与和服务供给能力的提升上，应逐步优化政府职能、完善人才培养机制、加强社区的服务平台作用，进而提升多主体参与的有序性、服务供给的持续性、服务获取的可及性。

在研究创新上，本书基于对老年人社区居家养老服务需求的理解，通过引入新的理论与方法，对需求做出"需要"和"想要"的形态划分，并在操作化层面进行区分，进而审视了整体和群体层面，老年人对社区居家养老服务的依赖性、期待性表现，并对服务需求的优先满足策略进行了探讨。本书在一定程度上扩展并丰富了相关研究的视角和思路，对老年人服务需求的理论研究和社区居家养老服务的发展具有重要的学术价值及现实意义。

目　录

第一章 绪论

第一节 研究背景与意义

一、研究背景

自 1999 年步入老龄化社会以来，我国的老年人口数量及其比例逐年提高，"老龄化"逐步从一种社会现象转变为一项不容忽视的社会问题，并对我国养老服务的发展形成倒逼态势。作为老年人保障的重要内容，社会化养老服务发展的最终目标，在于提升老年人的生活质量和生活满意度。其中，养老服务供给能否与老年人需求相匹配、多样化的需求能否得到有效满足，是影响养老服务发展及其功能实现的"源头性"问题和关键环节。同时，与发达国家数十年甚至百余年的老龄化过程相比，我国的快速老龄化又与"未富先老"的社会背景并存，这决定了囿于社会养老资源的限制，老年人的养老服务需求无法得到充分满足。进而，在服务资源有限的条件下，如何准确甄别老年人对各项服务需求的优先序列并采取相应的满足策略，成为我国当前面临与亟须解决的重要问题。

需求的准确识别与优先满足有赖于对不同服务的重要性判断，而需求层次的划分则反映出各项服务间的重要性差异。本书之所以针对城市老年人的社区居家养老服务需求层次进行研究：一是老龄化与现代化交织是探讨老年人需求的宏观背景，但潜在需求规模却不等同于现实需求；二是社区居家养老服务在城市养老服务体系中具有重要地位，将是承担绝大多数老年人服务需求满足的重要模式，也是本书研究范围限定的重要原因；三是老年人群体差异所导致的服务需求识别的复杂性，为本书研究的主题聚焦提供了现实意义；四是当前存在的供需错位问题，加之服务资源的有限性困境，映射出老龄化加速背景下识别老年人社区居家养老服务需求的紧迫性。

（一）老龄化产生的潜在需求规模并不等同于现实需求

老龄化进程中日益增长的老年人口数量，反映出潜在的养老服务需求规模；而现代化进程中的家庭功能弱化，则会产生老年人对养老服务的依赖。因此，老龄化与现代化的相互交织，将会产生较大的养老服务需求空间。

我国人口结构正处于快速老龄化、高龄化的过程中，养老服务需求日趋加剧。数据显示，2016年我国60周岁以上人口数量达23086万人，占总人口数量的16.7%；65周岁及以上为15003万人，占比10.8%。与2000年相比，65岁及以上老年人口增长6192万人，占比增加3.84%。预测显示，未来将是我国老龄化的快速发展阶段。如到2025年60岁和65岁以上人口比例将分别达到19.34%和13.4%；到2050年，60岁以上人口将超过4.87亿。其中，由于生活水平、医疗技术和人均寿命的提高，高龄人口所占比例将大幅度提升，预计到2050年，80岁及以上高龄老年人将超过1亿，占全球高龄人口的1/4。进而，人口老龄化将会不断扩大养老服务的潜在需求规模。

与此同时，核心家庭的形成、城镇化进程加快和社会流动日趋频繁，导致传统的家庭保障功能弱化或失灵，家庭对社会化养老服务的依赖性日渐加强。一方面，受特定人口政策影响，传统的家庭结构趋于核心化、小型化。统计显示，2015年我国家庭平均人口规模为3.10人，比1985年的4.33人下降了28.4%；65岁及以上人口抚养比为14.33%。老龄化速度快于经济增长，加之不断提高的抚养比，使代际赡养负担不断加重。随着独生子女的父母在2022~2030年进入老龄阶段，以及与子女"同住"可能性的减低，家庭养老功能的基础条件将进一步削弱，研究发现"已婚独生子女与父母同住的比例较同龄已婚非独生子女降低25%"。另一方面，现代化进程中的亲属关系弱化和社会流动加快，老年人空巢化、独居化程度随之提高。比如，2008年我国城市空巢家庭（包括独居）比例为49.7%，2020年达到1.18亿[①]，2030~2050年将达到70%~80%。因此，当传统家庭结构由"蜂巢"向"鸟巢"转变，老年人的自我养老风险将随着年龄增加而提高，对家庭外部的社会服务的需求与依赖性将不断增强，并会进一步激发潜在服务需求的释放。

然而，单纯的需求并不意味着重要，潜在的需求空间并不等同于老年人既

---

① 国务院. 国务院关于印发"十三五"国家老龄事业发展和养老体系建设规划的通知［EB/OL］.http：//www.cncaprc.gov.cn/contents/2/179240.html.

定需求向实际利用的转化。同时，家庭功能弱化所导致的对正式性服务的依赖，虽然可以作为服务需求的诱发动机，但依赖性的实际程度才是决定服务获取行为的关键因素。因此，在宏观层面如何识别与把握老年人对养老服务的"重要性"和"依赖性"倾向，涉及整体性社会资源与服务提供的策略安排。

（二）社区居家养老服务模式在服务需求满足中的压力不断提高

社区居家养老服务模式既符合老年人的养老意愿，也是未来城市社会化养老服务体系建设的重点领域，承担着绝大多数城市老年人服务需求满足的重要任务。随着老龄化的深入，社区居家养老模式在服务需求满足中的压力日益提高。

从国内外发展经验来看，机构养老虽然在特定时期作为社会化养老的主导模式，但由于建设成本高、收费标准高、床位数量不足和缺乏人文关怀等问题，在老龄化加速中的服务需求满足能力和作用不断弱化。以机构养老向居家、社区的就地养老转变，成为多数国家应对老龄化的普遍做法。就我国而言，从居家、社区和机构养老三者的定位看，机构养老从"十二五"规划纲要中的"支撑"变为"十三五"中的"补充"，既体现了在"未富先老"的背景下，我国应对老龄化和养老服务需求的思路与格局，也折射出发展的重心将进一步向社区居家养老倾斜。作为多层次养老服务体系的核心组成部分，虽然居家养老和社区养老作为相对独立的模式而存在，但由于两者在功能、操作和运行中所具有的紧密联系，社区居家养老往往作为一个有机的整体进行建设与发展，并在我国社会化养老服务体系中占据主体地位。同时，社区居家养老模式作为家庭与社会的最佳结合点，既能使老年人在熟悉的环境中养老，又能使居家老人接受来自社区为依托的社会服务。因此，社区居家养老服务将是未来的发展方向，在整个社会养老体系中的地位将日益重要。从我国部分地区的实践看，无论是上海的"9073"、北京的"9064"，还是宁波、武汉"9055"的养老服务发展格局，居家和社区养老将覆盖绝大多数的老年人口，也是连接机构养老的重要纽带[①]。以"9073"为例，以我国2016年老年人口测算（23086万人），社区居家养老服务的覆盖对象超过1.685亿，而同年的养老床位仅为680.0万张。

由于社区居家养老具有针对性、灵活性、价格便宜等优势，以及"就地养老"理念与老年人生活与居住习惯相一致，所以成为最符合老年人意愿的养老方式。研究显示，英国、美国和日本等国家选择社区居家的老年人达95%以上，菲律宾、越南和马来西亚等也都超过80%，我国绝大多数老年人同样希望选择

---

① 童星.发展社区居家养老服务以应对老龄化［J］.探索与争鸣，2015（8）：69-72.

在家养老。因此，在我国老龄化加速的背景下，社区居家养老作为承接并满足老年人多样化服务需求的主要方式，将成为决定整个社会养老服务体系能否有效发挥作用的关键。

此外，本书之所以选择"城市"进行研究，主要在于社区居家养老服务的发展有赖于社会整体服务能力与服务资源的充实性，在城市优先发展的建设取向下，城市现有社会服务、社会福利水平优于农村，具有较好的发展基础。进而，在服务的丰富性基础上，有利于对不同服务的需求层次进行区分。同时，正是由于社会服务特别是福利性服务资源的丰富性，城市老年人对养老服务的认知水平较高、接触渠道较广，更加易于在调查中获取更为准确的需求信息，有利于最终结论的合理性。此外，也有学者认为，城市社区居家养老服务的发展可以作为未来农村养老服务建设的路径借鉴，城市老年人的需求可能是农村老年人的未来需求[①]，因此，本书研究结论在一定程度上可能具有参照价值。

（三）老年人群体差异性导致需求识别的复杂性提升

老年群体具有非同质性特征，各群体需求也存在多样性、多维度和多层次的情况。比如，由于社会环境、家庭结构以及人口结构等变化，老年群体内部存在多元群体划分，并且同一群体内的老年人间也存在彼此差异。首先，就居住状态而言，在独居化、空巢化的趋势下，第一代独生子女父母的空巢现象甚至失独家庭的出现也将成为一种普遍问题[②]。有研究表明，"独生子女"老人的失独风险会随年龄增加而上升，50岁失独风险约2%，80岁、90岁则上升到7.76%和16%。尽管缺少家人照料而存在较高的养老风险，如独居老人逝于家中的情况屡见不鲜，但独居和空巢老人由于自身家庭结构的差异所面临的风险也不尽相同；同时，也存在老人不愿与子女同住而选择"主动空巢"，有调查表明希望"自理养老"的老人占51.88%，而不同的个人观念和生活意愿也将产生对不同服务的需求差异。其次，在健康层面，伴随着人均寿命的提高，我国老年人失能规模和失能率呈上升趋势。2014年，半失能和完全失能老人分别达到3000万和1000万，占总老年人口的15%、5%，健康或轻微失能的达到80%，城市失能老人预计在2034年将超过农村。失能老人的增加将会激发健康照护服务的需求，进而对家庭照顾能力和医疗服务能力提出挑战；而且，不同失能等

---

① 周云，封婷. 老年人晚年照料需求强度的实证研究［J］. 人口与经济，2015（1）：1-10.

② 韩振燕，郑娜娜. 空巢老人心理需求与老年社会服务发展探析——基于南京市鼓楼区的调查研究［J］. 西北人口，2011，32（2）：102-106.

级、健康状况，均会对特定服务的需求倾向产生影响。此外，由于年龄、收入、文化和家庭等因素相互影响，老年人间对服务的需求内容、程度、倾向等也不尽相同。比如，受特定的年代与社会环境影响，不同年龄段老年群体的需求特征存在差别[①]。

养老服务作为准公共服务的重要内容，满足老年人多元化、多层次的需求，既是积极应对老龄化的必然选择[②]，也是社会养老服务发展的立足点、着力点。固然生活水平提高和社会服务发展为需求满足提供了可能，但群体与个体差异将会产生多样化的需求侧重，并加大需求识别的复杂性。因此，围绕绝大多数老年人需求满足的目标，如何识别、以何种标准识别则成为供需匹配中服务对象识别精准、资源投入靶向精准的关键问题。

（四）服务资源有限性和供需错位导致服务缺乏吸引力

养老服务资源的有限性决定了服务供给中应做出优先策略的安排，而当前服务运行中存在的供需偏差则又影响并制约了有限资源的合理利用。

一方面，"未备先老"的现状表明与传统老龄化国家相比，我国对短期内进入老龄化未能做出充分应对。尽管社区居家养老是最符合老年人意愿和我国国情的养老模式，其地位也随着老龄化的深入而不断提高，但由于起步较晚、发展不完备，除部分先行地区外，多数地区的发展基础尚未夯实。从政策角度看，相比于步入老龄化的时间节点，存在政策出台晚、建设起步晚的情况，而且长期以"居家、社区、机构"划分又影响了对"社区居家养老"认识的统一。同时，由于养老服务资源供给体系尚不健全，政府投入成为服务建设最为依赖的方式。但是，区域经济发展的不平衡造成各地财政投入存在较大的差距，多数地区也存在投入不足的问题；加之社会总体福利水平和福利资源不足，最终形成了社区居家养老的重要地位与资源不足间的发展困境。

另一方面，有限的服务资源投入并未达到应有的预期效果，造成社区居家养老服务缺乏吸引力。社区居家养老服务作用的实现，有赖于老年人对养老模式的接受与认同；供需匹配的合理性、准确性则直接影响了老年人的满意度。在当前服务运行中，存在针对性不足、精准性欠缺的供需失衡与错位问题，导致服务对象群体化与诉求普遍化、高供给率与低利用率、内容单一性与需求多

---

① 姚远.老年群体更替对我国老年社会工作发展的影响［J］.国家行政学院学报，2015（3）：69-74.

② 胡爱敏.高速老龄化背景下我国养老服务的着力点——以马斯洛需求层次理论为观照［J］.中共福建省委党校学报，2012（12）：92-97.

元性、方式固定性与获取灵活性之间的矛盾，致使老年人潜在服务需求难以充分释放，影响了老年人对社区养老方式认同感和满意度、降低了养老服务的吸引力；同时，需求识别的精准性不足所造成的资源重复投入和无效成本的产生，进一步影响到社区居家养老服务自身功能的有效发挥和建设发展。例如，"免费的体验服务老年人竞相排队，而付费的服务购买却鲜有问津"的现象，除经济因素外，供需之间缺乏精准匹配也是重要原因。在服务内容上，生活、医疗和精神服务的发展存在不均衡现象，专业医疗服务和精神慰藉服务相对欠缺，传统的家政照料模式已不能适应时代要求。此外，当前服务提供中更多地将老年人予以笼统的整体或简单的经验划分，从老年人自身或群体细分角度探讨服务需求差异则相对欠缺，同质性的服务已无法满足多样性需求。

总之，以需求为导向已成为公共服务提供与改善的重要理念。作为基础性环节，对老年人服务需求的甄别与排序，既是福利政策制定的前提基础，也是政策实施中的重要工具，更是政策绩效与公共资源有效利用的重要保障。如何应对和满足庞大的老年人口数量所产生的多层次、多元化养老服务需求，成为服务资源向社区居家转移中所要应对的关键问题；"未富先老"的国情又决定了服务供给中理应体现出轻重缓急。因此，依据不同服务之间的"重要性"划分，确定优先满足序列，将有限的社会养老资源与多元化的服务需求进行有效和准确匹配，无论在实践或学术层面，都有必要对城市老年人社区居家养老服务的需求层次问题予以探讨。

二、研究意义

本书从城市老年人社区居家养老服务需求出发，通过社区居家养老服务内容框架的构建，在"需要"和"想要"两种需求形态的区分基础上，理解与甄别老年人对各项服务所表现出的"依赖性"和"期待性"差异。进而，依据各项服务在 Kano 模型中的层次归属，以"依赖性"为导向探讨老年人服务需求的优先满足策略问题，以期对理论研究进行丰富、为现实发展给予借鉴。

（一）理论意义

1. 有助于研究视角的丰富

老年人服务需求的产生源于自我和家庭照顾能力的不足。本书的分析视角，立足于老年人对各项服务"重要性"判断的差异，即非正式服务无法满足情况下对不同服务所表现出的依赖性程度。

在理论层面，"需要"和"想要"是需求理解中的两种形态，表现为"依赖性"和"期待性"间的差异。老年人社区居家养老服务的需求中，两种形态如何呈现、表现为何种倾向，现有研究相对不足。因此，本书基于对传统"表达性"需求①调查方式的适用性反思，即"需求率"是否可以完整展现老年人的"依赖性"或是更侧重于"量"的表达的问题，探讨如何更好地对需求差异进行甄别与判断。

为此，本书依据各项服务的"重要性"需求层次划分，结合不满意度（DI）系数和满意度（SI）系数，对各项服务的"依赖性"和"期待性"差异进行审视，探讨当前养老服务需求呈现何种倾向、何种特征以及需求动机产生的原因，并从服务的"不可或缺性"角度探讨不同服务需求的优先满足。这既是本书尝试解答的重要内容，也涉及"需要"和"想要"两种理解形态与需求研究的结合。

2. 有助于理论与方法的引入

新的研究视角的实现有赖于新的理论与方法支撑。现有关于养老服务需求的研究多采用"需求率"的方式，这不免造成对"需要"和"想要"两种需求形态的混淆，更无法有效甄别老年人对各项服务的"依赖性""期待性"表达。因此，本书引入了服务设置与供给策略研究领域的魅力质量理论及其 Kano 模型，通过对各项服务的需求层次分析，探讨老年人服务需求的"依赖性"和"期待性"倾向。进而，以精准把握老年人需求差异为基础，以优化和提升供需匹配性为进路，以提高老年人对社区居家养老服务的认同度、接受度和满意度为目标，对服务需求的优先满足进行讨论，为新视角、新理论和新方法的引入与结合做出尝试。

（二）现实意义

（1）有利于准确把握老年人的服务需求与侧重。本书从老年人需求视角出发，通过实证调查，对各项社区居家养老服务的需求层次进行识别。一方面，针对整体层面的需求分析，有利于对城市老年人的整体需求情况进行把握，这涉及社区居家养老建设与发展的紧迫性问题；另一方面，分析各项服务需求的"依赖性"和"期待性"倾向，有利于指导养老服务资源在整体层面的投入。

（2）有利于需求对象识别的靶向精准。本书认为，养老服务需求源于老年人自身、家庭等非正式照料能力的不足。因此，从生活、医疗和精神服务层面，

———————

① "表达性"需求是当前养老领域绝大多数需求研究中采用的方式，即针对特定服务项目"非常需要—不需要"选择或"1~5"的打分，通过需求率的排序或得分的高低进行需求高低的比较。

针对老年人的需求类型进行影响因素分析，探讨服务需求动机产生的内在规律，即哪些因素对需求产生影响、哪些因素影响较为普遍、哪些因素影响作用较为突出。进而，分析需求的产生机制，可以为服务提供对象的优先瞄准提供指导，有利于对象识别的"靶向"精准。

（3）有利于供需优先匹配的对接精准。一是本书针对各项养老服务的整体需求层次分析，有利于在共性基础上探讨服务提供的侧重性。二是基于群体层面，本书分别对不同年龄、失能等级和居住状态群体的需求层次及优先满足内容作出探讨，并对地区之间的"依赖性"和"期待性"差异进行比较。这既有利于在对象细分下，把握各老年群体的需求特征和内容差异，从而予以针对性、优先性的服务提供；也有利于在区域层面，对我国各地区间需求差异予以宏观审视。

此外，本书基于我国社区居家养老服务模式的发展定位、社区作为集成平台的功能内涵、多元化供给的发展趋势，通过对政府、街道、社区、机构人员的访谈，探讨了当前在需求优先满足中所存在的可获得性问题，进而针对服务需求满足和服务供给能力提升给予建议，也为当前社区居家养老服务的发展提供参考。

第二节 国内外研究综述

现有围绕社区居家层面探讨老年人需求的研究较为有限，而在养老服务整体层面的研究较为丰富。当前研究主要从探讨老年人需求的理解、需求类型的划分、需求内容的识别和需求动因的影响因素分析展开；同时，随着需求领域的研究深入，部分研究在需求识别的基础上，也对需求满足的优先排序予以尝试。为此，本书围绕以上内容，对现有研究进行梳理和讨论。

一、关于老年人养老服务需求类型的划分研究

养老服务需求是老年人为保证生活有序性而产生获取外部支持性、工具性服务的动机或目标选择；服务的需求又与老年人的自身特点、不同时代对于老年群体的认识密不可分。1982 年，《维也纳老龄问题国际行动计划》作为第一个老年政策领域的纲领性文件，明确了保健、教育、就业收入和社会服务等 10 项提议；1991 年底，《联合国老年人原则》提出了独立、参与、照顾、自我充实与尊严 5 项原则；2002 年，《马德里老龄问题国际行动计划》提出注重老年社

会、经济权利等。2015 年，世界卫生组织《关于老龄化与健康的全球报告》对老年人角色或身份、人际关系、享乐的可能性、自主性、保障和个人发展予以强调[1]。可以看出，随着时代发展与社会进步，对于老年问题或老年需求的认识，逐步从注重个体层面"生物性"需要向"社会性"需要延伸、从单纯强调个体"生存性"向"发展性"扩展，老年问题的社会认识也从"被动性"向更为"主动性"的视角转变。因此，应从社会整体性、融入性的框架和视角，理解和探讨老年人的需求问题。

国外研究中一般将老年人的需求归纳为"3M"，即资金（Money）、医疗（Medical）和精神（Mental）三个方面。其中，"资金"主要涉及如何保障老年人经济收入与物质需求满足；"医疗"涉及老年人健康，主要指医疗保险；"精神"则涵盖心理慰藉的需求满足。Forder 等（1975）将老年人需求概括为健康、经济、居住、心理和社会等方面。健康需求包括基本预防与治疗、慢性病管理和健康维持；经济需求涉及获取维持最低生活水平的经济资源；居住需要指生活环境中的适老性实现；心理需求指老年阶段的目标达成与角色适应[2]。此外，美国杜克大学开发的"美国老年人资源与服务量表"（The Old Americans Resources and Service，OARS），从社会资源、经济资源、精神健康、身体健康和日常行动（ADL）五个维度，将老年人服务需求划分为家政、巡视、交通、照护、护理、持续性看护、心理健康、个人事务和综合评估等 24 项内容。Cantor（1985）从解决老年人主要困难的角度，认为养老服务应涵盖个人社会化与发展、日常生活协助、健康就医协助三方面内容[3]。此外，在澳大利亚的老年人社区服务需求普查中细分出 76 项服务。

在我国老龄政策领域，自 20 世纪 80 年代以来对老年人需求类型划分主要形成了三种模型，即"五个老有""六个老有"和"八个老有"。其中，1982 年提出的"五个老有"包括"老有所养、老有所医、老有所学、老有所为、老有所乐"，涵盖生活、健康与精神三个方面。有学者认为"五个老有"和马斯洛的需求层次划分相契合，穆光宗则对两者的对应关系作出了探讨。"六个老有"在

---

① 世界卫生组织 . 关于老龄化与健康的全球报告［EB/OL］.http：//www.who.int/ageing/publications/world-report-2015/zh/，2015.

② Anthony Forder，Rose G. Concepts in Social Administration: A Framework for Analysis[J]. Social Service Review, 1975（1）: 438-441.

③ Cantor Marjorie, Virginia Little. Aging and Social Care[J]. Handbook of Aging and the Social Sciences, 1985（1）: 745-781.

"五个老有"基础上增加了"老有所教",强调了提高老年人精神修养与终身受教理念;"八个老有"又增加了"老有所伴"和"老有所终"。其中,"六个老有"是政策与研究领域普遍使用的需求划分形式,也是老年问题探讨的目标参照。此外,地方性文件中的"六助""十助"等,也体现出对老年人服务需求的认知。上述内容,体现出我国在不同时期和发展阶段对老年问题和老年需求认识的丰富与深化。

在研究领域,生活、身体与精神是较为常见和普遍使用的划分方式。其中,行红芳(2006)认为,在家庭核心化、支持功能弱化中,日常生活照料居老年人需求的首位。另外,部分研究尽管把养老服务需求划分为三种类型,但对各类型的内容界定、表述却不尽相同。比如,王俊文和文杨(2014)概括为"生活护理""家政服务"和"精神文化";在老年社会工作领域,则理解为生存、生活和生命[1]。

基于上述三种类型划分,部分研究依据特定的内容与目标,将服务需求进一步细化,增加了安全保障、经济供养、文化娱乐、社会参与,或法律援助、慈善救助、培训和志愿服务等。周伟文等(2001)将老年人社区生活需求划分为物质生活、日常料理、健康保健和精神文化四个方面,并认为对医疗与精神需求最为普遍与关切。李斌等(2016)在需求调查中采用餐食、医疗、家务和健康精神的四类划分;李新辉等(2015)则将养老服务需求划分为生活照料、家政维修、医疗保健、精神慰藉、安全防护、文化体育六个方面[2]。同时,王石泉(2006)根据"基本"和"潜在"维度划分为八个方面,基本需求包括养老金、医疗保健、生活护理、法律维权,潜在需求涵盖心理健康、社会消费、老年文化和事业发展;但是,对生活与护理服务的交叉分类方式,容易造成服务功能界定与内容设计的混淆。此外,阴国恩等(2001)也将养老服务需求划分为物质、健康、价值实现、学习、活动、情感、尊重和人际关系八个层面;根据这八个层面,吴捷和程诚(2011)通过实证分析得出城市低龄老人的七个需求因子,即人际、经济、亲情、认知、尊重、价值和保健需要[3]。另外,部分研

---

① 王俊文,文杨.我国农村养老服务需求现状及对策研究——基于江西赣州的调查[J].江西社会科学,2014(9):181-185.

② 李新辉,艾景涵,胡海峰,等.新疆农村维吾尔族、哈萨克族老年人养老认知及养老需求调查研究[J].西北人口,2015(2):29-32.

③ 吴捷,程诚.城市低龄老年人需要问卷的编制[J].天津师范大学学报(社会科学版),2011(4):77-80.

究从物质性与非物质性角度将老年人需求划分为经济、生活、健康、情感四个方面，如田奇恒、孟传慧（2012），并将物质需要视为基本需要，进而以此划分并探讨了我国当前公共养老服务供给现状。郭竞成（2012）则参照"六个老有"将老年人需求进行"物质—精神"的区分。在价值需求方面，明艳（2000）从心理学角度划分出"液化"和"晶化"心智，并认为应侧重于晶化智力的老人精神需求满足，以"老有所为"实现"老有所成"。

同时，马斯洛需求层次理论作为多数研究普遍采用的理论依据，胡爱敏（2012）以此划分出物质、精神和文化养老三类需求，物质养老涉及通过经济赡养以满足生理、安全的需要，精神养老是在精神关爱基础上实现老年人自我尊重与认同，文化养老旨在老年社会参与中的自我实现。周兆安（2014）将其分为健康维护与生活照料、经济供养、婚姻家庭、社会参与和精神慰藉、体验安全与身后事宜安排等。另外，也有研究利用需求层次理论分析了特定的老年需求，如信息需求层次与内容划分①，也有对养老规划服务的讨论，傅双喜（2011）针对心理需求的层次分析，认为物质需求大于精神需求。然而，宋跃飞（2010）认为五种层次划分尽管有利于对老年人需求的理解，但现实中各层次之间存在内容交叉重叠，进而缺乏明晰的操作界限；同时，老年人需求的变化具有时间性、空间性与文化环境特征，存在各层次之间的侧重性差异，应基于整体性、综合性、相对性的视角予以识别。

除上述研究外，也有从现象学视角对老年人需求类型进行质性分析。比如，陆群峰（2012）认为，老年人及其主要照顾者除具体支持性服务需求外，还存在信息性、心理精神性、社会生活性三种需求意愿。在家庭支持领域的质性研究中，曾友燕等（2006）将老年人服务需求归纳为日托服务、心理咨询、志愿者服务、家政服务、法律援助五个方面，并发现老年人对于护理服务需求主要集中在心理支持与政策资源支持两个方面，其中心理支持包括精神慰藉、文化娱乐、志愿服务，政策资源支持包括日托、家政（中介）、安全维护和法律援助服务。田君叶等（2010）针对空巢老人的社区医疗护理服务需求的质性研究，归纳出基本型与拓展型两种需求类型，并细分出 11 项具体服务。此外，在心理需求方面，曹娟等（2015）基于 ERG 理论，从生存、关系和成长三种需求层次，演绎出健康、安全、亲情、交往、尊重、求知和价值需求七个方面，并结合需求的"满足—受挫"关系，探讨了老年人三种心理需求层次之间的并存现

---

① 左美云，刘勍勍，刘方．老年人信息需求模型的构建与应用［J］．管理评论，2009，21（10）：70-77.

象与转化关系。陈尹（2014）通过扎根理论，归纳出老年人社区心理需求的三种"积极"倾向，即积极的能力、体验和环境，分别对应于老有"所为、所乐、所依"，探讨了各倾向之间的关系转化。王凯（2011）通过扎根理论，构建出 4 类核心范畴、8 个关联范畴和 63 个概念表述的养老服务需求关联模型。

可见，关于老年人的需求划分并无统一的标准，基于不同视角的需求类型划分也不尽相同。然而，无论何种划分，均涵盖了日常生活所涉及的生活有序、身体健康和精神关爱三个方面。就本书而言，为了保证服务类型的整体性、服务项目类属的合理性，将依据日常照料、医疗保健和精神慰藉的分类对老年人社区居家养老服务需求进行分析。

二、关于老年人养老服务需求内容的实证研究

当前对于老年人整体养老服务或社区养老服务需求的实证研究具有内容丰富性、视角多样性的特征，主要从"宏观—微观"视角，对整体层面、特定区域、特定群体和特定服务的需求作出分析。

（一）全国性研究

在一般性的老年人服务需求研究中，有学者基于国外老龄化的发展历程，认为在我国快速老龄化的发展趋势下，养老服务需求程度将不断提高。周云和封婷（2015）在老龄化与生活照料服务需求之间的关系中加入了"强度"的概念，并在人口、经济和社会等变量的基础上作出相应的需求强度分析[①]。

在全国性调查方面，有研究显示，老年人服务需求集中于医疗保健和精神文化层面，认为社区应提供工具性与表意性服务。然而，养老服务又存在服务内容单一、利用率低、价格不合理和可靠性不足等问题，服务提供存在物质服务过剩、精神文化相对忽视的失衡；部分研究也印证了低利用率、低知晓率情况，如张俊良、曾祥旭等（2010）；也有学者提出当前老年人的养老服务需求整体偏低。丁志宏和王莉莉（2011）基于需求、供给与利用三个维度对不同服务的"利用差"和"需求差"作出对比，发现社区居家养老服务存在"供给率低、利用率更低"的问题，即绝大多数服务供给不足且存在较大的需求缺口。而供给缺口在国外也同样存在。比如，加拿大对 9 项居家服务需求普查显示，26.8%的老年人存在需求，但 17.7%的老人至少 1 项需求未能满足，超过 2 项及以上未满足的老人超过 50%；其中，家政、房屋维修未满足率最高，魁北克、哥伦

---

① 周云，封婷.老年人晚年照料需求强度的实证研究 [J].人口与经济，2015（1）：1–10.

比亚的服务缺失最严重（≥3 项）。美国老年糖尿病患者的社会工作、家庭护理、家政、医疗设备等需求未能满足的情况也较为突出[①]。此外，也有对服务的可获得性进行评价。

王琼（2016）对全国调查性数据的分析发现，老年人对于社区居家养老服务的整体需求较高，但各项服务的需求差异较大，其中，上门治疗最高，上门护理、康复质量、法律援助等相对较高；然而多数服务利用率均很低，服务提供存在过剩的问题，与丁志宏和王莉莉（2011）的结论较为一致。但是，上述对供给率的统计，多由"有—无"两分选项构成，在调查中可能存在着对服务提供"不清楚"的情况，并可能做出"无"的回答，进而可能造成对实际供给情况的低估，继而供过于求的问题可能更为严重。

此外，黄匡时（2014）针对生活照料服务的需求水平与潜在需求进行了探讨。一方面，将特定服务的需求率划分为"低、中、高"三种标准，发现对家政、心理慰藉的需求水平较高，对疾病健康照料需求最低；另一方面，基于潜在需求模型将各项服务的需求变化趋势划分为下降、上升、波动和平稳四种类型，其中，健康与家政需求的下降趋势和精神需求的上升趋势明显，照料需求存在波动，疾病照料因需求水平低而变化趋势相对平稳。林文亿（2015）针对独居、失能和一般老人的需求调查对比发现，医疗、家政服务需求普遍较高，失能老人对于应急、精神服务的需求突出，独居老人对配餐送餐需求最高[②]；不同地区老人的养老意愿也存在差别[③]。除服务利用的研究外，有国外研究开始对服务的单位价格比较给予关注。

（二）地区性研究

在区域性的老年人服务需求研究中，史薇和谢宇（2014）针对北京的研究显示，老年人居家服务的需求程度偏低，"不需要"的服务比例占绝大多数。王红（2015）的研究显示出对老年餐桌的需求倾向，而对上门护理治疗、陪同就医和康复等健康保障最为迫切，这与李兵和张文娟等（2008）研究一致；但是，王红却认为，老年人的社会服务需求非常巨大，且不与年龄呈线性关系。

针对上海的研究中，朱蓉等（2013）调查显示家政、护理、老年餐桌、紧

① Ji Seon Lee. The Unmet Needs of the Elderly with Diabetes in Home Health Care [J]. Social Work in Health Care, 2007, 45 (3): 1–17.

② 林文亿. 影响老年人使用社区服务的因素：相关理论及国内外研究现状 [J]. 社会保障研究, 2015 (3): 105–112.

③ 王洪娜. 山东农村老人入住社会养老机构的意愿与需求分析 [J]. 东岳论丛, 2011 (9): 169–173.

急救援、电梯安装、免费体检等需求程度最高，其中，在服务项目列举上具有地方性特色，比如"老房电梯"和"室内通风日照"等。李斌等（2016）的调查显示，上海老年人对医疗、健康、精神、助餐和家政类服务需求程度较高，老年餐桌、配药、维修、紧急呼叫需求强烈；同时，助餐服务存在成本和需求的反相关，即成本越低、需求越高，医疗服务的专业化程度与需求呈反相关，即专业化越高、需求越低。然而，成本与需求水平间的关系尽管看似呈现显性的规律特征，但其内部所表现出的需求是否属于真实需求，则有待进一步探讨。

针对东北地区的研究中，宋宝安和杨铁光（2003）认为针对养老过程中普遍存在收入、看病与外出等困难，在养老资源有限的情况下应该按照需求的排序，优先满足老年人普遍、迫切的服务内容[①]。在具体服务项目的需求识别中，有学者以服务项目的必要性为视角，发现老年人对就餐、家庭病床与上门就诊、维修、陪同与读报等服务较为重视，但却存在着供给能力不足、服务内容单一和供给不契合的问题，将会影响到老年人需求的表达与满足。王烈等（2007）从价格对服务需求的影响和制约角度，对老年人社区服务需求作出有偿与无偿的区分，其中，有偿服务中的"家政清扫、就医、就餐"和无偿中的"组织活动、养生宣传与法律维权"需求最高，并且医疗保健服务的整体需求较为突出[②]。

此外，也有学者对其他省市进行实证研究，如葛文钰（2011）和王章安等（2015）对南宁的调查显示，老年人对照料、家政类的社区服务需求较高[③]；刘艺容和彭宇（2012）对湖南的调查显示，老年人对体检、家政和心理服务需求最为突出且具有强烈的需求意愿[④]。上述研究多是在整体层面对老年人需求进行探讨，陈传锋等（2007）则基于购买意愿，发现老年人对特定服务存在需求，但购买意愿占比很低（家政、医疗、就餐相对较高），并认为是由老年人对服务尝试性与不信任性矛盾的消费观所致[⑤]。

① 宋宝安，杨铁光．观念与需求：社会养老制度设计的重要依据——东北老工业基地养老方式与需求意愿的调查与分析 [J]．吉林大学社会科学学报，2003（3）：72-78.

② 王烈，王阳，吴辉，等．沈阳市和平区老年居民健康状况及社区服务需求调查［J］．现代预防医学，2007（9）：1630-1632.

③ 王章安，杨龙，滕雪萍．南宁市社区老年人群居家养老服务需求［J］．中国老年学杂志，2015（22）：6535-6537.

④ 刘艺容，彭宇．湖南省社区居家养老的需求分析——以对部分老年人口的调研数据为基础［J］．消费经济，2012（2）：63-66.

⑤ 陈传锋，原献学，赵海清，等．城市退休老年人居家养老消费心理研究［J］．心理科学，2007（5）：1221-1224.

此外，黄雅颖（2016）调查发现，厦门老年人对医疗服务的整体需求最为突出，应急、家政类需求较高；同时，各群体间的需求倾向存在明显差异，独居老人的助餐需求突出，失能老人对医疗、应急和精神层面的需求水平较高[①]。陈玉娟等（2013）基于性别区分，对石家庄老年人的居家服务需求差异进行了对比，其中，男性老人面临角色转换的问题，对家政与精神文化服务需求较为迫切；女性老人对医疗、护理、保健与应急服务需求较高；需求侧重的差异也被认为是受传统家庭文化与性别分工的观念影响所致；但是，基于生物性，"老有所医"呈现性别的一致性。田北海和王彩云（2014）基于湖北的调查结果，认为老年人服务需求取决于家庭养老与社会养老服务对老年人自我养老的替代程度，而非自身经济水平和服务品质所决定。

从各地调查来看，老年人对生活照料和医疗保健类的服务需求较为集中；多数研究也表明老年人对医疗保健类服务的需求程度更高也更为迫切。在特定服务的需求上，取决于对老年人自身照料能力不足的弥补程度，如多项研究显示，老年人对于健康管理与维护的重视，反映出对自理能力延续的诉求；而助餐、家政的普遍需求，表明老年人对体力劳动能力不足的弥补诉求。同时，多数研究表明，尽管老年人对精神慰藉、文化娱乐存在普遍需求，但由于精神服务的重要性、功能弥补作用有限，因此相应的需求水平和迫切程度较低，当然也与社区精神文化服务的提供欠缺有关，即"重要性低说明提供急迫性较弱，供给的不足又对需求的激发产生抑制"。然而，重要性低不等于可以忽视，精神服务的受众群体是哪些老人、哪些服务的需求程度较高，是有待进一步探讨的问题。另外，地区性实证研究表明，各老年群体间存在着差异化需求内容与倾向，值得进一步探讨。

（三）特殊老年群体调查

现有的对特定老年群体的实证研究，多是针对医疗服务需求展开。然而，老年人对医疗服务的普遍关注，并不意味着需求水平与需求内容的一致性。针对失能老人，胡宏伟等（2015）对我国长期护理服务需求的预测显示，轻度、中度失能老人对健康咨询与维护、助餐、用药指导需求较高，未来对用餐、用药和临终关怀的有效需求空间大；用餐、用药、康复、代办、陪同就医等潜在

---

① 黄雅颖.厦门老年人生活需求状况调查分析［J］.中国统计，2016（4）：57–60.

需求空间最大，需要予以侧重①。郭延通和郝勇（2016）针对各健康程度的老年人对比显示，生活照料需求普遍存在，如助浴、紧急呼叫；对健康维护性服务的需求较为集中，如配药、陪诊和慢性病维护；但各失能老人对专业化服务的需求侧重不同，失能和普通老人对设施需求无明显差异。董倩楠等（2016）基于文化和自理能力维度，发现文化程度低的老人对陪诊、助餐、陪同聊天等服务需求较高；自理能力低的老人对应急援助、用药指导、送餐和心理疏导等服务需求较高。同时，在居家与机构养老之间，有学者认为机构养老的满意度高于居家老人；但是，有研究却得出了相反的结论，认为机构老人社会支持脆弱、健康状况较差，并且居家老人对医疗、康复和精神服务需求远低于机构老人。

有部分研究针对家庭小型化和家庭支持功能弱化，来探讨特定的老年群体需求。其中，空巢老人作为代表性的群体，成为研究的重点对象。针对独生子女家庭的空巢群体，研究发现老年人获取家庭的经济、照料与情感支持十分有限，如风笑天（2009）②、石燕（2008）③等。有研究显示，在经济、健康、情感和生活等社区居家服务需求方面，城镇空巢老人对健康保障中的社区医疗、定期体检、上门就医、护理等需求较大，但对康复服务的认知、体验有限而需求较低；在精神层面对参与社区组织的文体娱乐活动需求突出；生活照料需求集中于家政、代购代缴、心理疏导、陪同服务等，但陪同、精神服务的提供相对欠缺。也有个案研究发现，空巢老人的养老服务需求较为一致，对生活照料的关注最为突出。可是，有学者指出空巢老人的服务需求并非呈现同质性特征，自我照顾和代际支持能力是决定需求的关键；空巢老人因具有较强的自我照顾能力，应提供侧重于自我能动性激发的服务。此外，因特定人口政策所致，有学者针对失独老年人所面临的困难与需求进行探讨。比如，陈盼盼（2015）基于访谈分析，发现失独老人普遍具有经济、照料、精神与交往需求，且后三类需求最为突出。龚志文和刘太刚（2015）则着重分析失独老人家庭所存在的特殊性和共通性的服务需求，其中，特殊性的需求包括心理疏导、法律援助和角色尊重，共通性则体现在情感、经济、生活照料、疾病照顾和社交等方面。

在特定需求对象的选择上，有学者认为主要照顾者（或家庭）作为养老

---

① 胡宏伟，李延宇，张澜.中国老年长期护理服务需求评估与预测［J］.中国人口科学，2015（3）：79–89.

② 风笑天.独生子女父母的空巢期：何时开始？会有多长？［J］.社会科学，2009（1）：51–61.

③ 石燕.城市独生子女空巢家庭的阶段划分与特征［J］.人口与社会，2008，24（1）：24–28.

服务的接受者，在老年人服务需求的研究与探讨中也应纳入考虑范围，如熊跃根（2008）、王方兵（2015）。Dooghe 等（1992）将主要照顾者的困难或负担划分为经济、交往、家庭和自身健康四个方面[①]。有学者针对失能老人主要照顾者存在的经济、健康、技能和交往等困难，认为应提供信息咨询、个案评估、技能培训、喘息服务以及津贴、休假制度等，保证照料者功能的实现。Neville 等（2015）在对痴呆老人的照顾者支持服务中，对喘息服务给予强调[②]；同时，Abdul-Hamid 等（2015）发现老年精神医疗的引入也有利于家庭老年精神病患者需求的满足[③]。蔡骅（2007）的调查发现，老年人对日托照料的选择意愿并非完全出于乐意，而多是处于对日常照料特别是就餐的考虑；并且，老年人希望丰富日托服务功能，特别是诊疗、娱乐和健康教育等[④]。此外，也有学者以少数民族女性老人为对象进行需求分析。

（四）特定服务需求调查

身体机能与年龄的反相关是由生物性决定的。健康水平下降将使老年人对健康服务的需求较为关注。在积极老龄化理念下，健康保障服务的需求识别及其提供成为当前研究与实践中最为关注的问题之一。社区居家医疗服务依托于社区卫生功能的支撑，涉及预防、治疗、保健、康复和教育等社区医疗各个环节；同时，应急医疗和老年医学逐渐融入社区综合健康服务框架下。有研究发现，老年人希望享受健康照顾、上门治疗、签约医生或保健之道、家庭康复等服务，同时价格水平、服务水平和技术水平影响了需求的实现。张小曼等（2016）对徐州的调查显示，在健康指导、监测与护理三类社区护理服务中，疾病预防、健康监测、注射、用药指导和康复服务需求率均高于90%[⑤]。

在各项服务的需求排序上，周文利和杜雪平（2011）发现老人对预防性医

① Dooghe，Gilbert. Informal Caregivers of Elderly People: An European Review［J］. Aging and Society, 1992（12）：369–380.

② C. Neville，E. Beattie，E. Fielding，et al. Literature Review：Use of Respite by Carers of People with Dementia［J］. Health & Social Care in the Community，2015，23（1）：51–63.

③ Abdul-Hamid W. K.，Lewis-Cole K.，Holloway F.，et al. Comparision of How Old Age Psychiatry and General Adult Psychiatry Services Meet the Needs of Elderly People with Functional Mental Illness：Cross-sectional Survey [J]. British Journal of Psychiatry the Journal of Mental Science，2015，207（5）：440–443.

④ 蔡骅. 城市日托养老需求分析［J］. 上海师范大学学报（哲学社会科学版），2007（3）：118–125.

⑤ 张小曼，李慧敏，石红丽，等. 徐州市城市老年人社区护理需求及利用状况调查分析［J］. 现代预防医学，2016，43（11）：1952–1954.

疗服务较为关注，需求意愿依次为定期体检、健康指导和健康教育[①]；也有研究认为，老年人对社区居家中健康促进型服务的需求最高，健康维持意愿强烈，但对护理或治疗型需求最低；然而，预防维护需求则多出于减轻经济或子女负担的考虑。同时，也有研究对性别需求差异给予关注。冯磊等（2013）从性别、文化和收入等维度的对比，发现女性和享受医保的老年人对医疗服务需求相对较高[②]；预防型需求与老人文化程度呈正相关影响。针对康复护理服务，严书欢等调查发现，老年人需求主要集中在健康保健、住养护理和康复训练三个方面。

研究表明，高血压、糖尿病等慢性病对老年人自我照顾能力具有重要的影响，年龄每增长 10 岁会增加 50% 的患病风险。有学者认为，慢性病老人的卫生需求包括健康教育、慢性病管理、膳食指导和心理咨询等方面，如冷静等（2010）[③]等。同时，护理服务需求集中在医疗方面，如疾病护理、慢性病维护、用药指导和康复等，但临终关怀的需求较低；而标准化规范化不足、专业水平不高和传统观念抵触，是造成临终关怀需求难以释放的重要原因。另外，在长期护理服务上，谢晖等（2015）调查显示，慢性病老人对定期问候、助行与休闲娱乐服务的需求较高[④]。

在对象选择上，也有学者将视角前移，针对 40~60 岁群体，探讨未来老年护理服务的需求情况。但是，此项研究虽然具有一定的前瞻性，但可能存在对于需求变化或不确定性情况的忽视，即使被选对象步入老龄阶段，但仍是老年人口的部分构成，难以反映老年人整体的需求；最为重要的是，老年人在自我或家庭满足能力较高的情况下，难以产生外部服务的需求动机或服务认知。

整体而言，在社区卫生服务上，同样存在"潜在空间大却利用率不高"的问题，而老年人的信任感、认同感较低是造成服务参与度不高的重要原因；在护理服务中应给予老年人及其亲属更多的个性化和尊严。

此外，精神层面的需求识别逐渐成为研究关注的重点。对于老年人精神需

---

① 周文利, 杜雪平 . 北京市月坛社区老年居民的社区卫生服务需求调查 [J]. 中国全科医学，2011（1）：73–75.

② 冯磊，王艳玲，孙全超，等 . 吉林市城市老年居民卫生服务需求及满意度调查［J］. 中国老年学杂志，2013（10）：2406–2407.

③ 冷静，邓冰，胡艳文，等 . 贵阳城区老年慢性病人的卫生需求及社区卫生服务中心卫生资源配置状况调查［J］. 中国全科医学，2010（28）：3182–3184.

④ 谢晖，梁鸽，翟春晓，等 . 老年慢性病患者对长期照护志愿者的需求及影响因素分析 [J]. 中华护理杂志，2015，50（7）：781–784.

求，有学者将其划分为亲情、社交、文化娱乐、教育和自我实现需求，各类需求间又存在着"差序格局"。刘金华和谭静（2016）将老年人精神慰藉需求分为客观支持与自我实现两种维度，并通过两种维度的交叉，将精神慰藉服务划分出黏着型、松弛型、消极型和独立型四种类型。同时，由于家庭情感支持的缺位，空巢老人成为精神需求研究中的重点对象。例如，韩振燕和郑娜娜（2011）对南京的研究显示，空巢老人存在安全感、成就感、需要感的欠缺，具有情感、尊重、文化娱乐、交往、法律和志愿参与等精神需求。

在文化娱乐方面，赵鹏（2001）认为应转变对老年人"被动授予"的认识，强化主动性的社会互动需求满足，而组织老年活动、提供活动场地、配备设施等则与老年人的精神文化需求意愿相契合[①]。在老年教育方面，孙利军等（2015）针对北京市老年人图书阅读的研究显示，老年人图书阅读多出于养生保健、学习求职和娱乐消遣的动机，对健康、历史、文学艺术较为偏好[②]。同时，也有针对老年教育和体育参与等需求的探讨。例如，吕小强（2015）对老年教育开展情况进行研究，认为应拓展文化知识、健康知识和娱乐文艺等教育内容[③]；阮云龙等（2016）认为老年人的体育活动需求普遍存在，对体育组织培育、健身指导和体质检查需求较高。

此外，也有针对老年人信息、社交媒体需求的研究。其中，左美云等（2009）结合需求层次理论，构建了老年人信息需求层次模型[④]；针对各层次信息服务，郭颖等调查发现，老年角色的社会认识、兴趣发展、问题活动、物价等是老年人关注的内容，需求倾向也存在性别差异。Fischer 等（2014）围绕健康信息技术服务，发现老年人需求不同于年轻人，并且传感器、家庭监测器等辅助技术有助于"就地老化"；但现有服务的认知、意愿、信任、隐私和内容设计等有碍于老年人的服务使用[⑤]。

三、关于老年人养老服务需求的影响因素研究

现有研究中，对需求的影响因素分析成为最为主要的内容；对服务需求

---

① 赵鹏 . 西安老年人居住环境空间需求研究［D］. 西安建筑大学硕士学位论文，2001.

② 孙利军，万晨 . 基于北京市老年图书阅读的实证分析［J］. 出版发行研究，2015（3）：78-81.

③ 吕小强 . 终身教育视野下我国老年教育发展探究［J］. 成人教育，2015（4）：14-16.

④ 左美云，刘勍勍，刘方 . 老年人信息需求模型的构建与应用［J］. 管理评论，2009（10）：70-77.

⑤ S. H. Fischer，D. David，B. H. Crotty，et al. Acceptance and Use of Health Information Technology by Community-Dwelling Elders[J]. International Journal of Medical Informatics，2014，83（9）：624-635.

"量"的统计描述，也多是作为探讨影响因素的铺垫。首先，在养老意愿上，存在个人特征、社会地位和家庭状况三个微观层面的共同影响，其中，是否与子女或配偶同住[①]、患有慢性病种类、精神抑郁情况和收入水平标准（≤3800元），也对居家养老的选择存在影响。针对收入因素，栾文敬等（2012）发现社会保险对社会养老意愿存在显著的正向作用[②]。

其次，相关研究主要从定性、定量两种角度展开。在定性分析中，吕璧如（2017）从溢出视角提出了社会服务对家庭照顾的替代效应，即服务的可获得性与家庭照料的需求呈反向关系[③]。宋跃飞（2010）从"主位"视角出发，认为需求意愿是老年人依据自身、家庭和外部环境所做出的理性策略决定；所谓的养老服务需求夸大也是源于老年人主观的心理取向，对正式性服务可靠性不足的判断所致。同时，有研究从"个人—社会"视角，认为社区居家服务需求与个体层面的子女数量呈反相关、与年龄和收入呈正相关，居住状态（特别是独居、纯老）也存在影响；社会层面主要受传统观念、公共资金投入、服务设施和专业化水平影响。此外，Bourgeois等（2008）基于老年社区服务需求的访谈，认为服务接受取决于"价值、愿望、担忧"，特别是独立、自主、尊重、自由的诉求和代际间的亲密程度等[④]。然而，也有研究认为收入对需求并非呈完全的"线性"影响，老年人需求整体侧重于基础性服务功能的满足，需求也非因收入增加而无限提高，"高收入老人接受高水平的服务"的想法在一定程度上属于"伪命题"。

在定量研究中，有研究表明文化程度和日常生活能力（ADL）对社区居家服务需求存在显著影响。李斌等（2016）从日常照料、应急援助和是否独居角度，认为大多数老人具有社区养老服务需求；同时，失能程度、照料资源存在影响，且失能的影响更为突出；资源获得越多的老年人更倾向选择日间照料服务。王琼（2016）认为社区养老服务需求也存在各居住状态之间的差异，但独

---

① 吴翠萍. 影响城市居民未来养老意愿的因素分析［J］. 中国老年学，2011，31（12）：2296-2297.

② 栾文敬，郭牧琦，孙欢，等. 社会保险与养老方式选择：参保是否会影响农民养老方式？［J］. 西北人口，2012，33（6）：55-60.

③ 吕璧如. 长期护理保险的家庭溢出效应研究综述及对我国的启示［J］. 社会保障研究，2017（1）：102-107.

④ V. Bourgeois-Guerin，N. Guberman，J. P. Lavoie，et al. Between Family and Formal Services: The Needs of the Elderly in Need of Assisted Care［J］. Canadian Journal on Aging-revue Canadienne Du Vieillissement，2008，27（3）：241-252.

居和纯老在"上门就诊"外的差别并不显著,并将此解释为两者需求的趋同性;而老年人参与意愿对服务需求也存在促进作用。郭延通和郝勇(2016)发现,年龄、子女数量、同住人数和健康因素对生活、医疗和精神需求均存在影响,收入因素仅对医疗、养老设施需求存在影响;与整体性需求研究不同,针对不同服务类型的影响区分,更有利于识别或区分同一因素对不同需求类型影响作用;可是,以服务类型整体"均值"为因变量,可能存在混淆与淡化各项服务之间需求水平差异的问题,其合理性也有待进一步验证。此外,针对老年人社会福利需求,杨琨(2017)发现除个体因素外,地区因素也存在重要的影响,即地区经济水平与老年人福利需求呈反向关系,表现为经济社会发展水平较高的地区所具备的福利资源总量和福利获得渠道、机会较高,而外部福利的发展对老年人福利诉求存在替代作用,进而出现东部地区老年人的社会福利需求低于中西部地区老人的情况。相似地,有针对立陶宛老年人社区生活护理服务需求的研究表明,除居住条件影响外,农村老人的需求明显高于城市老人。可见,外部因素的影响作用也不能忽视。

在医疗服务的需求与利用上,周文利等(2011)认为老年人需求的多样性受到年龄、文化和职业的影响,需要做出针对性、差异化的需求满足策略[1]。其中,针对老年人卫生与护理需求,年龄因素的影响突出,并与文化程度和患病种类呈正相关,与自理能力和社会支持呈反相关,且男性的需求高于女性。然而,针对上述因素,有研究却得出了不同的结论。比如,赵忠(2006)[2]、Wang等(2009)[3]认为年龄和健康状况存在"非线性"关系,医疗卫生服务需求在多大程度上受年龄影响,值得进一步判断。Leigh等(1997)基于中美老年人的对比研究发现,与美国相比,中国老年人由于整体文化水平不高,因此教育程度对健康的影响并不显著[4]。冯磊等(2013)认为不同医疗服务需求的影响因素存在差异,同一因素对不同服务的影响也不尽相同,比如性别、文化和参保形式对家庭病床

① 周文利,杜雪平.北京市月坛社区老年居民的社区卫生服务需求调查[J].中国全科医学,2011(1):73-75.

② 赵忠.我国农村人口的健康状况及影响因素[J].管理世界,2006(3):78-85.

③ Wang D., Zheng J., Kurosawa M., Inaba Y. Relationships Between Age and Gender Differentials in Health among Older People in China [J]. Ageing and Society, 2009, 29 (7): 1141-1154.

④ Leigh J. P., Dhir R. Schooling and Frailty among Seniors [J]. Economics of Education Review, 1997, 16 (1): 45-57.

需求存在影响，收入水平则影响到体检与健康指导的需求[①]。徐刚等（2010）研究发现，性别、收入、便捷性和就医经历是影响老年人就诊的主要因素；费用水平、就医经历的满意度则影响到住院意愿；同时，慢性病率会影响医疗服务需求量、医疗负担程度和人口健康水平。另外，Ford 等（2016）发现预期老龄化、交通、医疗系统等"宏观"因素对低收入老年的基础医疗获取存在影响[②]。同时，来自社区、专业人员的社会支持，以及获得资源、社会政策和社会回应的外部环境因素也有利于老年人康复。但 Lynne 等（2017）针对澳大利亚的研究显示，亲友在内的社会网络对居家护理服务利用的影响并不显著[③]。

此外，有无负面情绪、社区护理资源的利用情况和享受的医疗保险类型对老年人护理需求存在显著影响。虽然研究显示在享受医疗保险和健康之间存在正向相关关系，但有学者却认为医疗保险对老年人的生存优势提升作用会随着年龄的提高而淡化，而且享受不同医保类型的老年人的死亡率存在交叉；相反，李冰水等（2015）[④]、曾雁冰等（2015）[⑤]发现医疗保险对老年人健康的作用呈反相关关系。除定量分析外，万霞等（2013）则通过质性分析归纳出影响家庭护理需求的七个主要因素，即人格特质（自力、自强）、收入、服务可及性、传统文化、服务质量、健康和家庭支持能力。

另外，也有针对其他社区居家服务需求的研究。例如，自理能力（ADL）对照料服务需求的影响作用最大，50% ~ 60% 的老年人具有此项需求，并且女性、高龄、非机构养老、无配偶、未就学、有养老金和城市的老年人最为突出。在志愿者服务需求上，文化程度、婚姻状况、慢性病数量、社会支持情况的影响突出。在社会参与需求方面，马倩等（2015）认为，老年人社会角色的信任危机所导致的排斥、孤立与偏见直接导致了主动性参与意愿与参与水平受限；同时，围绕老年人参与的"激励—保健"因素，认为应在"保健"因素满足的基础上，只

① 冯磊，王艳玲，孙全超，等.吉林市城市老年居民卫生服务需求及满意度调查［J］.中国老年学杂志，2013（10）：2406-2407.

② Ford J. A., Wong G., Jones A. P., et al. Access to Primary Care for Socioeconomically Disadvantaged Older People in Rural Areas: A Realist Review［J］. BMJ Open, 2016, 6（5）: 7-14.

③ Lynne C. Giles, Gary F. V. Glonek, Mary A. Luszcz, et al. Do Social Networks Affect the Use of Residential Aged Care among Older Australians?［J］. BMC Geriatrics, 2007（7）: 24.

④ 李冰水，胡宏伟.教育与医疗保险对老年人健康状况的影响［J］.南方人口，2010，25（6）：1-8.

⑤ 曾雁冰，欧龙，方亚.中国老年人健康需求影响因素——基于医疗费用视角的分析［J］.中国老年学，2015，35（23）：6897-6900.

有保障"老有所养"的基本前提，才能更好地实现"老有所为"的提升 ①。

四、关于老年人养老服务需求的优先排序研究

现有针对养老服务需求识别、需求水平差异和需求满足的研究，多是采用表达性需求"频率"的描述统计和排序为参照，但对需求的整体审视可能存在"虚高"的问题。比如，针对李克特量表的选项，老年人对文字表述的差异存在不同的理解，各选项也没有明确的现实界限，部分老年人可能采取虚高的选择。同时，多数研究针对需求水平的分析，多是基于对5种选项的赋值而测算平均值，即根据需求水平将"不需要—非常需要"按 1 ~ 5 分赋值；然而，将"不需要"赋值为"1"，则表明即使不需要，但在统计上则视为一定的需求水平，两者存在矛盾。假如某种服务即使大多数选择或全部选择"不需要"，但仍具有一定的分值。尽管这种方法可以在一定程度上反映出各需求之间的差异，但可能会产生统计结果在理解现实问题层面的偏差。

针对上述问题，部分研究通过引入其他的方式，进行需求差异的区分。比如，李兵等（2008）采取"任务排序型"策略，即通过对各类服务内部的具体项目进行调查与需求统计，以此对生活、健康和精神层面的社区服务需求进行内部的满足序列分析，这也有别于以往对所有项目的整体排序，有益于老年人各类需求的同步、全面满足 ②。可是，"任务排序"是依据各项服务"非常需要"的选择频率而定，却对"比较需要"所含的需求水平存在忽视，可能导致部分需求的"低估"。

为了对不同"选项"进行综合考虑，郭竞成（2010）在探讨老年人居家服务需求时引入了"需求强度"的测量标准，即对各项服务需求的5分选项百分比差异进行综合考量，以此将14项服务划分为5类需求强度；根据需求强度的大小，予以"可舍弃""强弹性""弱弹性"和"无弹性"4种区分（弹性越弱表明相应服务需求的重要性越强）；最终，结合"强度—弹性"标准，划分出8种"强度—弹性"的需求满足序列。

与之相似，李兆友和郑吉友（2016）分析了20项服务的需求弹性，但在强度上却划分为"无弹性、弱弹性、中等弹性、高弹性、可弃类"5种层次，并且需

---

① 马倩，张术松.老年人社会参与困境及政府责任研究［J］.江淮论坛，2015（2）：129–131，161.

② 李兵，张文娟，洪小良.社区居家养老服务的政策体系研究——以北京市月坛街道为例［J］.北京行政学院学报，2008（1）：79–83.

求"强度"的百分比标准也不尽相同[①];同时,在需求强度的层次划分基础上,采用层次分析法(AHP)的权重赋值,验证了5种层次划分的有效性与可行性;最终,以各选项百分比标准区分出需求强度的弹性等级,并作为需求满足优先性的依据。但是,上述研究对于"强度"的差异化标准设置(如40%、20%等)尚不统一,其合理性值得商榷;同时,以AHP专家访谈法对各弹性层次和服务权重进行测量,虽然分析结果通过一致性检验,但以专家和老年人两种视角对需求进行评价,即使统计学意义显著,但能在多大程度上反映实际情况仍需探究。

此外,在相关领域的研究中,有学者运用聚类统计、因子分析和路径分析等方法,进行需求序列的识别。在聚类统计的运用上,孔祥智等(2007)[②]、袁旺兴等(2015)[③]认为,相比于频率统计的方法,聚类分析对需求排序的规范性更强,并以此分别对农村公共产品、农民医疗保健需求满足的优先序列进行分析。同时,因子分析是当前运用较为普遍的方法,特别是因子分析有助于识别整体服务框架内的需求特征,如周刚等(2015)[④]、王峥等(2015)[⑤]分别对老年人旅游需求、居民科技需求动机的分析。

五、研究评析

综上所述,现有研究为本书关于老年人社区居家养老服务需求问题的分析提供了丰富的理论与经验基础。一方面,针对老年人需求类型的划分,无论是"六个老有"还是依据需求层次理论的划分,或是普遍采用的"生活、健康、精神"三分法,均反映出对老年人需求应从不同层面予以多角度的考量,而不同需求类型之间也存在不同层次归属,这也为需求满足的优先序列探析提供了一定的指导。而且,部分针对老年人社区服务需求的研究,也为本书在社区居家框架内探讨老年人需求边界提供了借鉴。另一方面,现有研究表明,老年人在

---

① 李兆友,郑吉友.农村社区居家养老服务需求强度的实证分析——基于辽宁省S镇农村老年人的问卷调查[J].社会保障研究,2016(5):18-26.

② 孔祥智,李圣军,陈丹梅.农户对公共产品需求的优先序及投入重点研究[J].吉林大学社会科学学报,2007(4):20-26.

③ 袁旺兴,卢丽琴,钱依婷,等.农民工社会保险需求优先序研究——基于江西省的调查[J].商业经济研究,2015(25):104-105.

④ 周刚,张嘉琦.基于旅游动机的老年旅游市场细分研究[J].资源开发与市场,2015(12):1540-1544.

⑤ 王峥,武霏霏,王永梅.北京市居民民生科技需求模型构建及实证研究[J].科技管理研究,2015(3):28-33.

各类服务之间、各项目之间的需求存在差别，不同老年群体需求亦存在差异；同时，特定群体需求也存在一定程度的普遍倾向与共性特征，这种差异化的分析视角为本书识别、区分老年人需求提供了经验基础。此外，针对养老服务需求影响因素的定量研究，为微观层面理解老年人服务需求动机和需求倾向差异提供了指导；对影响因素的定性研究，也为本书在宏观层面探讨老年人需求差异及满足扩宽了思路。

但是，虽然以需求为导向进行差异化、针对性的需求满足成为学者所普遍提倡的理念，然而现有研究中由于存在以下倾向，部分问题和不足仍值得进一步讨论，也为本书提供了进一步研究的空间。

（1）关于老年人服务需求的研究，存在一定的简化。虽然现有研究中多涉及老年人服务需求的分析，但其研究重点更侧重于从服务需求量测算、供给主体、提供机制和影响服务利用的因素等层面展开，而对"需求"的分析往往作为研究前置的铺垫，对需求的分层、重要性并未深入涉及。

（2）对于老年人服务需求，存在以老年人口结构变化来替代服务需求层次探讨的情况。部分研究尽管涉及服务需求的问题，但研究视角基于分析老年人口数量的增加所引起养老服务需求量的提升；或是老年群体内部结构的变化，进而引申出服务需求量的问题。比如，通过测算独居（空巢）老人、失能老人和高龄老人的数量增加，提出老年人生活、医疗和精神需求的变化。上述研究从宏观环境的变化角度对需求进行探讨，虽然为识别社区居家养老服务需求及发展趋势提供了指导，然而以需求主体替代需求内容的做法，容易造成需求理解的"黑箱"。

（3）以类别化的需求掩盖了对具体服务项目的细分。随着社会养老服务体系发展的深入，现有研究已聚焦到了老年人需求的主题。其中，有研究基于马斯洛需求层次的划分，探讨老年人不同的需求侧重；有学者基于实证研究，对生活、医疗和精神等服务类别的需求率进行统计分析，这为反映不同区域、不同老年群体的需求偏向提供了经验，也为养老服务发展的重点予以指导。但是，这种"类别化"的需求分析更多地体现出需求类别的急迫性导向；同时，较少的类别概括也不利于对具体服务重要性、依赖性的区分、排序。也就是说，此类研究并未对类别化服务进行具体化的项目细分，无法展示各项服务的需求程度、重要性差异，进而也无法充分回答服务供给中应当提供、优先提供哪些服务的问题。

（4）以需求"频率"替代需求"重要性"。现有文献中，越来越多的实证研究在服务细分基础上，探讨需求的重要性和服务供给的优先性问题。但是，相应的分析方法多基于对需求选项的"频率""百分比"等描述统计，并以频率、百分比的高低为标准，衡量各项服务需求程度或重要性差异。尽管结论上具有一定的合理性，即可以体现需求"量"的差异性，然而由于老年人需求存在综合性和层次性特征，仅用单一指标或需求率的概括可能会造成"简化或省略"的风险，并造成研究结论之间的较大差异。同时，此类研究可能忽视一些深层次问题：第一，单纯的需求不能等同于重要，更不等同于实际的利用；换言之，单纯的"需求率"无法区分老年人对"需要"和"想要"的表达，即表达性需求无法区分出对于服务的"依赖性"还是"期待性"。第二，囿于社会养老服务资源的有限性，所有的需求无法完全、同步地获得满足，优先提供哪些服务，才能更有利于老年人对社区居家养老服务的认同性、接受性和满意度？上述问题的存在，正是造成服务供需不匹配现状的关键原因。由此看来，尽管有研究基于相关系数的差异区分各项服务的需求向度，却同样存在这种不足。

近年来，国外研究已侧重于如何针对不同经济社会发展水平和不同需求特征，探讨养老服务资源的有效配置问题。就社区居家养老而言，既要以社区属性为基础，又要以既定需求及其变化趋势作为配置准则。也就是说，应从需求主体的"主位"视角出发，通过对需求内容、需求重要性差异"自下而上"的识别与区分，弥补传统"自上而下"资源配置的缺陷。同时，与我国经济社会发展相似，养老服务体系建设与发展水平同样呈现出"区域不平衡"的特征，比如北京、上海等地区较为领先，近年来国内相关研究多以大城市为例，对二、三线城市的研究相对不足，仍需进一步深入。此外，如何识别服务需求之间的差别、如何从服务设计角度解释"需求率—利用率"的现实困境，仍存在理论与经验层面的欠缺，进而影响对养老服务体系发展的系统性认识。

第三节　研究内容与创新

一、研究目标与内容

（一）研究目标

老龄化产生了较大的社区居家养老服务需求空间，但服务利用率低、资源闲置、供需错位问题较为普遍，重要原因在于对老年人服务需求把握的偏失；需求识别偏差的"源头性"问题又进一步造成现有服务设置与内容提供对老年人缺乏足够的吸引力。因此，本书以城市老年人社区居家养老服务需求识别为主题，旨在从如下研究目标出发，通过理论与现实两个层面探究老年人的服务需求情况。

（1）理解和审视城市老年人社区居家养老服务的需求与现状。第一，通过构建需求分析框架，明确"何为需求""如何理解需求"的理论解释，涉及老年人服务需求分析视角的确立、对老年人需求动机产生的理解。第二，通过实证分析，把握城市老年人的社区居家养老服务需求，即老年人服务需求的整体表现情况，涉及社区居家发展的紧迫性问题。

（2）识别各项服务的需求层次。本书基于魅力质量理论及其 Kano 模型，甄别各项服务在各需求层次中的归属，并以"需要"和"想要"的需求形态区分，识别各层次之间、各层次内部的各项服务的"依赖性"和"期待性"表现，进而审视在整体层面的需求呈现。同时，针对不同老年群体的划分，识别各群体间的需求内容、需求侧重和优先满足内容，把握需求"溢出"效应的差异。

（3）明确服务供给的针对性、精准性和优先性的提升路径。依据需求分析结果，首先，明确在整体需求表现下，服务资源应采取的"投向"策略，涉及服务项目之间在整体层面的优先发展策略；其次，从需求的概念理解视角出发，明确在服务提供中应优先关注哪类老年群体，涉及需求满足对象的针对性，或对象识别的"靶向"精准；再次，明确不同老年群体划分下，应优先满足的服务需求、优先提供的服务内容，涉及需求满足中的供需"对接"精准；最后，基于多元主体的服务供给参与，明确在既定服务发展状况下，理想化需求优先满足策略实施中的现实困境及其相应的改善与提升路径。

（二）研究内容

围绕上述研究目标，本书基于对当前社区居家养老服务内容框架的构建，通过需求层次的分析，探讨老年人"需要"和"想要"的需求倾向；同时，针对特定老年群体下的需求层次划分，识别需求溢出所反映的依赖性情况；进而通过对整体、群体两个层面的需求层次分析结果，分别探讨整体养老资源投向的策略、特定群体划分下的服务内容优先满足策略。具体来说，主要包括以下内容：

（1）构建理论分析框架。就本文而言，单一的需求理论无法对老年人服务需求做出充分解释，并且现有需求的理论分析框架也存在适用性不足的问题。因此，本书在相关需求理论的梳理上，针对本书研究主题、研究视角，将相关的需求理论、"需要"和"想要"的理论解释进行逻辑化整合，对"何为需求"特别是"何为老年人服务需求"予以理解。同时，基于对社区居家养老服务模式的理解，从老年人服务需求的内涵、需求动机产生的原因、服务需求的"需要"与"想要"及其识别的思路，构建出本书的理论分析框架，以此作为研究主线。

（2）构建社区居家养老服务需求的内容框架。社区居家养老服务需求内容框架的构建，是涉及本研究合理性的基础性环节。本书将社区居家养老服务置于社区服务的框架内进行理解，通过政策文本、研究文献以及对部分典型个案的访谈，以生活、医疗和精神的类别划分方式，对社区居家养老服务当前提供、可以提供以及希望提供的服务进行归纳与梳理，以此作为需求分析的内容。

（3）基于需求层次分析，对比"需要"和"想要"两种形态下的老年人服务需求表现。基于调查数据的分析，从整体层面对社区居家养老服务框架内的各项服务的需求层次归属进行划分，根据不满意度系数（DI）和满意度系数（SI）及其所构成的排序坐标，把握服务需求的"依赖性"和"期待性"倾向。同时，对生活、医疗和精神层面的需求类型及其影响因素进行分析，探讨老年人需求特征及其产生的内在规律。

（4）从老年人服务需求动机的产生或家庭层面的需求溢出角度，针对影响自我和家庭满足能力的年龄、健康和家庭支持因素，分别对各年龄段、失能等级和居住状态的老年群体的需求层次分析，并识别各项服务在不同群体中的重要性或依赖性情况，最终探讨各群体划分下的需求优先满足策略问题。同时，针对不同调查区域，分析各地区间老年人需求呈现的依赖性与期待性差异。

（5）探讨服务需求满足中可能面临的现实问题与解决路径。通过对整体、群体层面的需求情况审视，在"应然"层面探讨需求优先满足中的对象如何识别、资源如何投放、服务如何提供等问题。同时，在"实然"层面，结合实地调查与访谈，针对社区居家发展与服务提供的现状，探讨老年人需求优先满足中存在的问题与瓶颈，并提出相应的建议。

二、研究思路

（一）结构安排

根据研究目标和研究内容，本书共包括 9 章内容，具体安排如下：

第一章为绪论。主要介绍本书研究背景和研究意义；对国内外相关研究进行回顾与评述；确定研究范围和研究边界；选择研究方法、确定研究内容与技术路线。

第二章为核心概念与理论基础。一是对本书所涉及的核心概念进行界定；二是围绕研究思路，以马斯洛需求理论、ERG 理论对老年人在养老服务中的需求进行阐述；三是以人的需要理论对"需要"和"想要"两种需求形态进行理解；四是通过魅力质量理论及其 Kano 模型，对"需求"和"想要"予以操作化的区分，并对如何理解与划分需求层次、需求满足的优先策略安排进行探讨。最终，基于研究思路，依据各理论间所存在的逻辑关系，构建本书的理论分析框架。

第三章为社区居家养老服务需求内容框架与实证设计。本书从调查分析出发，旨在审视老年人的现实需求情况。作为调查的前置环节，本书的调查设计主要包括调查问卷设计和调查地区选择两个方面。一是从政策文本、研究文献和访谈材料三个方面，对社区居家养老应当提供、可以提供和希望提供的服务进行提取和整理，采用定性分析软件梳理服务之间的类属关系，最终构建出社区居家养老服务需求的内容框架，并作为需求调查的主要内容。二是依据人口老龄化水平、地区经济发展水平，按照东、中、西部划分选择调研地区；为体现区域之间的梯次性差异，分别选择"东部、中部（省会）、中部（非省会）、西部（省会）"四个调研地区，并对抽样情况予以介绍。

第四章为老年人社区居家养老服务整体需求层次分析。分别对需求层次划分、依赖性与期待性倾向、需求层次类型特征、影响因素进行分析。具体来说，依据 Kano 模型对生活照料、医疗保健和精神慰藉类服务中各项服务的整体需求层次进行划分，结合不满意度系数和满意度系数审视整体层面的依赖性与期待性倾向；通过因子分析，探讨老年人对各类服务呈现的需求特征及各因子之间的关系；从需求"溢出"角度，探讨自我满足能力和家庭满足能力如何影响老年人的服务需求动机。

第五章为不同老年群体需求层次差异及优先满足序列。针对年龄、失能、居住状态和地区因素所具有的普遍且突出的影响作用，分别比较不同维度划分下的老年群体需求差异。一方面，对各年龄段、失能等级、居住状态、各地区、老年群体的服务需求层次进行分析与比较，结合层次划分结果、依赖性与期待性倾向，探讨各群体需求内容的优先满足策略。另一方面，依据梯次化调研地区的选择，分析地区间的需求层次差异，特别是"依赖性"和"期待性"分别呈现的差异性情况。

第六章为老年人服务需求的满足策略选择与现实困境。本章涉及"应然"和"实然"两个层面的内容，一是通过对整体、群体需求情况的审视，在"应然"层面从"依赖性—期待性"角度，分别对需求优先满足的"对象识别""资源投向""供给主体"作出理论性讨论。二是在"实然"层面，结合对政府、街道、服务和老年人及其家庭的访谈，对照现实情况，探讨制约老年人服务需求优先满足的现实问题与困境，并从政策、责任和供给能力角度探讨问题产生的原因。

第七章为老年人服务需求层次的满足策略与提升路径。从既定条件下如何依据现有服务资源对老年人需求进行满足、从服务供给能力提升保证服务需求满足的持续性两个角度予以建议。

第八章为"互联网＋数字化"智慧养老服务靶向精准供给策略。

第九章为研究结论与展望。对本书的结论进行归纳与概括，并对研究不足和未来展望进行了阐述。

（二）技术路线

本书的技术路线如图 1–1 所示。

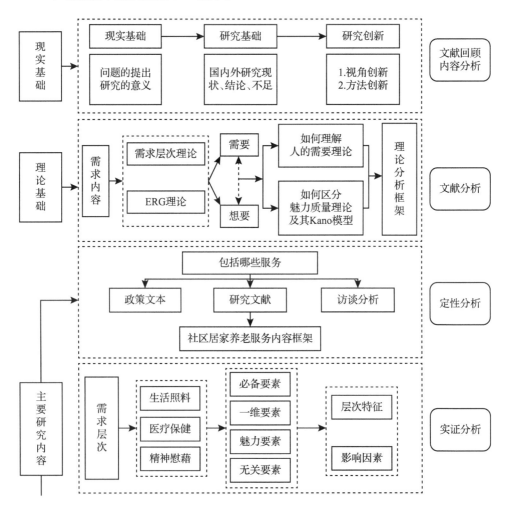

图 1–1　本书的技术路线

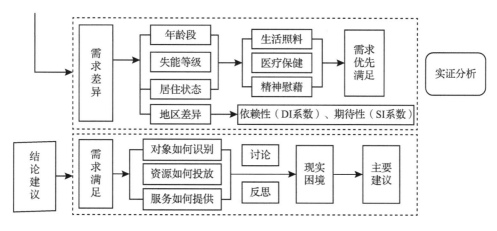

图 1-1　本书的技术路线（续）

三、研究创新

随着社区居家养老服务模式在整个社会化养老服务体系中的重要性日益凸显，对于如何实现服务需求的有效满足成为研究与实践领域较为关注的问题。但是，相较于服务的"提供"，针对"需求"的探讨，特别是通过甄别不同服务之间的需求差异进而确定优先满足序列的研究，仍存在可深入的空间。当前，针对服务需求优先满足的研究，多采用描述统计的方法，以"百分比"或"需求率"的高低为衡量标准。然而，这种方法在对需求的无差别理解情况下，可能导致以"需求量"替代"重要性"的混淆。相较而言，本书在对"需求"的理解视角、分析方法和分析内容方面具有一定的创新性。

（1）视角创新。本书在研究视角上对"需求"的理解进行延伸。一方面，将老年人的社区居家养老服务需求，置于对"非正式性"服务的辅助性理解，而非替代性。老年人相应的需求反映出对"正式性"服务的依赖性，即老年人对通过正式性服务满足自身日常生活延续的依赖性。另一方面，将"需求"进行"需要"和"想要"两种需求形态的区分：前者反映出老年人对特定服务的"依赖性"，后者反映出"期待性"，并且后者的范围要大于前者。同时，某一服务项目的"依赖性"也反映出特定服务的"重要性"和"不可或缺性"。相比而言，将"需要"和"想要"予以无差异理解，是"百分比"的研究方法所忽视和混淆的问题，即无法回答老年人对某一服务的"表达性"需求，是侧重于"依赖性的需要"还是"期待性的想要"。基于此，本书以"需要"所反映的"依赖性"为标准，对服务需求的优先满足策略作出分析。

（2）方法创新。尽管有学者已意识到"需要"和"想要"两种需求形态间的差异，以及这种区分对于需求理解的重要意义，但在操作层面的研究尚不丰富。同时，在涉及需求优先满足的研究中，有学者依据"需求强度"的标准进行划分，但仍以"表达性"需求为依据，"需要"和"想要"的混淆问题仍无法避免。本书在对老年人一般性的服务需求分析基础上，结合人的需要理论，对老年人服务需求中的"需要"和"想要"予以"依赖性"和"期待性"的解释，并采用魅力质量理论及其 Kano 模型对此进行操作化层面的探讨。上述理论的结合与模型分析的引入，是本书对需求理解的延伸做出尝试性的创新。从本书的研究结论看，多数服务需求呈现"期待性"高于"依赖性"的情况。

（3）内容创新。本书对社区居家养老服务内容框架设置较为全面。在相关研究中，存在以类别化代替项目化的分析倾向；同时，部分实证研究采取以个别服务为代表，对社区居家养老服务的调查内容存在局限，难以对老年人需求情况及其特征作出较为全面把握，也不利于为养老服务的现实运行提供充分的经验指导。为此，本书在对老年人服务需求的内容框架构建中，对政策文本、研究文献中所提及的服务项目进行提取；并通过对老年人的半结构化访谈，对所提及的服务需求和困难进行提炼，作为本书分析的补充。进而，结合应当提供、可以提供、希望提供 3 个维度，构建出包括 55 项服务在内的社区居家养老服务内容框架，并以此作为需求调查的内容。与现有研究相比，本书所调查的服务内容较为丰富和全面，不仅可以为当前可行的服务提供指导，也可为今后服务内容深化中的供给策略提供借鉴。另外，由于对服务的具体形式存在不可穷尽性，为此本书通过对服务进行"功能性"转化，可以在一定程度上避免因服务形式的多样化而难以面面俱到的问题。

第二章　核心概念与理论基础

第一节　核心概念

本书的核心概念界定中，对于"老年人"的界定，涉及对象选择的操作化；对"社区"的界定，旨在社区的角色功能理解的基础上，为"社区居家"的功能边界进行考量；对"社区居家养老服务"的界定，则是"需求"研究内容分析的前提，涉及社区居家养老服务的需求内容、范围、功能和目标；对"需求"的界定，旨在对需求动机所指向的目标的理解；"需要""想要"是对"需求"整体概念理解的深化，进而区分老年人服务"需求"倾向的表现形式。

一、老年人

随着老年学及老年问题研究的不断深入，"老年人"的概念内涵较为宽泛，故而难以达成一种综合性的概念界定。因此，通常将"老年人"置于"老化"（aging）的范畴中进行理解。同时，作为具有持续性特征的概念，"老化"也被视为从出生到死亡的生命连续性历程。在"老化"理解上，主要存在自然老化与社会老化两种视角：一方面，将老年人视为生物个体的"人"，部分理论从人的"生物性"出发对"老化"进行理解；另一方面，将老年人视为社会成员或社会交往的实体，从人的社会性角度对"老化"的内涵进行分析。比如，时间老化或年代老化（Chronological Aging）、生物老化（Biological Aging）、心理老化（Psychological Aging）、社会老化（Social Aging）、功能老化（Functional Aging）等[1]，这些视角从个体机能老化不断向社会老化延伸，而社会老化则体现出对于"角色—地位"的社会建构理论特征。因此，对老年人的理解，应在生命连续体

---

[1]　徐丽君，蔡文辉．老年社会学：理论与实务［M］．台北：巨流图书公司，1985：20.

基础上，对自然性、心理性和社会性老化等多方面进行综合性的考量。

就本书研究而言，普遍采用60岁或65岁的年龄标准对老年人进行区分。同时，对各年龄段老年群体进行区分，即低龄老人（60 ~ 69岁）、中龄老人（70 ~ 79）、高龄老人（80岁≤）。另外，考虑到自然性老化是老年群体最显著的特征，身体机能的衰退或健康将会影响到老年人的需求，本书也将老年人的健康因素纳入到对象的衡量中[1]，采用"日常生活能力"（ADL）和"工具性日常活动"（IADL）为参照标准此。此外，考虑到家庭结构造成生活状态的特殊性，本书区分出"空巢"和"独居"老人，将空巢老人理解为60岁以上，（晚上）仅与配偶同住的老人；将独居老人视为空巢老人的特殊形式，即60岁以上，（晚上）仅自己居住的老人，包括无配偶或有配偶两种情况[2]。

二、社区居家养老服务

社区与居家养老源于福利国家的"社区照顾"理念与制度安排。由于福利危机带来的财政压力，以及机构养老本身自有的服务成本高、服务规模小、辐射面有限等不足，福利国家在养老政策导向上逐步向社区和居家层面的"非机构化"照顾倾斜。社区照顾包括"社区内照顾"（Care in the Community）和"由社区照顾"（Care by the Community）两种方式：前者体现服务所在的区域性，即老年人在社区范围内接受健康与照料服务；后者是社区照顾发展的重点与主要趋势，主要是服务获得过程中的各主体间正式与非正式照顾的网络关系，既包括正式性的居家照顾和社区机构照顾，也包括在家照顾和亲友提供的照顾支持。社区照顾的优势在于避免机构养老造成的老年人孤立感，也被称为"没有围墙"的养老院；同时，为避免老年人脱离自身所熟悉的环境，社区照顾的就地养老不仅强调地理空间或实体边界的区位性，也在于老年人在区位空间中所建立的多元与网络化的社会或非社会关系及其相应的社会资源，注重人性化养老和老年人自身意愿，减少在机构内的孤立而造成的社会角色脱离。在服务内容方面，社区照顾包括个人照料、基础医疗和一定的现金支持。

就我国而言，主要划分为"居家、社区、机构"3种养老服务模式。对于三

---

[1] 一般而言，对老年人自理能力的测量包括失能与失智两个方面，但由于对失智老人的调研难度较大，并且失智评价测量问题较为复杂，考虑到本书研究的可操作性，故不将失智老人纳入研究范围。

[2] 有配偶的独居老人多是因与配偶分居住、配偶出于照顾子孙而与子女同住等。因此，只要属于夜晚自己居住的60岁以上的老年人，本书在划分上均视为独居老人。

者的理解，既有研究主要从地点和对象两种视角进行区分：在服务地点上，居家养老主要在家庭内部；社区养老主要在社区机构，如日托所；机构养老主要指专门的养老院或护理院等。在服务对象上，居家主要覆盖具有自理能力的健康老人；社区养老主要针对可以部分自理的老人，为他们提供社区层面的照料、就餐和基础医疗康复服务；机构养老是为自理能力欠缺的老人提供看护和一定的专业性医疗服务。在对象范围上，各养老模式相应的老年人口比例构成，如上海市的"9073"服务格局。因此，三种养老模式的划分，更多地体现出功能性的定位与区分。

可是，尽管上述划分中居家与社区作为独立的模式而存在，但在服务边界与现实运行中两者联系较为紧密。一方面，在居家与社区养老的界定上，理论与政策领域对于居家养老主要强调老年人居住在家中，即政府与社会力量依托社区，通过专业化机构进行服务提供；在社区养老方面，社区养老通常与社区服务联系在一起；而且，从服务内涵上，单纯社区养老的服务内容和所覆盖的老年人规模有限，如"9073"中的"7%"。另一方面，在运行层面，居家与社区两种养老模式又存在密不可分的关系，两者的结合主要体现在社区所具有的"依托"所用上：居家养老侧重于服务终端的角色，即老年人最终接受服务所在的地点，但服务的提供却非呈现无序、自主获得的状态，而是以社区为平台，通过服务资源的集成与分配将具体的服务及人员等进行分配与提供。因此，仅依据养老模式的划分将不利于对"居家养老"和"社区养老"具体内涵与相互关系的理解，可以说"没有居家的社区养老是空洞的，而没有社区依托的居家养老是不可持续与无序的"。

社区居家养老服务正是源于居家与社区间的紧密性而存在的。虽然部分研究将两者区别定义，或将社区机构养老和社区居家养老统称为社区养老，从本质上看，社区居家养老和居家养老、社区养老具有一定的共同特征，均为家庭养老和社会养老结合的产物，均强调以家庭为核心、发挥社区优势、整合社会资源。然而，就内涵而言，社区居家养老服务却并非居家、社区养老模式的简单结合，而更为强调社区"依托"功能的发挥和对居家的辐射作用。从模式运行特征看，社区居家养老属于"由社区照顾"的范畴[①]，是结合我国国情，对多方面社会资源进行整合的养老模式。

---

① 李凤琴，陈泉辛.城市社区居家养老服务模式探索——以南京市鼓楼区政府向"心贴心老年服务中心"购买服务为例［J］.西北人口，2012（1）：46–50.

然而，对社区居家养老服务模式的界定尚未达成一致。除"社区居家"外，也有学者称之为"居家社区养老"或社区"居家养老"。陈伟和黄洪（2012）认为不同的名称折射出不同的理解，比如"居家养老"更多地是对服务场所的强调，将其内涵限定于"上门"服务的范畴，而忽视"服务"层面的重要性；而"居家养老服务"更多的是对服务的强调，却仍未摆脱"家庭养老"的思维桎梏，忽视了社区的载体性。因此，在对社区居家养老服务的理解上，应涵盖场域性、服务性与社区依托3个方面。此外，较于单纯的模式划分，社区居家养老更加侧重于一种服务与资源的提供方式，强调基于社区功能向居家服务的辐射，而非完全的模式化特征。

基于此，本书依据社区照顾的理论视角，并结合章晓懿和刘帮成（2011）的界定，将"社区居家"一词理解为"以家庭为核心、社区为依托、以专门化的服务机构为载体，结合上门与社区机构两种服务形式，通过社区对正式性与非正式性服务资源的整合，向居家老年人提供社会化养老服务的方式"。

同时，正是"社区居家"所具备的正式性与非正式性相结合的特点，社区居家养老服务就与"养老服务"存在不同的内涵与特征。传统观点认为，社区服务归属于选择性社会福利或社区福利范畴中的老年人福利服务，公益性、福利性和非营利性应是根本属性所旨，而当前的混合福利性质是基于特定的社会发展水平中的"非理想状态下"培育与发展社会服务的"权宜之计"。

对此而言，上述观点则侧重对于正式性服务网络关系中的"基本服务"的理解，即政府对困难、高龄、独居和失能等特殊老人给予的无偿和"限价性"的具有福利性的服务。在服务的辐射范围上，当前社区居家覆盖所有非机构养老的老人，既包括公共财政"兜底"或"补贴"的特殊老人，也包括一般的居家老人。在服务提供主体方面，"社区居家"突出了"专门服务机构"的载体作用，是公共管理视域下公共产品从"政府生产"向"政府安排"的转变结果，即使是"基本"服务也由非政府主体通过政府的"委托—代理"进行提供；一般老人也可通过购买的方式对相应服务进行获取，体现了市场化特征。

因此，本书认为社区居家养老服务的福利性主要体现在"非营利性"层面；但社区居家养老服务的"非营利性"并不等同于无偿性，是具备无偿性、低偿性和有偿性并存的"混合福利"特征，无偿性主要针对困难老年人的财政兜底，低偿针对部分特殊老年人的服务补贴，两者属于选择性福利中的群体普惠；有偿性主要涉及一般老年人参照服务价格的购买行为。

另外，结合《老龄问题维也纳国际行动计划》与服务需求的"溢出性"，社区居家养老服务作为特定的社会养老服务，以"尽可能延长老年人就地养老的时间"为导向；其功能定位并非是对家庭养老的替代，而是以保障老年人生活的延续性、独立性和参与性为目的，针对家庭养老功能的不足所提供的预防性、补救性与发展性层面的辅助性和支撑性服务。此外，在服务内容上，既包括微观层面针对老年人照料、健康与精神需求的具体服务内容，也包括相应的公共政策[①]和服务设施[②]。进而，本书将"社区居家养老服务"理解为"以家庭核心、以社区为依托、以专门化机构为载体、以政策为指导，通过社区对正式性和非正式资源的整合，以上门服务与社区机构服务为方式，向居家老年人提供的辅助性、支持性的社会化养老服务与设施"。

三、需求、需要、想要

在"需求"的上述理解中，主要包括两个方面：一是个体存在既定的"未满足感"，或称为"匮乏状态"。二是个体受"未满足"驱动所产生特定目标的获取动机，即"驱使个人行动的基本力量"，是感官向行为的转化。同时，有研究认为"匮乏感"并非仅由个人内在产生，而由人与外部环境间的交互所引发，以此从个人内在与客观外在间的关系角度对"需求"进行理解。可以看出，"需求"是源于对特定事物的缺乏而造成了紧张或不安状态，并作为驱动产生了对特定目标获取的动机。就老年人社区居家养老服务的需求而言，首先，"需求"的存在也为老年人"缺乏感"而产生了对于特定目标获取的动机，"缺乏感"的产生则源于非正式性服务无法满足，即需求的"溢出"；其次，"需求"具有特定的范围，其边界在于社区居家养老服务功能与老年人需求类型两种维度的交叉；最后，需求的"动机"具有特定的目标指向，表现为通过获取外部正式性服务，在保证老年人社会角色基础上，以老年人生活的"日常性、连续性"为落脚点，对家庭养老功能不足或失灵情况下的辅助性、补充性安排。因此，本书将老年人社区居家养老服务的需求理解为："老年人针对身体、心理、家庭或环境等方面存在的困境，为保证日常生活的延续性而产生的对于获取生活照料、医疗保健和精神慰藉等社区居家层面的辅助性养老服务的动机。"

"需求"概念的界定，涉及如何理解需求动机的产生。然而，尽管将需求视

---

① 席恒. 分层分类：提高养老服务目标瞄准率［J］. 学海，2015（1）：80–87.

② 王三秀. 积极老龄化理念的我国教育养老服务模式初探［J］. 中共浙江省委党校学报，2017（1）：73–80.

为"对特定目标的动机"已形成共识，但这种认识仅是停留在对需求的理解层面。在针对需求及满足的实践与探讨中，通常把人们偶然表达的需要作为既定需求，而需求是否完全等同于"言语所表达"的意义，却是以往需求理论未能解答的问题。

对此，本书将"需求"结构为"需要"和"想要"两种形态，而这种形态的区分也正是源于对"需求"的"客观性"表意的反思。人的需求具有多样性、动态性特征，不同人群、不同时间维度下所赋予"需求"的含义是不同的。如何在需求动机的理解基础上，以何种"标准"对需求作出衡量，直接决定着需求的识别与满足。在"需要"与"想要"之间，存在客观的区分。从人的需要理论出发，Doyal 和 Gough（1984）基于"匮乏—伤害"的需求衡量标准，对"需要"（Need）和"想要"（Want）进行了区分：一方面，在概念的理解上，"需要"在专业词汇解释中含有"必要"的含义，是涉及人的基本的、普遍的和必要的需求，当"需要"无法得以满足时，将会对任何人产生"伤害"；"想要"主要反映为一种"欲望"，体现出个人基于自身情况做出的多样化的动机，当"想要"无法得以满足时，却不一定会产生"伤害"。另一方面，在两者所涉及的范围上，"想要"包含着"需要"，并且"想要"所涉及的范围边界也远超过"需要"。"需要"和"想要"之间的区别，反映出"需求"的内部层次差异，特别是"匮乏—伤害"标准下所体现出的"不可或缺性"差别[①]。

就本书而言，基于对老年人社会养老服务需求的理解，"需求"的动机产生源于自我与家庭照料的不足性而无法保证日常性的延续；而从"匮乏—伤害"的客观衡量标准上，养老服务需求无法得到满足时，将对老年人的日常性延续造成"伤害"。因此，依据"需要"（Need）与"想要"（Want）两种形态的划分，对社区居家服务需求概念的细分就十分必要，这也是正确看待老年人是否对特定服务产生需求满足依赖性的前提；相比之下，当前研究中将老年人服务"需求"等同于"需要"的理解混淆，正是需求识别偏差的关键原因之一。基于此，针对上述两种形态，依据本书研究思路，将老年人社区居家养老服务的"需要"和"想要"作出以下理解和区分：

（1）将老年人社区居家养老服务的"需要"概念，视作服务项目"重要性""不可或缺性"和需求满足"依赖性"的理解。参照"匮乏—伤害"的标准，特定需求未能满足时会对个体产生"伤害"，而需要的"动机"正是在于避

---

① Doyal L., Gough I. A Theory of Human Needs [J]. British Journal of Sociology, 1984, 4 (4): 6–38.

免需求无法满足情况下所造成的伤害。在养老服务需求理解中，"伤害"表现为"日常生活的延续性受损"。因此，"伤害"的程度越高，特定服务功能在日常性延续中的作用越大；或者说，老年人为避免日常性延续的伤害，对特定服务的"依赖性"越高，进而老年人对此项服务的"重要性"判断越高。"重要性"或"依赖性"反映出此项服务在社区居家养老服务设置中的"不可或缺性"程度。

（2）将社区居家养老服务的"想要"，视作服务"期待性"的理解。首先，在内涵的范围上，"想要"的边界要大于并包含"需要"；其次，在服务功能上，本书认为"需要"更侧重于基础性功能的存在，而"想要"属于基本功能基础上的功能辅助性、丰富性、多样性，即围绕基础功能进行多类别、多样性的辅助，以实现基本功能的发挥或需求得到超乎基本水平的满足。这种超出基本需要之外的"想要"，更侧重于"期待性"的表达，其"重要性"或"不可或缺性"也均低于"需要"；在"想要"层面下，"期待性"的服务缺失对老年人日常延续所造成的"伤害"相对有限。

在概念的操作化层面，"需要"和"想要"的形态划分与魅力质量理论相契合。两种形态的区分虽然无法明确限定哪些内容是基本需要（这也是人的需要理论中提出"中间需要"的原因），但无疑为深入识别需求的内部差异提供了有益的视角。

首先，魅力质量理论及其 Kano 模型依据"重要性"或"不可或缺性"将需求划分为不同的层次要素，包括必备要素（M）、一维要素（O）、魅力要素（A）、无关要素（I）以及反向要素（Q）；在各层次之间，依次体现出重要性由高到低的差异和需求满足中的先后顺序，特别是必备、一维要素的需求无法得到满足时，将会产生较为明显的"伤害"。同时，各需求层次间又体现着基于顾客认知的期待性差异，即必备要素属于"理所应当首先需要满足的"；一维要素是明确表达的、期望的需求；魅力要素是并未明确表达、但超出预期的需求内容，也是"期待性"最强的需求内容。

其次，魅力质量理论及其 Kano 模型中的不满意度系数（DI）和满意度系数（SI）有利于对"需要"和"想要"予以衡量。一方面，不满意度系数用以衡量服务的重要性、不可或缺性，指需求无法满足时对老年人满意度下降造成的影响水平，而满意度的下降体现为"对日常延续造成的伤害"，表现出对特定服务的"依赖性"。另一方面，满意度系数指服务的提供对老年人满意度提升的影响水平，表现出老年人对特定服务的"期待性"情况，与"想要"的内涵相对应①。

最后，本书尽管对"需要"和"想要"作区分理解，但并不视为"独立"的对立存在。一方面，两种形态的"单独"区分，主要侧重于对需求概念的理解层面，以便对老年人服务需求产生、需求动机的强弱进行理解；另一方面，两种需求形态也同时存在于单一服务的需求中，即老年人对同一服务的需求既存在"需要"层面的"依赖性"，也会存在"想要"层面的"期待性"。而最终的需求表现，取决于"依赖性"与"期待性"间水平高低差异所产生的整体倾向。本书将通过对单一服务需求的不满意度（DI）和满意度（SI）系数比较，进而判断对特定服务的整体需求倾向。

四、需求层次

本书所指的"需求层次"与马斯洛的需求层次含义不同。从本书对需求概念所作的形态划分出发，"需求层次"一词旨在对"需要"和"想要"所反映出的"依赖性"和"期待性"需求倾向进行识别，特别是针对城市老年人对不同社区居家养老服务项目之间所表达出的"重要性"或"不可或缺性"差异予以区分。具体来说，本书所指的"需求层次"指魅力质量理论及其 Kano 模型对需求的"重要性""不可或缺性"的层次划分。

在概念的操作层面，魅力质量理论将服务提供与否对满意度的影响视为非完全线性的关系，即并非所有的服务"提供 / 缺失"均会造成满意度的"上升 / 下降"，并以此划分出 5 种"需求层次"，包括必备要素需求层次（M）、一维要素需求层次（O）、魅力要素需求层次（A）、无关要素需求层次（I）和逆向要素需求层次（R）；从研究习惯看，大多数研究主要研究必备、一维、魅力和无关要素 4 种需求层次。依据魅力质量理论，在各需求层次间，必备要素（M）是重要性、不可或缺性最高的需求层次，反映出老年人对特定养老服务项目"依赖性"最高的特点。一维要素（O）需求层次的"依赖性"程度低于必备要素层次；但是，一维要素对满意度的线性影响特征却表明，一维要素的需求层次既可反映"依赖性"，也可呈现"期待性"的倾向，这是由一维要素的"预期性"需求特征所决定的。魅力要素（A）属于超出预期的需求内容，相应服务的缺失并不会造成满意度的下降，但相应服务的提供将有效提升满意度水平；因此，魅力要素所反映出的是"想要"层面的"期待性"需求倾向。无关要素（I）的

---

① 具体见后文对魅力质量理论及其 Kano 模型的介绍。

提供与否均不对满意度产生影响，是"依赖性""期待性"最低的需求层次。因此，基于魅力质量理论对"需求层次"划分的表述，在"需要—想要"的"依赖性—期待性"理解上，相应服务的"重要性/不可或缺性"由高到低存在"必备要素 > 一维要素 > 魅力要素 > 无关要素"的需求层次划分序列。

进而，本书对"需求层次"的理解，主要是基于魅力质量理论针对需求的重要性、不可或缺性的差异识别，所划分出的必备要素、一维要素、魅力要素和无关要素的需求层次，用以反映不同需求在"需要—想要"层面所体现的"依赖性—期待性"差异。进而，在本书的分析中，将"需求层次"视为"需求"的表现形式，后文关于需求情况的分析、需求满足的讨论均是以需求层次分析的结果所作出的。其中，针对满足策略的探讨，也是依据不同养老服务的需求层次划分及依赖性由高到低的排序，并结合不满意度系数（DI）、满意度系数（SI），进行的"优先满足序列"的策略分析。

第二节　理论基础

围绕研究主题，如何理解、识别老年人社区居家养老服务需求的内容、类型、层次和特点是本书的主要内容。其中，对老年人服务需求应置于老年人自身需求的基础上进行理解；同时，作为社会群体的特殊构成，也需置于人的需求理解框架之内。当前，关于人类需求的理论较为丰富，包括显性需求理论、需求层次理论、ERG 理论和三重需求理论等，既有理论从不同视角出发，从微观或宏观层面探讨了人类需求。

任何理论的选择取决于研究主题的针对性和契合性。为此，本书将老年人需求视为由个体内在动机的微观个体行为，进而以马斯洛需求层次理论、ERG 理论、人的需要理论和魅力质量理论作为研究的理论基础。其中，上述理论间具有不同的理解侧重，将会为本书理解老年人社区居家养老服务需求提供丰富的指导。同时，在理论运用上，上述 4 种理论又存在一定的联系，对探讨与分析老年人"想要"与"需要"的理论指导具有连贯性：第一，需求层次理论与 ERG 理论通过对一般性的需求层次划分，可以为一般意义上理解老年人需求提供理论借鉴，并且需求层次间的关系上也存在理论互补性特征。第二，人的需要理论将为如何理解和区分"需要"和"想要"之间的关系与差别提供理论标准。第三，基于上述"需求"理解，本书通过魅力质量理论及其分析工具（Kano 模型），尝试性地从依赖性、期待性角度为老年人对不同养老服务所表现出的重要性判断提供合理的、可操作性的指导，进而对各项服务呈现的"不可或缺性、期待性、超出预期性、无关紧要性"进行探讨。此外，理论的构建存在既定的前提、视角，本书将立足于研究内容，对上述理论作出适用性阐述与调整。

一、需求层次理论

（一）理论内容

在微观层面的需求研究中，使用最为普遍的是亚伯拉罕·马斯洛的需求层次理论（Maslow's Hierarchy of Needs），在 1943 年所发表的《人的动机理论》中，他提出了关于人的需求中普遍存在的 5 种需求层次；并于 1976 年将"自我实现"需求细分为"知、美和自我实现"，形成 7 种层次，如图 2-1 所示。

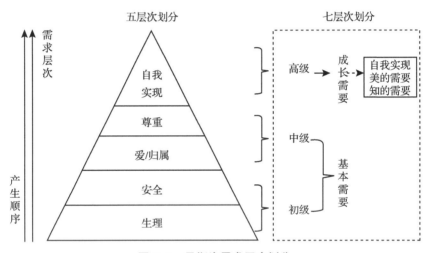

图 2-1　马斯洛需求层次划分

传统 5 层次的需求划分，既体现出需求作为一种"动机"出现的顺序，也呈现出人类从生物性到社会性的需求等级序列。一方面，从需求"动机"的产生顺序来说，遵循着由"生理"需求向"自我实现"需求的刚性序列。另一方面，在各需求层次间又存在从低级需求向高级需求的衍生，其中"生理"和"安全"需求属于人的"初级"需求，"爱／归属"和"尊重"需求属于"中级"需求，"自我实现"为最高等级的需求；而在七种层次划分中，又将"低级"和"中级"需求层次共同理解为"基本需求"，"美、知、自我实现"则被视为"成长需求"。在需求层次的顺序性和等级性特征基础上，需求层次理论认为："只

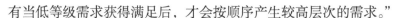

有当低等级需求获得满足后，才会按顺序产生较高层次的需求。"

在各需求层次中，生理需求（Physiological Needs）是人的生物性的生存型动机决定的，是出现最早和最基本的需求，如呼吸、水和食物等；安全性需求（Safety Needs）是在生理需求基础上产生的对自身和外部安全性的需求，包括个人身体的健康安全、家庭与外部环境安全保障的诉求；爱和归属（Love and Belonging Needs）是生存性需求保障基础上的情感性需求，也是从生物性转向社会性需求转化的节点，包括血缘、社会关系的认同性需要；尊重需求（Esteem Needs）是较高层次的需求，是人对独立的社会角色所包含的自尊、声望以及社会地位等的诉求；自我实现（Self-actualization）是最高层次的需求，是赋予社会角色后由人的能动性所决定并产生的一种衍生性需求，如潜能发挥与自我价值实现等。

（二）理论应用

老年人社区居家养老服务需求的产生，源于作为个体的"人"的需求。就本书而言，需求层次理论将对理解老年人"个体"的微观需求类型或是社区居家养老服务需求提供借鉴与指导。作为一般性需求，老年人在日常生活中会存在不同的需求。首先，作为最基础的需求层次，老年人的安全需求中同样存在着对日常饮食保障的诉求，老年餐桌、送餐配餐等服务正是对此需求的回应。其次，存在健康安全、行为安全和环境安全等需求，如医疗保健、安全指导、适老性改造等服务。同时，作为老年人精神生活中最重要的内容，以血缘、亲缘、地缘等构成的家庭与社会的归属，也是不可缺少的需求内容；而对家庭、社区层面归属感的满足，正是"就近养老"理念下老年人选择社区居家养老模式的重要原因。再次，在社会关系网络中，老年人如何维护与履行自身社会角色功能，也是进行社会交往、实现社会融入和避免社会退出的重要基础。从老年人角度看，通过对自身独立性的维护，是主动性视角下获得自我尊重的途径；通过外部尊老爱老的环境的塑造，也是被动性给予老年人尊重的方式。因此，如何通过老年人独立性维持、尊老环境的营造进而实现社会融入，也是养老服务内容构成和老年人服务需求中不可忽视的内容。最后，"老有所学、老有所为"正是老年人追求自我充实、价值实现的体现。作为最高层次的需求，自我实现属于老年人通过主动的行为获取自我精神的满足与提升；在养老服务中，老年教育、老年就业与老年志愿者等是对应自我实现需求的服务。

然而，尽管需求层次理论的运用较为普遍，但由于理论固有的缺陷，致使无法以此单一理论给予老年人需求研究充分的适用性。De Cenzo 等 [①] 认为，尽管马斯洛的需求理论是直观的且具有吸引力，却也是备受诟病的。比如，虽然在需求层次划分上存有一定的合理性，但各层次间却认为是存在"阶梯式"的刚性，即在低等级需求未能得到满足之前，将不会产生追求高层次的需求动机 [②]。同时，需求层次的演进也仅遵循"单向性"的路径，在各层次需求之间存在何种关系、如何进行转化，也是需求层次理论未能充分阐述的方面。此外，马斯洛的需求理论无法通过实证数据得到验证，大多数的研究也未能验证他的理论，如 Rauschenberger 等 [③]。

上述的理论不足，将影响对老年人的服务需求作出合理阐述。一是老年人需求可能并非呈现出"单一性"存在，如对老年人而言，生物性的生存与安全需求、社会关系的爱与归属需求以及作为能动性的价值性需求可能同时存在。另外，既定条件下老年人需求层次也并非呈"相等水平"状态，只是存在需求倾向，即特定条件下的某一层次占主导。因此，本书在老年人服务需求探讨上，也对不同需求类型进行分析。

二是各需求层次间由低到高的"单向"演进观点，同样存在不足。需求层次理论认为，需求的产生与演进遵循着由低级需求向高级需求的单向路径，即低层次需求的满足必然导致高层次需求的产生。但是，各层次之间如何演化、如何变动、如何转换，仅以"单向性"的阐述无法充分解释。就老年人而言，在生命周期视角下，个人的需求变化与需求层次理论所阐述的人类需求演进总体方向是否不同；老年人的需求是否会因为年龄与身体情况的老化而出现高层次向低层次需求的"回归"；低层次需求满足且产生高层次需求后，在囿于能力水平而无法实现高层次需求的满足情况下，其需求倾向的会发生何种变动，即老年人是否会一味地持续追求高层次需求，是值得商榷的问题，也是需求层次理论的"单向性"论点无法解释的问题。

因此，针对上述理论不足，本书将在马斯洛的需求层次理论基础上，结合ERG 理论对需求层次之间的关系阐释进行分析。

---

① De Cenzo D. A., Robbins S. P. Personnel Human Resource Management [M]. State of North Dakota West Pub. Co., 1988.

② Maslow A. H. A Theory of Human Motivation [J]. Psychological Review, 1943, 50: 370-396.

③ Rauschenberger J., Schmitt N., Hunter J. E. A Test of the Need Hierarchy Concept by a Markov Model of Change in Need Strength [J]. Administrative Science Quarterly, 1980, 25 (4): 654-670.

二、ERG 理论

（一）理论内容

ERG 理论在 20 世纪 60 年代由克雷顿·奥德弗（Alderfer）提出，试图通过对需求层次理论与实证研究的结合去解决马斯洛理论中的不足之处。在需求的划分上，Alderfer 划分 3 种人类的普遍需求，即生存需求（Existence Needs，E）、关系需求（Relatedness Needs，R）和发展需求（Growth Needs，G），故此被称作 ERG 理论。作为对马斯洛需求层次理论的延伸，ERG 理论关于 3 种需求层次的划分，与前者具有较为密切的关系，如图 2-2 所示。

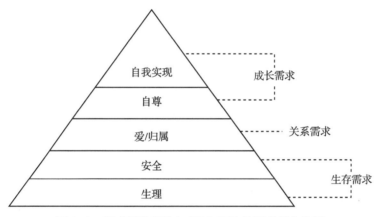

图 2-2　需求层次理论与 ERG 理论的需求划分关系

具体来说，首先，生存需要包括各种形式的安全、生理和物质的需要。安全需求主要指预防、焦虑、威胁、危险、紧张等方面的预防。生理需求指个体在活力水平上追求的满足，如休闲、锻炼、睡眠。物质需求指个人生活所需的资源，包括食物和衣服。其次，关系需要包括安全的感知、归属感和尊重感。安全感涉及人类的相互信任。归属感指预防各种形式的痛苦，如隔离、孤独等。归属感需求包括给予他人的爱或关怀。尊重感指受到他人的尊重，比如受欢迎程度、社会地位、优越感、重要性和赞美等，使人们对自己的存在有价值感。同时，成长需要涵盖自尊和自我实现。自尊需要指自我生产的效果，比如追求、寻求知识、实现、控制、建立自信、独立和感觉胜任的能力；自我实现是指自我成就，包括实现个人目标和发展自己的个性，以及实现潜能和支持他人成长的能力。

与马斯洛需求理论不同，ERG 理论在各层次关系的解读中，认为存在"多向度"的相互转化形态，并提出基于"受挫—满足"维度的7个命题^①（见图2-3）。第一，如果生存型需求未能满足，将会产生更大的欲望和诉求（p1）；第二，关系性需求未能满足，将会产生更多的生存型需求欲望（p2）；第三，生存性需求能够得到满足，将会产生更多的关系性需求（p3）；第四，成长需求未被满足，将会强化获得此项需求的欲望（p4）；第五，成长需求未能满足，将会激发对关系性需求的欲望（p5）；第六，越多的关系性需求被满足，会激发成长需求的欲望（p6）；第七，越多的成长需求被满足，将会增加更多的诉求（p7）。

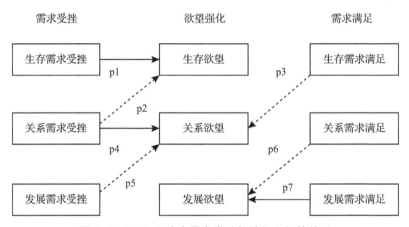

图 2-3　ERG 理论中需求满足与欲望之间的关系

上述7个命题，可概括为4种需求与欲望关系类型^②：①简单的受挫（Simple Frustration）关系（包括命题1和命题4），反映在同等需求层次的满足与欲望之间的反向关系，即特定的需求未能得到满足，将会强化对此类需求的渴望程度。②需求的演进（Satisfaction Progression）关系（包括命题3和命题6），反映低层次需求的满足与高层次需求的正向关系，即满足了低层次需求，就会产生向高层次需求演进的倾向，从而强化了对更高级别需求的渴望。③需求的受挫回归（Frustration Regression）关系（包括命题2和命题5）。如果说前两类关系与马斯洛理论有关，"受挫—回归"则是 ERG 理论独有的，即高层次需求满足与低层次需求欲望之间的反向关系；换言之，当高层次需求受挫，个人将会寻求对低层次需求的满足，因此强化了低层次需求的欲望。④需求满足

①② Alderfer C. P. An Empirical Test of a New Theory of Human Needs［J］. Organizational Behavior & Human Performance，1969，4（2）：142–175.

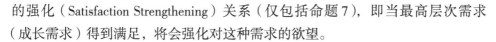

的强化（Satisfaction Strengthening）关系（仅包括命题7），即当最高层次需求（成长需求）得到满足，将会强化对这种需求的欲望。

（二）理论应用

虽然 ERG 理论并没有激发起太多的研究，但却被认为是对人的需求层次探讨中更有效的视角。围绕老年人需求，也有部分研究针对马斯洛理论的不足，进而采用 ERG 理论作为理论基础。但是，从理论所具有的内容关系看，两种理论之间的互补性要大于彼此的替代性。

在 ERG 理论视角下，本书首先将生存需求、关系需求和成长需求视为既定状态下老年人同时存在的 3 种需求层次，这也是与马斯洛理论所不同之处。其次，本书认为在各老年人之间，三种需求层次存在侧重性的差异，即特定需求层次占主导。最后，"满足—受挫"的 7 个命题，体现出各需求层次间的动态性特点，将有助于本书对老年人需求倾向与现实需求之间的差异解释。比如，基于"满足—强化"关系，在低层次需求满足的情况下，老年人对高层次需求的满足动机可能会存在强化；基于"受挫—强化"角度，在需求满足能力有限的情况下，老年人在追求高层次满足的过程中可能存在"受挫"的情况，进而可能对较低层次的需求动机产生强化效果。比如，曹娟等（2015）基于 ERG 理论，发现老年人通过对家人予以照顾的方式增进家庭感情，如做饭、做家务或照顾孙辈等，尽管这种现象在表面上源于老年人对"关系需求"的诉求动机，但并不能排除是源于老年人在追求成长需求受挫情况下，通过对低层次需求（关系需要）的强化，进而弥补自身因需求满足能力受限而对高层次需求（成长需要）的诉求替代。

综上分析，需求层次理论和 ERG 理论之间的互补，将对理解老年人服务需求和探究服务需求中是否存在着层次性、等级性和层次演化关系提供指导。本书对老年人服务需求的分析，旨在为当前社区居家养老服务的内容规划与侧重提供经验，而对老年人需求类型的分析仅是其中的一种层面；更为重要的是基于需求的理解，针对社区养老服务资源有限现状，甄别对于老年人而言哪些服务更为重要、需要优先提供哪些服务；从理论分析层面，可以理解为对"想要"和"需要"进行区分，即探究老年人针对不同服务项目所表现出的"依赖性"或"期待性"，这是上述需求理论法实现的内容。因此，本书将借助于"人的需求理论"，分析如何理解需求中的"需要"和"想要"、两者的关系如何、区分的判断的标准又是什么。

三、人的需要理论

（一）理论内容

Doyal 和 Gough（1984）的关于人的需要理论（Theory of Human Needs）是近年来针对人的需求和社会政策领域较有影响的研究之一。不同于以往仅针对微观需求的聚焦，人的需要理论是在整个社会福利政策框架内探讨个人与社会的需求与满足问题。同时，人的需要理论旨在解决以往对"需要"定义认识方面的混淆、以及不同学派之间存在的歧义，通过对"需要"（need）和"想要"（want）两种需求形态的区分，分析社会福利政策制定中如何识别基本需要的标准、个人与社会层面的基本需要以及如何反映基本需要的内容（基本需要的衡量指标）。

作为对特定目标的驱动或动机，需求是否完全等同于言语所表达的意义，是以往需求理论相对忽视的内容。因而，在针对需求的满足所进行的探讨与实践中，通常把人们偶然表达的需要作为既定需求。依据与人类生活状况相联系的普遍性、必要性标准，人的需要理论将所谓的"需求"划分为"需要"（need）和"想要"（want）两种形态。其中，对于"需要"的理解与人类本质、天然性和人类需要的一般形式相联系，与"想要"的普遍性存在本质区别；相反，"想要"更多地与个人认知相关，体现为"感知"性质的需要，但并非仅是与人类普遍状况直接相关的标准和必要的前提条件，一些人的"需要"对于另一些人而言可能意味着"想要"。因此，在对所追求的特定目标的概念化理解上，"想要"的范围远超过"需要"。同时，"想要"自身的意义可以分为"必要"和"非必要"两类，比如"因为饿了，需要食物，所以可能想要麦当劳汉堡；然而麦当劳无法代表所有的食物，选择它并源于必要或被划分为需要，而是出于其独特的口味或文化[①]"。这反映出在对需求的理解上，往往将具有感知性特征的、不具有必要性的"想要"误解为"需要"的问题。此外，"需要"一词在不同的情境下同样包含两种类型，即作为目标的需要和作为策略的需要。前者体现出的是一种由动机引导的目的性特征，通常指人的需要或基本需要；后者则作为达到目的而借助的工具性存在，即目标达成的途径。

但是，由于对"福利国家"的认识涉及"需要或社会需要"的概念以及"公共需要"的满足，在社会政策领域中，囿于缺乏严格的衡量"需要"的客

---

① L. Doyal, I. Gough. A Theory of Human Needs [J]. British Journal of Sociology, 1984, 4（4）: 6–38.

观标准，多被以"主观性"或"建构性"的说辞而排斥。比如，"需要"的理念是主观性的、短暂性的、转瞬即逝的，并且是基于价值判断的 ①；类似于其他情境中，说到"需要"或者"急需"假定了一个标准或规范，并且不同的规范标准将导致不同的"需要"。甚至有学者认为"需要"一词应在公共政策的讨论中剔除 ②。现象学则认为，"需求"是在国家服务提供者根据福利意识形态、特定的管理实践和特定的机构约束运作下所建构的 ③；经济学角度认为，只有偏好（preference）和要求（demand）的概念具备充分的"客观性"，才能作为商品和服务稀缺条件下的分配标准 ④。部分马克思主义者认为"需求"仅是由特定的社会内部所建构的；自由主义认为，"需要"是一个开放性和富有弹性概念，难以找到一个"客观性"的支点，即使是以贫困线为标准，仍难以在不同社会条件与文化环境下进行比较。特别是以所谓的"需要"定义对福利进行资源优先调整的标准也受到广泛的批判，如右派的批评者认为，这种标准在最好的状态下会导致国家的"家长式"作风，但在最坏的状态下将会造成政治独裁 ⑤；左派则认为，需求的论述为资本主义社会中稀缺的福利资源配给提供了一个方便的理由，并作为一种具有明显仁慈与合法性的政策，但却会造成不确定的结果。尽管一些研究对需求类型区分具有一定的实用性，但仍无法解决定义之间的矛盾和概念的"客观性"。

人的需要理论认为，为了保证对于"需要"的界定具有社会与文化无涉性，将人的基本"需要"视为"对个人追求自己认为有价值的目标时所受到的严重伤害的避免"，即达到何种目标才能避免这种伤害。在此来看，概念界定的"客观性"体现在"标准"能避免个人偏好的影响；"普遍性"意味着"严重伤害"对于任何人而言均具有相同含义，即根本上丧失追求自身美好愿景（Vision of the Good）的能力。进而，人的需要理论依据人的生物性与社会性角度，从达到或

① Armstrong P. F. The Myth of Meeting Needs in Adult Education and Community Development［J］. Critical Social Policy a Journal of Theory & Practice in Social Welfare，1982，2（5）：24–37.

② Culyer A. J.，Lavers R. J.，Williams A. Health Indicators［A］// Shonfield A.，Shaw S.（eds.）Social Indicators and Social Policy［M］. London：The Thomson Corporation，1972.

③ Smith G. Social Need：Policy，Practice and Research［M］. London：The Thomson Corporation，1980.

④ Nevitt D. Demand and Need［A］// Heisler H.（eds.）Foundations of Social Administration［M］. London：The Thomson Corporation，1977.

⑤ Flew A. Wants or Needs, Choices or Commands?［A］// Fitzgerald R.（eds.）Human Needs and Politics［M］. London：Pergamon Press，1977：213–228.

维持人的存活与自主性出发，对个体层面的基本需要进行划分，如图 2-4 所示。

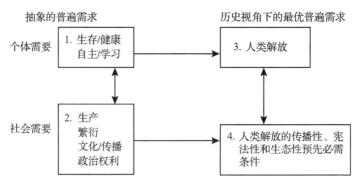

图 2-4　个人与社会层面的基本需要划分

个人层面的基本需要包括"生存—健康"和"自主—学习"，主要指向人类的自由的普遍的最优需要。社会层面的基本需要包括"生产""繁衍""文化—传播"和"政治权利"四个方面，指向宪法和人类自由的外部环境。而在个人与社会需要关系上，社会需要既是社会得以存在的基本条件和个人基本需要实现的社会前提，也是人类解放的先决条件。

基于本书的微观视角，就人的需要理论关于个体层面的需要而言，人的生存与健康需要和马斯洛需求理论中的生理与安全需求、ERG 理论中的生存需求相类似，是个人能够依靠支配自身肢体与思维进行目标（需求）选择的基础与保障，而这种选择的能力就是"自主能力"。"自主性"旨在强调个人社会参与的能动性，即通过社会参与实现特定目标的行动能力。从"避免伤害"的衡量角度看，需要的满足在于避免个人因身体和能力不足而导致目标实现的阻碍问题，这是任何人在任何情况下所做出任何目标选择的前提条件，也避免了社会环境与文化因素对需要的"客观性"所造成的影响。在基本需要满足上，人的需要理论提出了"最优化标准"。在个人需要中，最优的基本需要满足水平包括高、低两种类型：低水平的需要满足在于减少个人社会参与中所受到的约束，并具备对目标选择与实现路径的认知，这也是强调"学习"需要的原因所在；高水平的满足更进一步强调对于文化知识的学习，获得目标实现的关键技能和政治自主，进而深入了对与社会需要的理论探讨。

但是，即使划分出 4 种个体需要，也可以被视为"目标性"的，即仅依据这种划分，仍无法回应"客观性"不足的问题。比如，即使"健康"作为任何环境下人类普遍的目标或需要，但对于每个人来说"健康"的标准是不同的，而且随着社会进步，"健康"的标准处于动态变化。因此，人的需要理论将"策略性"的需要引入到对"目标性"需要的衡量中，认为"为实现普遍的目标性需要的策略性需要具有普遍性"，并称之为"中间目标"。中间需要的满足在于实现基本需要的最优化。但是，"最优化"并不等同于"最大化"，多度的中间需要满足将会造成基本需要满足产出的下降。"基本需要"意味着保证目标实现过程中最低的生存与自主能力水平，而中间需要的满足正是为了这种最低水平需要的满足。因此，在中间需要与基本需要满足之间存在着最低投入水平的最优（Minimum Optimorum），如图 2-5 所示。根据基本需要的类型划分以及中间需要最低投入水平的最优，人的需要理论提出了"中间需要"的内容、特征与衡量指标；针对普遍性的满足内容，共列出"食物和谁""住房""工作"等 11 项内容，并划分出 18 种特征和 36 项社会指标。

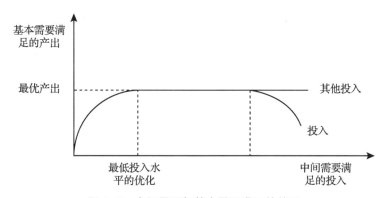

图 2-5　中间需要与基本需要满足的关系

（二）理论应用

　　尽管人的需要理论是在社会政策框架内探讨整个社会福利需要的满足，但对个体需要的概念分析无疑为本书提供了一些新的视角。首先，根据人的需要理论对"需要"性质的划分，社区居家养老服务对于老年人而言，既可以作为"目的性"的需要，也可以是"策略性"的。如前文所述，作为一种相对于老年人自身的外部服务，养老服务旨在提供一种辅助性功能。一方面，可将老年人的养老服务需求理解为"以获取服务本身为目的"的动机，而特定服务的提供被视为需求的满足或目标的达成。另一方面，老年人的服务需求更多地体现为"策略性"的中间需要，这种策略性则体现为特定目标达成的必需途径；针对养老服务的"辅助性"功能，可以将"策略性"需要理解为老年人"为了实现日常生活延续的目标，针对自身健康或自主性不足而对特定服务功能的需要"。在此基础上，"存活"和"自主"作为普遍且客观的基本需要类型，因此养老服务的功能应避免对老年人自身能动性的替代，服务提供也应在老年人"基本能力维持"的水平上，尽可能地使老年人自身能动性得到发挥。在此导向下，针对不同老年群体或个人，那些属于"辅助性"而非"替代性"的养老服务，理应成为需求满足方面的重点内容。

其次，人的需要理论关于需要类型的阐述，主要体现出一种"成长性"视角，即与个人成长阶段相应的能力提升的保障，比如，对社会人口繁衍阶段的节育与生育、儿童成长阶段安全与发展，而非未过多地针对老年群体需要做出探讨。但在对个体基本需要的划分上，"生存—健康""自主—学习"也可针对老年人的服务需求类型进行分析，如"生存—健康"的需要涉及社区居家养老服务中日常生活、安全和医疗等服务内容；而"自主—学习"与老年教育、老年教育和社会参与等方面的服务有关，这些服务的提供将使老年人基本需要得到满足，进而避免因伤害而导致的目标选择与达成的受限。只是与以往微观需求分析相似，老年人对两种基本需要类型的满足中，存在侧重点的差异，例如自理能力较差的老年人可能会侧重于"生存—健康"类的基本需要。同时，人的需要理论关于"中间需要"的类型与内容划分可以反映出微观需求理论对于需求层次的划分，也可以为社区居家养老服务的类型设置提供指导，如注重对住房、保健、群体支持、人身安全和教育等方面的服务提供。

再次，无论是需求层次理论或是 ERG 理论，均是针对需求类型的探讨。根据人的需要理论对"需要"的界定看，老年人在对具体的服务项目所表达的需求属于"需要"或是"想要"，是否都要同时满足或者无差别满足，都是需要进一步探讨的问题。在"需要"的层面，根据"对目标实现造成伤害"的标准，哪些服务的缺失将对老年人的生存或自主造成"伤害"，涉及服务需求重要性区分，并将引申出需求的重要性和满足的优先性问题；而在"想要"层面，体现为在基本需要基础上，受老年人自身认知影响的个性化需求，由于当前社区居家养老服务项目内容丰富，因此可以在整体服务框架内进一步分析个性化需求的主要服务内容和个性化需求中体现出的共性特征，这将涉及在多元主体介入服务提供环节中的各主体功能角色如何定位、优势如何发挥或资源如何配置的问题。

最后，人的需要理论将无疑会对本书理解与甄别老年人服务需求提供理论层面的指导。然而，当前对于"需要"和"想要"的区分更多地停留在理论性的探讨层面，并且对于两者的区分也尚未达成统一的量化标准。对于老年人而言，不同服务功能存在差异性，对于老年人的重要性也不尽相同。从人的需要理论看，老年人的"重要性"判断可以视为服务功能"不可或缺性"；或者说是老年人在自身养老服务需求满足中对不同社区居家养老服务项目的"依赖性"。进而，"重要性"判断程度越高，反映出老年人对此项服务的依赖性越强；当此项服务需求无法满足时，将会对老年人日常生活的延续造成的负面影响（伤害）程度也就越高。因此，如何在实证研究中识别和区分老年人对不同服务的重要性判断差异，将是对"需要"和"想要"进行操作化的有益尝试。因此，本书将进一步采用魅力质量理论及其理论分析模型（Kano 模型），通过对不同老年人所作出的"重要性"判断，对各项服务的"依赖性""期待性"进行层次性划分。

四、魅力质量理论

（一）理论内容

魅力质量理论及其 Kano 模型是在企业管理领域从注重市场份额逐渐转变为顾客满意度战略的背景中产生的。这种战略转向基于一个假设，即顾客满意是衡量企业未来的最佳导向，满意度的提升将会提高顾客的忠诚度。如何识别影响满意度的决定因素，成为质量管理的必要前提和研究领域长期关注的重点问题之一[1]。传统研究假设认为，产品（服务）的提供与顾客满意度之间呈"线性"关系（如 Shahin 等，2011[2]；Lubinski 等，2012[3]），即供给必然导致满意度提高。但是，这种简单"线性"的认识忽视了满意度影响因素的构成结构，也忽视了各因素对整体满意度影响作用的差异。进而，有学者开始重新考虑客户满意度的因素结构。虽然 20 世纪 70 年代部分研究引入并测试了顾客满意度的双因素理论（如

---

[1] Matzler K., Sauerwein E. The Factor Structure of Customer Satisfaction：An Empirical Test of the Importance Grid and the Penalty-Reward-Contrast Analysis [J]. International Journal of Service Industry Management，2002，13（4）：314-332.

[2] Shahin A., Nekuie N. Development of the Kano Model [J]. Asian Journal on Quality，2011，12（2）：176-188.

[3] Lubinski G., Oppitz A. Applying the Kano Model in Mobile Services World：A Report from the Frontline [C]. 2012 8th IEEE International Conference on the Quality of Information and Communication Technology，Lisbon，IEEE，3-6 Sept.，2012.

Swan 等，1976①；Maddox 等，1981②），却未能取得后续的进展③。而东京理工大学教授狩野纪昭（Noriaki Kano 等，1984）④受赫茨伯格的理论启发，借鉴双因素理论"激励—保健"因素的划分理念⑤，通过进一步探讨影响顾客满意度的因素结构问题，提出了魅力质量理论及理论分析模型⑥，即 Kano 模型（Kano's Model）。

魅力质量理论从提升顾客满意度入手，基于区分不同需求的满足与满意度之间的关系，探讨如何实现供需之间的匹配和需求满足优先策略的问题。一方面，魅力质量理论认为需求满足与满意度间存在非线性关系，并非任何产品（服务）的提供都可以使满意度得到提升，甚至可能造成满意度下降；另一方面，不同需求的满足对满意度的影响作用存在差异，并非所有需求都应获得同步或同等水平的满足。因此，魅力质量理论将需求划分为 5 类要素，包括必备要素（Must-be，M）、一维要素（One-dimensional，O）、魅力要素（Attractive，A）、无关要素（Indifference，I）和逆向要素（Reverse，R），如图 2-6 所示。

（1）必备要素（M）属于最为基本的需求层次，通常是顾客未明确表达的、被认为是"理所应当"的需求要素。与 Maslow 需求理论认为的"除非满足生存需要，否则就不需要考虑自尊"一样，必备要素是在需求满足中应首先保证的⑦。在必备要素与满意度的关系上，呈现出"非线性"关系，即必备要素的提供将不会使满意度的提升，但无法提供时却会导致满意度的下降。

① Swan J. E., Combs L.J. Product Performance and Consumer Satisfaction: A New Concept［J］. Journal of Marketing，1976，40（2）：25-33.

② Maddox R. Neil，et al. Two-factor Theory and Consumer Satisfaction: Replication and Extension | Journal of Consumer Research | Oxford Academic［J］. Journal of Consumer Research，1981，8（1）：97-102.

③ Leavitt C. Consumer Satisfaction and Dissatisfaction：Bi-polar or Independent?［A］// Hunt K. H.（eds.）Conceptualization and Measurement of Consumer Satisfaction and Dissatisfaction［M］. Cambridge，MA：Marketing Science Institute，1977：132-149.

④ Kano N.，Seraku N.，Takahashi F.，et al. Attractive Quality and Must-Be Quality［J］. Journal of the Japanese Society for Quality Control，1984，4（2）：147-156.

⑤ Li Li Z.，Lian Feng H.，Qin Ying S. Research on Requirement for High-quality Model of Extreme Programming［C］. 2011 International Conference on Information Management，Innovation Management and Industrial Engineering（ICIII），Shenzhen，IEEE，26-27 Nov.，2011.

⑥ Kano N.，Seraku N.，Takahashi F.，et al. Attractive Quality and Must-Be Quality［C］// International Congress Coinciding with Austria's Millennium：Alpine Tourism-Sustainability：Reconsidered and Redesigned，1984.

⑦ Shahin A.，Zairi M. Kano Model：A Dynamic Approach for Classifying and Prioritising Requirements of Airline Travellers with Three Case Studies on International Airlines［J］. Journal of Consumer Research 2009，20（9）：1003-1028.

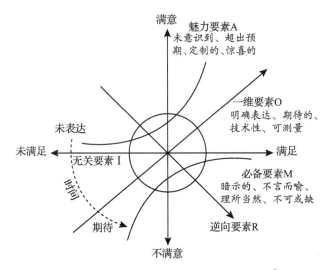

图 2-6 Kano 模型的需求层次分析框架[1]

（2）一维要素（O）通常是顾客所期望和明确表达的需求，也就是以往所认为与满意度存在"线性"关系的要素，即一维要素的满足将使满意度得到提升、反之则会下降；这种"线性"关系也反映了"客户的满意程度和他的预期一样"的观点[2]。

（3）魅力要素（A）是顾客未意识到的、超出预期和满足个性化的优质要素，也是最具吸引力的需求要素。魅力质量理论认为，所提供的服务或产品不应仅对顾客通过语言所阐述的需求进行满足。在市场领域，魅力要素也是提升比较优势与竞争力的关键。虽然魅力要素与满意度同样呈现出"非线性"关系，但与必备要素相反，魅力要素的提供将会使满意度得到提升，但无法满足时却不会导致下降。魅力要素的划分受到顾客的认知与体验经历的影响，是基于对（潜在）顾客需求的理解；正是由于超出期望，魅力要素的提供将会使顾客感到"惊喜"[3]。但是，尽管魅力要素的提供对满意度的提升效果最为显著，也应以成

① Shahin A., Zairi M. Kano Model: A Dynamic Approach for Classifying and Prioritising Requirements of Airline Travellers with Three Case Studies on International Airlines [J]. Journal of Consumer Research 2009, 20（9）: 1003-1028.

② Huiskonen J., Pirttilä T. Sharpening Logistics Customer Service Strategy Planning by Applying Kano's Quality Element Classification [J]. International Journal of Production Economics, 1998, 56-57（1）: 253-260.

③ Breyfogle F.W., Cupello J. M., Meadows B. Managing Six Sigma: A Practical Guide to Understanding, Assessing, and Implementing the Strategy that Yields Bottom-line Success [M]. New York: John Wiley & Sons, 2001.

本最小化为导向，不应超过自身的供给能力①。

（4）无关要素（I）被认为是无关紧要的需求要素，无论满足与否，均不会对满意度产生任何影响。因此，也是在需求满足中可以忽略和避免浪费的方面。

（5）逆向要素（R）是能够造成顾客反感的内容，也与满意度呈"线性"关系。但与一维要素不同，逆向要素的提供会导致满意度的下降，所以在需求满足中应是避免提供的内容。

在对上述五种需求要素的划分方面，Kano 模型针对每一项需求要素的"双向"问题②，即每一项要素的问题都包含一个提供和不提供情时，相应满意度情况的问题（见表 2-1）。其中，每个"单向"问题都包含一组李克特的 5 分选项，根据既定状态下"正/反"两方面的满意度回答，通过"5×5"的表格判定某一项要素的层次属性划分③（见表 2-2）。但是，与 Kano 模型中的 5 种层次划分不同，表 2-1 中，当能够提供和无法提供情况下满意度情况均为"满意"或"不满意"，则属于错误回答（Questionable，Q）。在对某种服务的整体层次划分上，主要依据既定要素在各层次划分中的最高频率而定。

表 2-1　Kano 模型的双向问题设计

（1）正向问题：如果可以提供某项服务，您的感觉如何？				
满意	理所应当	无所谓	可以接受	不满意
（2）反向问题：如果无法提供某项服务，您的感觉如何？				
满意	理所应当	无所谓	可以接受	不满意

表 2-2　Kano 模型的需求分类表

能够提供	无法提供				
	满意	理所应当	无所谓	可以接受	不满意
满意	Q	A	A	A	O

---

① Shahin A., Zairi M. Kano Model: A Dynamic Approach for Classifying and Prioritising Requirements of Airline Travellers with Three Case Studies on International Airlines [J]. Journal of Consumer Research 2009, 20（9）: 1003–1028.

② Ghosh K., Mawalkar S. R., Blaney L. AKMI: Automated Kano Model Implementation. Transactions of the Tenth Symposium on Quality Function Deployment [M]. Novi: Michigan, 1998.

③ 比如，当某种要素能够提供时的选项为"理所应当"，无法提供时候为"不满意"，则该要素划分为 M（必备要素）。

续表

能够提供	无法提供				
	满意	理所应当	无所谓	可以接受	不满意
理所应当	R	I	I	I	M
中立	R	I	I	I	M
可以接受	R	I	I	I	M
不满意	R	R	R	R	Q

随着魅力质量理论及其 Kano 模型的广泛研究与应用，部分学者对传统模型的需求层次划分予以改进。比如，就传统 Kano 模型的层次划分而言，作为影响满意度的关键要素，魅力要素（A）和必备要素（M）内部均存在 3 种情况。同时，各情况下的满意度又存在区别，代表了对各要素的评价水平，因此传统的 Kano 模型存在无法区分相同层次内各要素差异的缺点。为此，Yang（2005）在传统 Kano 模型中引入了"重要性"（Importance）维度，构建出"重要性—满意度"模型（Importance–Satisfaction，I–S），并依据重要性差异细分出 8 种层次，如图 2-7 所示。

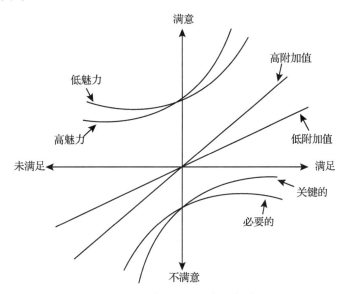

图 2-7　Kano 模型需求要素分类的改进

首先，将魅力要素区分出高魅力和低魅力质量要素。高魅力质量要素可以更为吸引潜在的顾客；而低魅力质量要素对于顾客缺乏吸引力，如果考虑到投入成本的因素则可以被摒弃。其次，一维要素区分出高附加值和低附加值质量要素。高附加值要素有助于提升顾客满意度，需要着重满足；低附加值要素对顾客满意度影响较小，但并不意味着可以忽视，而需要避免过多提供。再次，改变了以往对必备要素重要性的统一认识，Yang（2005）将其划分为关键质量要素和必要质量要素。关键质量要素对顾客而言至关重要，所以需要足够提供；必要质量要素的重要性则不太显著，仅需要在必要的水平上满足这种要求。最后，无关要素并非均是无关紧要的，其中既有"无人关心的质量要素"，也存在具有潜在吸引力的"潜在质量要素"。

可是，尽管 I–S 模型有利于区分同一层次内各要素对满意度的影响差异，但却存在难以操作化的问题。对此，Shahin 和 Nekuie（2006）根据同属性内部的重要性差异，将原先的 5 种层次改进为 7 种，并将传统 Kano 模型区分表中的魅力要素（A）和必备要素（M）分别细分出 3 种类型，如表 2–3 所示。

表 2–3　改进的 Kano 模型分类

能够提供	无法提供				
	满意	理所应当	无所谓	可以接受	不满意
满意	Q	A_1	A_2	A_3	O
理所应当	R	I	I	I	M_1
中立	R	I	I	I	M_2
可以接受	R	I	I	I	M_3
不满意	R	R	R	R	Q

其中，按照对满意度的影响程度，必备要素划分出的 M_1、M_2、M_3 分别表示比较、一般、不太必要的要素；魅力要素划分出的 A_1、A_2、A_3 分别表示比较、一般、不太魅力的要素，如图 2–8 所示。

可是，即便 Kano 模型的要素层次划分得到改进，但仅以层次类别划分探讨需求满足的策略仍旧存在缺陷，即这种分析更像是一种定性分析，需求要素层次的划分无法对各具体要素的重要性作出定量的直观比较。为了更加直接地体现与衡量同一层次内各要素对满意度的影响差异，Berger（1993）等提出了顾客满意度系数（Customer Satisfaction Coefficient，CSC）的对比方式。由于需求要素的提供与否，对满意度存在正、反两种影响，顾客满意度系数也划分出两种相应的系数，即不满意度系数（Dissatisfaction Index，DIC）和满意度系数

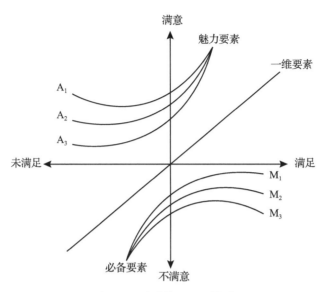

图 2-8 改进的 Kano 模型

（Satisfaction Index，SI），具体计算公式如下：

$$DI = (-1) \times \frac{F(O) + F(M)}{F(A) + F(O) + F(M) + F(I)} \qquad (2\text{-}1)$$

$$SI = \frac{F(A) + F(O)}{F(A) + F(O) + F(M) + F(I)} \qquad (2\text{-}2)$$

首先，不满意度系数（DI）指特定需求无法满足时将会对满意度下降的影响程度，是特定服务在要素划分中归于必备要素（M）和一维要素（O）的频次，占总频次的比例式（2-1）。不满意度系数的取值在［-1，0］，如 DI 越接近于 -1，表明此需求要素的缺失所导致满意度下降的状况越严重；反之表明所导致满意度下降的程度越小，甚至没有影响（DI=0）。

其次，满意度系数（SI）用于衡量特定需求的满足对满意度提升的影响程度，是特定服务在要素划分中归于魅力要素（A）和一维要素（O）的频次，占总频次的比例式（2-2）。满意度系数的取值在［0，1］，如 SI 越接近于 1，表明对满意度的提升作用越大；反之表明影响越小，甚至无任何影响（SI=0）。

此外，通过对不满意度系数（DI）和满意度系数（SI）绝对值的大小比较，可以对各需求要素的优先满足做出判断。如当 |SI| > |DI| 时，表明需求要素的提供对满意度提升的影响大于下降作用，在此情况下可通过优先满足 |SI| 更大的产品或服务进而吸引顾客、提高竞争力；当 |DI| > |SI| 时，表明对满意度下降的影

响更大，进而应首先保证 IDII 更大的需求，因为这类需求要素对保证满意度而言是最为基本和最为关键的。

与传统方法相比，Kano 模型可以更为精准地识别顾客需求要素的特征、层次和重点，在人员、技术与资金等有限的情况下针对产品（或服务）满意度的提升做出合理的需求满足决策和优先级安排，减少不必要的投入。随着研究的深入与推广，魅力质量理论及其 Kano 模型的应用已从最初的产品质量领域向服务管理领域延伸。

（二）理论应用

社区居家养老服务内容设计与优先供给策略的合理性、针对性同样影响着老年人的满意度和认同感，也决定着作为一种准公共服务制度安排的有效发挥。研究表明，老年人服务需求的满足与否将对生活满意度存在直接影响。上述研究表明，一方面，社区居家养老服务涵盖类型较为全面，涉及老年人生活、健康和精神等层面的需求，需要对各类需求间的侧重进行识别；另一方面，老年人的群体差异产生了服务需求的多样性特点，但如何从整体层面对服务需求的整体情况进行把握是无法忽视的问题。此外，囿于资源与人员的限制，需要对服务的供给作出优先性的策略安排。正如 Doyal 和 Gough（1984）对"需要"与"想要"本质差异的划分[①]，如何甄别个体层面对特定服务的真实需求情况，是需要予以重点探究的环节。因此，本书基于魅力质量理论及其 Kano 模型，从"提供—服务满意度"的视角，进行需求优先满足策略的探讨。

首先，本书将社区居家养老服务视为一种准公共产品，将各项服务作为所承载的功能要素，从各项服务的功能导向，探讨老年人对各项功能要素的需求情况。同时，养老服务需求的满足与满意度也存在"非线性"关系，并非每项服务的提供均能提高老年人对社区居家养老服务的满意度和认同感；在各类服务需求中，也可能存在必备、一维、魅力、无关甚至逆向要素的划分。进而，本书基于 Kano 模型问卷设计，通过抽样调查，对整体层面上各项服务的需求层次归属进行划分。

其次，在需求层次划分基础上，本书通过不满意度系数（DI）和满意度系数（SI）测算，以量化方式区分各项服务对满意度的影响差异。老年人会同时具备对各类服务的需求，只是存在倾向侧重的差别，所以在对不同服务项目的重要性排序中，无法像针对单一的产品质量设计对所有需求要素进行整体性排列。

---

① Doyal L., Gough I. A Theory of Human Needs［J］. British Journal of Sociology, 1984, 4（4）: 6-38.

因此，本书基于对社区居家服务类型的划分，分析各类服务中不同服务在 Kano 模型中的层次归属和对满意度影响程度的排序。

最后，基于上述排序，本书依据魅力质量理论探讨社区居家养老服务提供的优先策略安排。一方面，魅力质量理论及其模型的应用有助于理解、发现和区分个体层面的需求层次，进而判断特定服务的重要性；仅就个体需求的识别而言，对需求层次的划分具有价值无涉性。另一方面，作为一种策略性的安排指导理念，需要对原有理论观点做出一定的调整。从理论及其模型的产生背景看，魅力质量理论主要涉及企业管理领域的研究与应用。然而，在嵌入于公共领域的制度化安排中，需要在理解上做出一定的调试与转换，即针对养老服务领域的应用中，应对原有策略指导理念作出适用性调整。其中，会涉及对功利主义与人文价值的考量，需要在经济理性的效率导向和公平正义的公共价值导向、公共资源共享理念之间作出合理的取舍与选择，这也正是运用魅力质量理论及其 Kano 模型指导养老服务安排的前提认知。相比于企业侧重于魅力要素以提升竞争力为导向，社区居家养老服务作为具有福利性质的准公共服务，应以保证老年人具有普遍的、较高依赖性的需求为首要任务。因此，本书在要素的安排序列上，将根据各需求层次的特点，以重要性为准则作出服务提供的优先性安排，即优先保证必备要素、优先满足一维要素、尽量提供魅力要素和忽略无关要素、避免逆向要素的思路（M>O>A>I>R）。此外，本书对整体需求分析基础上，针对不同老年群体的需求层次及优先满足序列进行探讨。

第三节　理论框架

基于核心概念的界定与理论关系的阐述，本书围绕研究内容构建出了分析框架，如图 2-9 所示。

首先，本书认为老年人的社区居家养老服务需求，源于"非正式"服务无法满足老年人需求情况下，对外部服务产生的需求溢出。一方面，在"非正式"需求满足中，包括老年人自我满足和家庭满足两个方面；同时，两者间也存在着"差序"的关系，即老年人先采取自我满足，然后才会依赖家庭层面的需求满足。另一方面，需求的"溢出"取决于非正式服务的需求满足水平，即老年人需求在自我和家庭层面的满足程度越高，对外部正式性服务的诉求或依赖程度越低，反之越高。在此过程中，非正式服务的满足能力成为影响需求"溢出"的关键因素，包括自我满足能力和家庭满足能力。其中，就个体而言，从上文

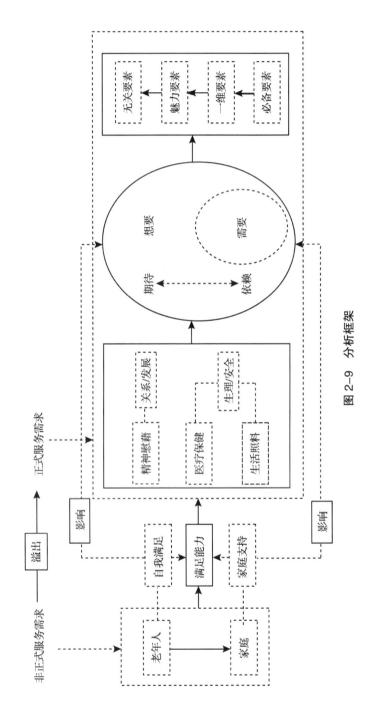

图 2-9 分析框架

资料来源：笔者自绘。

对"老年人"的理解，老年人自我满足能力主要体现在年龄、健康和其他特征（如收入、文化等）。在家庭满足能力方面，体现在婚姻状况、居住状况（同住、空巢和独居）、家庭构成（子女数量）、照料能力（包括主要照顾者、照顾者距离、照顾者的照顾能力）。此外，非正式需求满足能力的不同构成形式会对最终的社区居家养老服务需求产生不同的影响。

其次，针对本书研究主题，将老年人的服务需求限定于社区居家养老服务。在服务类型划分中，采用常用的"生活照料、医疗保健、精神慰藉"划分方式。依据马斯洛需求层次理论和ERG理论的需求区分，从服务功能角度，认为生活照料和医疗保健类主要围绕日常生活保障和健康保障，倾向于需求层次论的"生理和安全需要"、ERG理论的"生存需要"；精神慰藉类服务则是指满足更高的精神层面，反映了"归属、自尊和自我实现"或"关系和成长"需求。老年人对各类服务的需求将同时存在，尽管各层次需求之间存在差异。本书对各类服务的需求进行分别探讨。

再次，本书从"需要"和"想要"视为老年人"需求"的两种形态。从人的需要理论出发，一方面，就范围而言，将"需要"视为"想要"的组成部分，"想要"的范围大于且包含"需要"的内容，即老年人所直接表达出的"需求"同时包含"需要"和"想要"两种形态，服务的提供应首先保证"需要"的满足。另一方面，结合人的需要理论和魅力质量理论关于需求的认识，将老年人对社区居家养老服务的"需要"和"想要"，从"依赖性"和"期待性"角度进行理解。换言之，"伤害"的标准反映出老年人对特定服务所表达出的"不可或缺性"判断，反映了需求满足中对特定项目的"依赖性"，"依赖性"越强则越接近于真正的"需要"；相反，"想要"表现为老年人对特定服务的"期待性"，所反映的也正是老年人基于个体差异所呈现的多样性需求特征，"期待性"越强表明服务的缺失对老年人所造成的"伤害"越小；对特定服务需求"需要"和"想要"的理解，取决于"依赖性"和"期待性"间的整体侧重。

最后，在老年人"依赖性"的需求表达中，生活、医疗、精神这3类服务间将存在差异，各类服务中的具体服务间也存在差别。因此，在服务需求的优先满足策略安排上，应依据魅力质量理论和各项服务在Kano模型中的层次归属，以各项服务的"重要性"或"不可或缺性"为优先性标准，即依次满足必备、一维、魅力、无关要素。

第三章 社区居家养老服务需求内容框架与实证设计

在探索性研究导向下，确定社区居家养老服务模式中涵盖哪些服务项目，是涉及老年人服务需求内容边界的核心内容，也是本书研究的首要环节。为此，本章通过对政策文本、研究文献和访谈材料的定性分析，梳理当前社区居家养老服务中应该提供、可以提供和希望提供的服务内容；进而，构建社区居家养老服务的"内容框架"，以此作为服务需求调查的内容，并依据 Kano 模型对问题设计进行转换。同时，本章也对调查地区选择和样本构成予以阐述。

第一节 社区居家养老服务的内容框架

社区居家养老服务的内容的确定，是需求分析的关键和基础内容，直接影响到整体研究的合理性、操作性、现实性与最终价值。为保证当前城市社区居家养老服务内容的客观性和相对完整性，减少由主观设计所产生的偏差，本章采用质性研究，在社区居家功能定位基础上厘清服务内容框架。学术界对质性研究的定义尚未一致，但对"以研究者本身为研究工具，基于自然情境下的资料收集，通过社会现象归纳与理论构建，进行互动行为建构性理解[①]"的内涵已达共识。服务内容框架的构建，主要从"供给能力"和"具体需求"两个角度，探讨社区居家层面"能够提供哪些服务"和老年人"存在哪些困难""希望获取哪些服务支持"。

分析材料的来源主要包括政策文本、研究文献和访谈材料三个方面，借以涵盖社区居家"应该提供、可以提供和希望提供"的服务。一方面，在文本分析上，主要从客观性角度出发，通过政策文本、研究文献的整理，对所涉及的

---

① 陈向明.质性研究方法：反思与评论［M］.重庆：重庆大学出版社，2008：1.

社区居家养老服务功能、类别与内容进行梳理，以保证服务内容框架的政策边界、服务供给的可行性。另一方面，针对当前以老年人自身视角的需求研究相对欠缺问题，本书将从老年人主观角度出发，通过对老年人及其主要照顾者进行半结构（Semi-structured）访谈，了解日常照料中存在的困难与服务需要，并以现象学视角的扎根理论方式，即日常性语境下的"自然"情境与被访者"自己"的表意[①]，对访谈材料进行文字化处理与分析。通过客观、主观材料的收集与分析，保证服务内容框架的相对合理与全面。

一、政策分析

为了保证服务框架的规范性，本书首先对政策中所涉及的社区居家养老服务进行梳理。近年来，我国及各地区社会养老服务发展较快，出台的相关政策较多。其次，由于社区居家养老服务涵盖面较广，服务类型、内容方面较为丰富，并在政策层面存在多部门职能的交叉，因此本书在政策选择上，通过北大法宝（http://www.pkulaw.cn）法律数据库，以"养老、养老服务""居家、社区、社区居家"等为关键词，结合"中央""地方"的搜索范围，采用"精确"和"模糊"的方式对全国性、地区性政策逐一筛选，并对"失效"政策予以剔除。

全国性政策上，共筛选出 2000~2017 年的 27 项文件。从政策颁布的时间看，起始于 2000 年我国正式步入老龄化的时间节点；随着对老龄化的不断重视、老龄工作的不断深化，政策主题逐步从宏观层面对老龄服务的强调，向主题多元化、领域广泛化、部门职能交叉化深入。从发布部门看，多数政策的出台是由民政部门牵头，但也有多部门共同发布；政策主题涵盖了卫生、金融、教育和安全等领域，如将老年社区卫生纳入医疗卫生服务体系建设、促进老年服务业的金融支持、政府购买服务、服务人才培养和"放管服"改革等。

然而，全国层面的政策多体现指导意义，在各地发展中则呈现出基于实际情况的发展模式与服务内容体系设置。因此，为了反映各地区发展的弹性与多样性，对北京、上海两个经济发达且养老服务体系发展较好的地区的相关政策进行收集，包括北京 19 项、上海 22 项。此外，为反映其他地区的发展实践，也对青岛、南京、苏州、广州、深圳、大连和成都这 7 个地市的政策进行收集。结合政策内容与本书的契合度，共计筛选出 17 项政策，其中青岛 3 项、南京 2 项、苏州 1 项、广州 3 项、深圳 2 项、大连 2 项和成都 4 项。

[①]　唐咏.压力与应对［M］.北京：中国社会科学出版社，2014.

基于对上述政策的语义分析与关键词查询，编码结果共计得到 98 个自由节点（见表 3-1）。首先，从涉及各节点的政策数量排列看，出现"生活照料、康复护理、助餐、健康档案"等 10 项服务的政策最多，"生活照料""康复护理"所涉及政策多达 40 项；相反，涉及"助乐、陪同散步、服务专车"等 8 项服务的政策最少①。其次，由于政策的宏观指导性，部分"类别化"的服务节点所涉及的政策较多，如生活照料、助餐、助急等；相反，涉及具体服务项目的政策数量则相对较少。此外，尽管一些服务节点具有相似的功能内涵，但却存在政策之间的表述差异，如供餐和助餐、日间照料和日托中心等②。

表 3-1　政策文本的自由节点信息

名称	来源	参考点	名称	来源	参考点	名称	来源	参考点
生活照料	48	86	老年教育	14	35	定期探访	5	5
康复护理	42	71	室内设施改造	14	18	家庭照料	5	6
助餐	38	195	半托或全托	13	13	康复指导	5	5
健康档案	35	60	代购物品	13	17	权益保障	5	5
精神慰藉	35	41	辅助器械提供	13	16	社会交往	5	5
文化娱乐	32	51	供餐服务	13	16	社区养老宣传	5	5
医疗保健	29	43	日托中心	13	54	托老照料	5	5
送餐配餐	28	71	应急救援	13	15	代办代缴	4	4
日间照料中心	26	46	疾病预防	12	17	合理用药指导	4	4
助浴	25	54	介绍或协助转诊	12	12	家庭与邻里纠纷调解	4	5
心理咨询疏导	24	41	服务热线	11	15	健康信息数据库	4	4

---

① "助乐"出于《南京市政府关于加快发展养老服务业的实施意见》（宁政发〔2014〕216 号）；"陪同散步"出于《上海市老龄工作委员会办公室关于印发〈社区居家养老服务规范实施细则（试行）〉的通知》（沪民老工发〔2015〕4 号）。

② "日托中心"见《广州市民政局印发〈关于推进我市社区居家养老服务工作的意见〉的通知》（穗民〔2005〕84 号）。

续表

名称	来源	参考点	名称	来源	参考点	名称	来源	参考点
健康管理	23	36	老年大学	11	11	健身锻炼	4	4
慢性病维护	23	29	助急	11	12	居家维修	4	5
室外无障碍改造	23	44	法律咨询援助	10	12	老年培训班	4	5
文体娱乐活动	23	30	健身点（室）	10	18	老年组织培育	4	5
服务信息平台	22	30	日托照料	10	11	室内清洁	4	4
助洁	22	60	志愿者关爱	10	11	信息咨询	4	4
医养结合	21	49	护理理疗	9	9	读书读报服务	3	5
助医	21	30	家庭病床	8	8	服务中介咨询	3	3
康复服务	20	24	上门护理	8	9	个人卫生照料	3	4
医疗护理中心	19	33	社会参与	8	13	陪同服务	3	3
家政服务	18	20	社区医疗	8	8	陪诊就医	3	3
家庭医生	17	20	应急援助	8	10	配药送药	3	5
健康教育	17	20	喘息服务	7	10	衣物清洗	3	6
上门巡诊	16	18	代缴代办	7	12	疾病防治	2	2
养生知识宣传	16	22	家政预约	7	7	精神文化	2	2
助行	16	25	健康服务	7	8	居家安全指导	2	2
定期体检	15	21	紧急呼救设备	7	7	陪同聊天谈心	2	3
老年餐桌	15	40	上门看病	7	7	社区义诊	2	2
活动或图书室	15	20	应急呼叫	7	8	服务专车	2	2
临终关怀	15	22	远程或移动医疗	7	7	陪同散步	1	2

续表

名称	来源	参考点	名称	来源	参考点	名称	来源	参考点
健康指导	14	25	互助养老服务	6	7	助乐	1	1
健康咨询	14	19	老年志愿者	6	9			

二、文献分析

在政策文件基础上，本书针对国内研究文献，特别是对实证研究中的服务项目进行整合；其中，所调查的服务内容反映出基于我国社区实践的特点，具有本土性和可行性。因此，通过"中国知网（CNKI）数据库"以"核心期刊"和"CSSCI"为标准进行检索。国内关于"老年人需求或服务需求"的针对性研究有限，且老年人服务需求研究所涉及方面较广；为保证文献搜集的完整性，通过"社区＋服务""养老服务""老年人＋需求""社区居家养老服务"和"社区＋养老服务＋需求"等关键词进行交互查询，共筛选出涉及养老服务或社区居家养老服务需求的142篇文献。自由节点的编码结果如表3-2所示。

表3-2　研究文献的自由节点信息

名称	材料来源	参考点	名称	材料来源	参考点	名称	材料来源	参考点
生活照料	26	33	养老宣传	11	12	陪同服务	4	4
法律咨询与援助	22	25	紧急呼救设备	11	13	社区义诊	4	4
代购物品	21	26	服务热线	10	10	室外无障碍改造	4	5
上门诊疗	21	24	室内清洁	10	11	喘息服务	3	4
文体娱乐活动	21	22	活动或图书室	9	11	健身点（室）	3	3
家政服务	20	23	日托照料	9	12	居家安全指导	3	5
健康咨询	20	20	应急救援	9	10	服务信息中心	3	10
养生知识宣传	20	21	定期探访	8	8	信息咨询	3	3

续表

名称	材料来源	参考点	名称	材料来源	参考点	名称	材料来源	参考点
定期体检	19	22	个人卫生照料	8	8	医疗保健	3	3
陪诊就医	19	20	家庭病床	8	9	介绍或协助转诊	3	3
心理疏导咨询	19	24	家庭邻里纠纷调节	8	8	互助养老服务	2	2
康复服务	18	23	衣物清洗	8	8	环境设施	2	2
老年餐桌	16	18	合理用药指导	7	7	家庭医生	2	2
老年大学	16	19	疾病预防与干预	7	8	康复护理	2	2
社会参与	15	18	上门做饭	7	7	老年教育	2	3
老年培训服务	14	15	医疗护理中心	7	8	老年数据库	2	5
陪同聊天谈心	14	18	应急援助服务	7	7	志愿者关爱	2	2
社会交往	14	18	服务中介咨询	6	6	代办代缴	1	1
送餐配餐	14	15	居家修理服务	6	7	护理理疗	1	1
康复指导	13	13	临终关怀	6	7	疾病预防	1	1
慢性病管理维护	13	13	配药送药	6	6	健康教育	1	1
上门护理	13	16	读书读报服务	5	5	老年志愿者	1	1
疾病治疗	12	12	室内设施改造	5	5	权益保障	1	1
健康档案	12	14	陪同散步	5	5	上门服务	1	1
日间照料中心	12	18	辅助器械提供	4	4	助餐	1	1
上门巡诊	11	13	精神慰藉	4	4	助浴	1	1

三、访谈分析

实证研究所普遍采用的随机抽样方法，有利于保证合理的概率分布。但是，在定性研究中，随机抽样缺乏弹性与代表性，可能影响研究结果的可靠性[①]。如前文所述，老年群体具有多样性特征，根据年龄、身体、家庭和居住特征等维度及交叉，存在不同的群体类型，随机抽样也不适于对复杂群体结构的定性分析。因此，为避免随机样本的代表性局限，本书采用典型访谈方式，对不同年龄、身体状况、居住状态下，具有突出服务需求倾向的老年人及其主要照顾者进行访谈；同时，采取滚雪球抽样的方式，对相似群体进行访谈。

在访谈设计上，尽管老年人间存在不同程度的困难或需求，但考虑到各社区服务发展、老人之间对养老服务的认知、体验存在差异，规范的结构性访谈形式将不适于老年人对自身服务需求的充分表达，为此采用半结构性访谈。具体来说，首先，围绕一般性的生活、医疗和精神需求，设计一套简要的提纲，对访谈进行整体把握与引导。其次，为避免关键信息的遗漏，访谈中尽量保证被访者回答的连贯性，以便获取更多真实性、自然性甚至出乎意料的信息[②]；此外，根据关键信息节点，特别是老年人自身或环境造成的特殊困难或"典型"需求内容与倾向，进行深入探讨。

在访谈内容上，从"正—反"两种视角，围绕以下主题展开：①以"正向"角度，采用观察和访谈法，了解老年人自身（收入、健康、职业等）和家庭情况（家庭结构、居住状态），以及照顾情况（正式、非正式照顾和照顾者情况）等；并根据不同老年人特征，围绕生活照料（就餐、清洁、照料、出行等）、医疗保健（健康教育、日常就医、慢性病维护以及康复护理等）、精神慰藉（娱乐、教育、锻炼、社会活动等）进行了解。②以"反向"角度，了解老年人照料、医疗和精神方面存在的困难、当前社区提供了哪些服务、所提供服务是否需要以及社会服务存在哪些不足等，进而做出服务需求的功能性编码。

通过社区人员、受访者之间的介绍，依据受访者意愿选择访谈地点。每次访谈约 30~40 分钟，在取得同意下进行录音；并于 24 小时内对访谈材料进行转

---

① 陈向明.定性研究方法评介［J］.教育研究与实验，1996（3）：62-68.

② 熊跃根.需要、互惠和责任分担：中国城市老人照顾的政策与实践［M］.上海：格致出版社，2008：144.

录。参考 Minichiello 等（1995）提出的现象学材料的七阶段法进行分析[①]，通过对转录材料的阅读和特定语境下的关键概念理解，甄别需求的显性与潜在表述、直接表达或段落化阐述等；除传统扎根理论的逐句编码要求外，采取逐句与逐段等方法的结合，以提高文本分析的准确性和翔实性。访谈自 2016 年 10 月开始至 2017 年 3 月初结束，共计访谈老年人 32 位，形成文字材料 14 余万字。受访老年人信息如表 3-3 所示，其中，包括 1 位无子女老人和 3 位失独老人。

表 3-3　受访者个人信息（N=32）

情况	频数	占比（%）	情况	频数	占比（%）
男	13	40.63	已婚	14	43.75
女	19	59.38	丧偶	18	56.25
60-69	5	15.63	子女同住	11	34.38
70-79	13	40.63	空巢	12	37.50
80 ≤	14	43.75	独居	9	28.13
有子女	28	87.50	完全自理	10	31.25
无子女	1	3.13	部分自理	17	53.13
失独	3	9.38	不能自理	5	15.63

由于绝大多数受访者不愿意透露个人信息，因此统一按照受访者的居住状态、年龄阶段和身体状况，以及访谈月份、日期和受访顺序进行编号。其中，居住状态包括与子女同住（TZ）、独居（DJ）、空巢（KC），并对"失独"加以标注，如独居失独（DJ-SD）。年龄方面，分为低龄（DL）、中龄（ZL）、高龄（GL）。健康状况包括自评健康（JK）、自评一般（YB）、失能（SN）[②]。同时，通过调查月份、日期与顺序的组合进行编号[③]。此外，部分老人因缺乏行动与沟通能力而采取主要照顾者（ZZ）访谈，也在编号之后加以标注[④]。在此基础上，对

[①] Minichiello V., Aroni R., Timewell E., et al. In-Depth Interviewing［M］. Melbourne：Longman，1995：138-152.

[②] 其中，健康（JK）老人表示具有日常行动能力与完全自理能力的老人。自评一般（YB）老人包括患有部分疾病或慢性病，如关节炎、风湿病、帕金森和老年痴呆等，并对日常行动能力产生一定影响的老人。失能（SN）老人包括行动能力与自理能力绝大程度丧失，完全需要别人照顾的老人。

[③] 如 GL-SD-DJ-032701 表示"独居失独高龄健康，3 月 27 日，第 01 号受访者"。

[④] 如"GLDJ-032701-ZZ"。

访谈内容进行编码。其中,部分老年人的突出需求或代表性表述整理如表3-4所示。

表3-4　部分受访者的需求表述与节点设置

受访者编号与访谈内容	自由节点编码
(DJZLYB-050801) 我在家照顾他(配偶)整整11年,一刻都没离开过,外面发生的情况都不太清楚,现在都有什么政策,社区有哪些服务我都不知道。……现在身体也不如以前,子女也不在身边,对以后自己谁来照顾感到后怕	①服务信息; ②政策宣传; ③日常照顾
(DJGLJK-040901) 在这里(日间照料机构)的话起码有人可以聊聊天,不是太闷,而且可以管饭啊,生活也可以方便一些。……这里每隔几天帮助老年人洗澡,在家没人帮助,自己洗澡不太方便	①日托照料; ②就餐; ③聊天谈心; ④协助洗澡
(KCZLJK-050401) 现在每年一次体检,我觉得每半年一次更好,自己花些钱也愿意。……社区有图书室,我有时间就经常去,但都是杂志,报纸之类很少	①定期体检; ②阅览室
(KCZLJK-050402) 社区卫生中心签订家庭医生,看病的时候不用再排队挂号等,但是医生比较少,一般不能上门看病。……社区读报服务,不是一对一的,是一个人读,几个老年人围着一起听,讲一些新闻,国家大事	①签约医生; ②入户看病; ③读书读报
(DJZLJK-050403) 如果社区能组织活动,我很乐意参与的,但是没听说组织过。……上下楼不方便,希望可以在楼道里加装电梯。室外适老改造现在社区没有什么,我家门口的斜坡是我自己弄的,还是花的自己的钱	①组织活动; ②加装电梯; ③室外改造
(TZGLSN-031101-ZZ) (母亲)长期卧床不能动,不能离开人,整天耗在家里,没时间出去……每天最头疼的是给做饭,如果可以能上门做饭,还是非常需要的……一有病了带她去医院十分费劲,附近诊所也没上门看病;带她看病路上也很折腾,出行也不便;到了医院还要有人看着,办手续都忙不过来。……有一次在家心脏病犯了,临时找人帮忙都来不及	①喘息服务; ②上门看病; ③陪同看病; ④协助出行; ⑤紧急帮助
(DJDLYB-051101-SD) 我是小区文化娱乐的队长,平时组织跳舞、唱歌活动。小区是健康教育的示范点,我是负责人,平时也经常组织健康教育知识讲座,我负责邀请专业人员讲座。……将来年龄大了,很担心谁来照顾,我们几位失独的老人也在不停表达这种要求。听说北京已经有了针对失独家庭老年人的照料中心,上海还没听说有,但是也听说这两年也要做失独照护	①老年活动; ②健康讲座; ③机构照护; ④政策信息

续表

受访者编号与访谈内容	自由节点编码
（DJZLYB-051102-SD） 平时只有我一个人，偶尔亲戚过来看看。……扫地做饭还可以，但是搬个东西、修东西的重活累活已经做不了，有一些突发情况亲戚住得比较远，也来不及找人帮忙……平时身边没人，我也没什么文化，前两年别人给我推销保健品，说是对什么怎么好，我也不太懂，存的钱被骗光了	①家务整理； ②维修服务； ③紧急援助； ④健康教育； ⑤安全信息指导
（TZDLJK-051001） 1年1次到定点的医院，体检的质量很好，好多老人都是查出了毛病，但是排队人多，等待时间太长。……我平时是社区的服务志愿者	①定期体检； ②老年志愿者
（KCZLYB-051002） 原来也有送餐服务，政府每餐补贴3块钱。……平时有什么需要配药的，可以拿处方给签约医生，他负责给配好，自己去取药就行，身体不好的老年人社区也有人帮忙送药。社区医院也可以上门看病的，每次收20元上门诊费，我觉得价格也很合理	①送餐服务； ②签约医生； ③配药送药； ④上门看病
（KCZLYB-051003） 社区也给老人家里配安康通（服务呼叫设备），用着不方便，好多老人也不知道怎么用	服务呼叫设备
（TZGLSN-052501-ZZ） （我妈）身体不能动，几乎都是我在照顾。也没人来替我，哪怕有人来家里帮忙看一会儿，或者几天也行。原先上班可以偶尔请假，但也不能整天都不去，所以没办法我把工作给辞了，只有我爱人一个人上班，经济上都已经很困难了。整天弄得我心里也很急躁，很容易生气	①上门照料； ②短期托养； ③心理疏导
（KCGLYB-053101） 我现在租了一台理疗设备，自己在家理疗	设备租赁
（KCDLJK-040201） 我也不太会上网，如果能组织一下学习上网啊，学习一些现在年轻人用的新技术什么的最好，不能落伍啊	技术培训
（DJGLYB030501-ZZ） ……回上下楼走路不太方便，请个保姆工资又太贵，如果能有谁帮忙买菜，或者送饭、上家里帮忙做个饭最好。……老人需要什么要买的，我能付给别人钱，帮忙买一下日常用品也是很需要的	①送饭； ②上门做饭； ③代购物品
（KCGLYB-010401） 身边没人守着，还是有些困难（男99，女92）。前一段（老伴）洗澡，我照顾他，结果老伴摔了一下，我拉他起来的时候自己也扭着腰。当时儿子比较忙，也没让他过来，身边也找不来人帮忙，我们费了好大劲才起来	①日常照看； ②协助洗澡； ③紧急援助

续表

受访者编号与访谈内容	自由节点编码
（DJZLJK-032501） 我儿媳妇不是本地的，事情特别多，整天在我背后跟我儿子说把我的房子改成他两个人的名字，因为这事我们见面就爱吵架，现在我儿子来看我都不敢跟儿媳妇说。我也不知道怎么去找个律师帮我打官司	①家庭纠纷调解； ②法律维权

基于访谈材料，通过对相似服务需求归总之后，共形成44个自由节点（见表3-5）。其中，提及配药送药、健康教育、打扫卫生、紧急救援和慢性病管理的人数最多；同时，编码结果呈现多样化的需求与侧重，服务形式亦存在多样化特点。但是，老年人对具体需求的表述更为细致或具体（如添加电梯、修建斜坡等），尽管相似服务功能存在不同的表述形式，但将对服务的功能内涵起到丰富作用，有利于老年人的理解。

表3-5　访谈材料自由节点编码结果

自由节点	提及人数	自由节点	提及人数	自由节点	提及人数
配药送药	26	老年食堂	13	老年培训	7
健康教育	25	陪同就医	13	室外改造	6
打扫卫生	23	上门照料	12	应急呼叫	6
紧急援助	23	图书室	12	老年大学	6
慢性病管理	21	活动场地	12	康复指导	6
锻炼设施	19	定期检查	12	日常照料	5
活动室	18	社区机构照料	11	出行协助	5
紧急维修	18	心理疏导	11	老年志愿者	4
老年活动	17	聊天谈心	10	家庭病床	4
上门看病	16	签约医生	10	读书读报	3
上门巡视	16	帮忙买菜	9	社区医疗	3
衣物清洗	15	短期托养	9	助餐	2
送餐	14	协助洗澡	8	精神慰藉	2
代办事务	14	健康档案	8	上门检查	1
上门做饭	14	个人卫生	7		

此外，与政策文本的节点分析相比，访谈材料中的服务节点侧重于日常性

的服务内容。说明在宏观层面对社区养老服务所赋予的内涵随着社区功能、地位的提高而不断深化的同时，当前社区养老服务实践和政策导向之间存在差距；在节点数量和涵盖内容上，受访者囿于服务发展情况和自身服务认知、体验，访谈材料中的节点数量远少于政策与文献节点，也并未生成新的节点或服务内容。因此，对社区居家服务内容的整理基本达到饱和。

在此基础上，对编码予以效度检验。质性研究的效度验证旨在判断结果与实际的相符性，即验证分析者对节点编码的饱和性、一致性情况。本书从横向与纵向的角度，采用两人同时编码、研究者不同时间（一周后）编码的比较进行验证。本书采用 Miles 和 Huberman 提出的"同意度百分比（Percentage Agreement）"质性研究验证公式，即

$$同意度百分比（信度）= \frac{相互同意的编码数量}{相互同意的编码数量 + 相互不同意的编码数量}$$

借助 NVivo 的编码比较功能，验证结果显示（见表 3-6），横向与纵向的一致性验证均超过 90% 的基本标准，说明编码基本通过了效度验证。其中，由于不同编码者在理解间存在的差异性，横向验证的效度普遍低于纵向验证的结果。同时，由于政策文本中对服务内容的表述较为明确，两种方式的效度验证结果均高于文献、访谈材料。

表 3-6　材料编码的效度验证

横向验证	同意度百分比（%）	纵向验证	同意度百分比（%）
政策文本	93.20	政策文本	96.31
文献资料	90.59	文献资料	95.17
访谈材料	91.37	访谈材料	94.93

第二节　社区居家养老服务的需求框架

本书依据社区居家养老服务内容，作为老年人服务需求分析的内容框架。不同于探索性的质性分析编码程序，现有的养老服务已达成一定的划分类别。因此，在最终的三级编码上，已存在固定的划分形式，而不必在通过各节点对最终节点进行构念。首先，本书在对政策、文献与访谈材料的自由节点设置基础上，通过对非具体项目的节点进行剔除，如日常照料、医养结合、互助养老

服务等；同时，对相同或相似的服务功能进行整合。

其次，通过 NVivo 的树节点功能，对具有相似功能的自由节点进行关联式编入，共获取二级编码 17 项。为使"功能导向"得到更好的体现，减少现有节点之间的交叉、烦琐与类别归属的模糊，对编码作出以下调整：①将一级编码中的部分服务进行整合，如将"上门护理"剔除，以"上门看病"和"护理服务"代替；"服务热线"替代"服务预约"；"健康档案"替代"老年人健康信息"等。②对部分节点进行语义转换。比如，就"心理咨询与疏导"而言，虽然在健康层面可以分为身体健康与心理健康两种层面，并且部分政策中也将"心理咨询"的理解置于"医疗健康"的语境中，但在现实的服务运行层面和学术研究层面，普遍将其作为"精神慰藉"养老服务的内容之一，故本书也将其作为"精神关爱"的范畴归属于老年人的"精神慰藉"类之内。③考虑到部分服务存在类别之间的交叉，将根据服务与日常性的关系进行类别归整。比如，将"应急援助"类和"信息咨询"纳入到"日常照料"中；将"权益保障"归类于"精神慰藉"中，将其理解为老年人精神层面的"保障服务"等。

最后，构建出"生活照料""医疗保健"和"精神慰藉"3 类共计 55 项服务的社区居家养老服务内容框架（见表 3-7）。其中，生活照料有 7 个二级编码、22 项服务；医疗保健为 5 个二级编码、20 项服务；精神慰藉为 4 个二级编码、13 项服务。进而，本书将以 55 项服务为需求调查的主要内容，探讨老年人针对各项服务的需求情况。

表 3-7　社区居家养老服务需求的内容框架

三级编码	二级编码	一级编码
生活照料	供餐服务	A1 老年餐桌、A2 上门做饭、A3 送餐配餐
	家政清洁	A4 个人卫生清洁、A5 家政清扫、A6 衣物清洗
	托老照料	A7 日间机构、A8 上门照料、A11 短期托养
	代办服务	A9 代购物品、A10 代办代缴
	应急援助	A12 紧急呼叫设备（安装）、A13 应急援助、A14 应急（家具）维修
	安全保障	A15 室内（助老）改造、A16 室外（无障碍）改造、A17 居家安全指导、A18 定期探访、A19 出行陪护
	服务咨询	A20 服务热线、A21 服务中介咨询、A22 服务信息公示

续表

三级编码	二级编码	一级编码
医疗保健	健康教育	B1 用药指导、B2 康复指导、B3 健康咨询讲座
	健康管理	B4 定期体检、B5 疾病预防、B6 健康档案、B7 慢性病维护
	康复护理	B8 术后康复、B9 护理服务
	就诊服务	B10 社区医疗、B11 陪同就医、B12 专业义诊、B13 协助转诊
	家庭助医	B14 家庭病床、B15 签约医生、B16 配药送药、B17 上门看病、B18 远程医疗、B19（医疗）器具租赁、B20 临终关怀
精神慰藉	老年教育	C1 老年大学、C2 老年培训（班）
	精神关爱	C3 读书读报、C4 陪同聊天、C5 陪同散步、C12 心理咨询疏导
	互动参与	C6 健身设施（室）、C7 老年活动（图书）室、C8 组织老年活动、C9 老年参与（就业、志愿者）
	权益保障	C10 法律援助、C11 纠纷调解、C13 养老（政策）宣传

第三节　调查设计与数据来源

一、调查地区

针对当前老年人服务需求研究多集中于一线城市，而二、三线等城市相对不足的问题，本书采取"梯次化"导向的调查地区选择，即选择东部、中部省会、中部非省会、西部省会 4 个城市，既有利于在整体层面反映老年人的服务需求情况，也有利于对比不同地区老年人的服务需求差异。

具体而言，本书结合地理区位、老龄化程度和经济发展水平三个维度选择调研地点。①以东部、中部、西部的地理区位划分，是当前实证研究中普遍采用的方式；区域的划分不仅代表着各区域之间经济发展水平，也反映着生活水平、生活方式和社会文化环境等方面的差别。②老龄化程度代表着社会养老服务发展的迫切程度和潜在的服务需求空间，进而以老龄化系数为标准进行调查地区的选择。③经济发展水平反映了老龄化形势下，各地区的社会化养老服务建设与发展能力；为更好反映出各地区的经济发展情况，本书以国内生产总值（GDP）和人均 GDP 水平 2 个标准对各省市经济水平进行排序。综合上述 3 个维度，考虑到调研的可行性，本研究分别选取上海、河南、湖南和宁夏 4 个地区。

从地域分布上看，4个省市分别涵盖我国东部（上海）、中部（河南、湖南）和西部（宁夏）的地域划分，以及南方（上海、湖南）、北方（河南、宁夏）的划分。其中，上海作为我国经济发达和最早步入老龄化的地区，老龄化、高龄化程度较高，社会转型导致的老龄化特征也较为突出；河南、湖南作为中部省份，虽然在区域、人口和城乡发展方面具有一定的相似特征，但考虑到在地域和社会文化环境等方面存在一定的差别，这可能影响到两地老年人服务需求的侧重差异；宁夏在经济、社会和民族文化、生活方式等方面与周边西部省份具有一定的相似性，且与东、中部存在明显差异，因此选为地区调研地区。

同时，为了反映在不同经济社会发展水平下，老年人服务需求在地区之间的差异，并考虑到本研究调查的可行性，在具体调查地点的选择上：①上海选取闵行区（近郊）、长宁区（中心城区）进行调研。②为了尽可能保证在同一水平上对比中、西部差异，在湖南、宁夏均选择省会城市进行调查。③考虑到2个中部调查地区的相似性可能导致分析结果的差异性不明显，为加强数据的梯次型，河南的调研地点选择在非省会城市，具体为开封。

二、抽样办法

在抽样方法上，本书依据街道老年人名单进行随机抽样，并采用调查对象集中填写、调查员走访和入户等方式进行调查。为避免调查对象的同质特征对研究结果代表性的影响，在同一调研地区选取不同城区进行调查，比如"新一旧城区""中心区—近郊区"等。如表3-8所示。

表3-8　各省市调研地点选择

地市	城区	街道
上海	普陀区	长风街道
	闵行区	江川路街道
长沙	雨花区	左家塘街道
	芙蓉区	码岭坡街道
开封	龙亭区	午朝门街道
	金明区	宋城路街道
银川	西夏区	文昌路街道
	兴庆区	胜利街街道

三、样本描述

本书调研自 2017 年 3 月起至 12 月结束；共计发放问卷 900 份（各地市分别发放 225 份），回收 866 份，回收率为 96.2%；由于问卷题量较大，加之老年人精力与理解能力有限，经 2 轮检查后共剔除无效问卷 27 份，共计收回有效问卷 839 份，有效率为 93.2%。调查对象的人口特征、家庭特征、居住状况等如表 3-9 所示。

表 3-9　调查样本描述统计（N=839）

变量名称	频率（%）	变量名称	频率（%）
性别		收入水平（元）	
男	391（46.60）	无收入	109（12.99）
女	448（53.40）	≤ 999	105（12.51）
年龄段		1000~1999	132（15.73）
		2000~2999	164（19.55）
60~69	367（43.74）	3000~3999	241（28.72）
70~79	302（36.00）	4000~4999	33（3.93）
80 ≤	170（20.30）	5000~5999	19（2.26）
婚姻状况		6000~6999	22（2.62）
未婚	13（1.55）	≥ 7000	14（1.67）
有配偶	600（71.51）		
离婚	13（1.55）		
丧偶	213（25.39）		
ADL 等级划分		文化程度	
完全独立 100	601（71.63）	不识或较少识字	204（24.31）
轻度依赖 91~99	116（13.83）	小学	210（25.03）
中度依赖 61~90	101（12.04）	初中	141（16.81）
严重依赖 21~60	19（2.26）	高中或职专	144（17.16）
完全依赖 0~20	2（0.24）	大专	77（9.18）
		本科或以上	63（7.51）
健康自评		主要照顾者能力	
非常健康	592（70.56）	完全能满足	338（40.29）

续表

变量名称	频率（%）	变量名称	频率（%）
比较健康	134（15.97）	基本能满足	358（42.67）
一般	71（8.46）	勉强能满足	91（10.85）
不太健康	25（2.98）	部分能满足	41（4.89）
非常不健康	17（2.03）	完全不能满足	11（1.31）
居住状态		主要照顾者	
子女同住	388（46.25）	子女照顾	382（45.53）
非子女住	38（4.53）	非子女照顾	38（4.53）
空巢	322（38.38）	配偶照顾	258（30.75）
独居	91（10.85）	自己照顾	161（19.19）

其中，在年龄方面，平均年龄为 71.89 岁，年龄最小的为 60 岁，最大的为 99 岁；低龄、中龄和高龄老人占比分别为 43.74%、36.00%、20.26%。在性别分布上，男—女比例为 87.28%，各年龄段性别比如表 3-10 所示。在文化程度上，反映出老年人整体文化水平较低，约半数老人为"不识字或较少识字"和"小学"。

表 3-10　各年龄段的性别构成

年龄段	男性	女性	"男—女"比例（%）
60~69 岁	175	192	91.146
70~79 岁	144	158	91.139
80 岁≤	72	98	73.469

在收入水平上，平均收入为 2187.22 元，最高达到 8000 元；"1≤收入≤999"的老年人占总样本的 12.51%；另有 12.99% 的老年人无任何收入，其原因在于这些老人多是随子女进城迁入，原先无任何固定收入来源，并且未享受任何养老保险待遇；这反映出人口的加速流动中，老年人存在"附属型"流动的现象；在社区居家养老服务的对象选择中，由"户籍型"向"常住型"转变也将成为趋势。

在健康方面，本书依据日常生活能力（ADL）和自评健康，对老年人健康状况进行了解。其中，根据 ADL 的等级划分，多数老人完全具备自理能力

（71.63%）；轻度依赖和重度依赖的老年人数量相对接近，共占 25.87%；严重依赖的占 2.26%，而完全依赖的老年人仅为 2 人，占总样本的 0.24%。严重依赖或完全依赖的老年人样本较少，除无法接受调查而随机顺延外，由于此类老人因照顾能力限制，多选择护理机构照料而非居家养老，并造成样本数量有限。在自评健康上，"非常健康"的比例（70.56%），却较 ADL 中"完全自理"有所降低；其原因在于 ADL 仅针对行动能力而非健康的测量。在慢性病方面，老年人平均患有慢性病数量为 1.52 种；除 115 人未患病外，老人最多患有 8 种慢性病，高血压（35.8%）、骨关节炎（23.6%）、慢性支气管炎（21.2%）和糖尿病（16.8%）的患病比例较高。

在家庭构成上，约 25.39% 的老年人丧偶，未婚、离婚的老年人各 13 人。健在的子女数量平均约为 2.50 人，最多为 9 人；另有 9 位老人没有子女。

在居住状态上，与子女同住的老人居多，占总样本的 46.25%；空巢老人（晚上与配偶同住）占 38.38%；独居老人（晚上自己住）占 10.85%；另有 4.53% 的老人与非子女同住（亲友、保姆等）。

在主要照顾者方面，依靠子女、配偶间相互照顾的比例较高，分别占到 45.53%、30.75%；自我照顾的占 19.19%；保姆、亲友等照顾的占 4.53%。相比于对应的居住状态，自我照顾的比例有所提高，子女照顾、配偶相互照顾的比例有所下降，其原因在于：部分与子女同住的老年人具有自理能力，而且子女因工作较忙无暇照顾老年人日常生活；同时，由于部分调查对象的配偶身体不好，既要照顾自己，又要作为配偶的主要照顾者。

此外，绝大多数老年人认为主要照顾者的照顾能力完全或基本可以满足自己的照料需要；约 17% 的老人表示照顾者能力存在不足的问题。

第四章 老年人社区居家养老服务整体需求层次分析

本章旨在探讨整体层面下，老年人对社区居家养老服务需求的整体情况，即整体样本对不同服务的需求层次、依赖性与期待性表现，以及对各服务类别的需求层次特征与需求动因。具体而言，本章将根据上文所构建的 55 项服务的社区居家服务需求内容框架，基于理论分析框架，结合魅力质量理论及其 Kano 模型，通过"双向"问题的数据分析，分析老年人所表现出的整体需求层次，即老年人需要什么、存在何种需求倾向、哪些因素对需求存在影响。进而，从需要与想要的角度，探讨整体层面的需求情况，具体包括：①审视整体的需求层次分布，即根据 Kano 模型分析结果，甄别 55 项服务在必备要素、一维要素、魅力要素和无关要素的需求层次归属。②探讨老年人对各项服务需求的"依赖性—期待性"倾向，即通过不满意度系数（DI）和满意度系数（SI）对各项服务的重要性序列进行分析；并依据两种系数的比较，探讨各项服务需求的在依赖性、期待性之间的整体倾向。③基于各项服务的需求层次划分，通过因子分析的方式，探讨各服务类别中的老年人需求层次特征。④对各需求特征的影响因素进行分析，即从影响需求"溢出"的个人满足能力和家庭满足能力角度出发，探讨哪些自我和家庭因素影响到不同需求动机的产生。

第一节 分析方法与变量描述

一、需求层次特征因子分析

本书通过因子分析的方法对生活、医疗和精神 3 类服务中的需求层次特征进行分析。因子分析（Factor Analysis）在于从多个变量中选择代表性的变量，即因子（Factor），进行特定类别的描述与分析；换言之，对原先多个变量中具有代表性的变量进行提取。然而，原有变量间达到一定程度的相关性，是适于因子分析的前提要求。与主成分分析相比，因子分析的结果更为精确，结果更具有解释性。

首先，在对各项服务需求层次的赋值上，依据各需求层次的重要性差异，对改进的 Kano 模型层次细分结果进行赋值（$M_1=7$、$M_2=6$、$M_3=5$、$O=4$、$A_3=3$、$A_2=2$、$A_1=1$）。其中，根据无关要素（I）所反映的需求内涵，将其赋值为"0"，以尽量避免因"有效值"（如赋值为 1）可能造成的需求夸大问题。

其次，本书通过 Kaiser–Meyer–Olkin Measure of Sampling Adequacy（KMO）和巴特利特球检验（Barlett Test of Sphericity）两种常用的方法对因子分析的适用性进行前置检验。① KMO 检验主要通过变量之间偏相关系数和简单相关系数值的对比，判断变量间是否具有相关性；取值在 0~1，越接近于 1 表明适用性越好。通常认为，$KMO \geq 0.9$ 表示非常适合做因子分析；$0.8 \leq KMO < 0.9$ 表示比较适合；$0.7 \leq KMO < 0.8$ 表示效果一般；当 KMO 值低于 0.6 时不适于做因子分析。② Barlett 球检验在于验证各变量间的相关性是否存在相互独立的关系；当检验结果的显著性 Sig 值 <0.05 时，说明变量间存在相关性，因子分析具备有效性。③因子提取的标准是，本文将通过主成分分析和最大方差法，对特征根大于 1 的因子进行抽取。

最后，通过因子提取，采用系数矩阵的方式进行因子计分。①通过对生活、医疗和精神类服务的需求因子进行提取，根据各因子的服务功能特征进行因子命名。②通过因子系数矩阵进行因子计分，进而分析各需求特征之间的差异；采用双变量相关分析，探讨各服务类别中的因子之间存在何种关系。③以各因子为因变量，分析不同需求动机的影响因素。

二、回归方法与自变量选择

本书采用多元逐步回归的方法进行影响因素分析。为更好地考察自变量对因变量的影响，需要在多种因素中剔除一些干扰变量，用"逐步"回归可以有效剔除不符合条件的干扰变量，最后得到所有对因变量最显著的自变量，即"最优方程"。与常用的"进入"方法不同，逐步回归从只有常数项开始，逐个把显著的变量加入，或者从包含所有变量的模型开始，逐步把不显著的变量剔除，也可以是有加有减的双向逐步回归；也就是说，逐步法每向模型引入一个新变量，均要考察原来在模型中的自变量是否仍有统计学意义、是否可以将其剔除。而"进入法"是将所有"自变量"均选入模型进行考察，不涉及变量筛选的问题。因此，有学者认为逐步回归是比较"负责任"的。

在公式表达上，多重线性回归和简单回归模型类似，一般的有 k 个自变量，x_1，x_2，$\cdots$，x_k 对因变量 y 的线性回归模型为：

$$\gamma = \beta_0 + \beta_1 x_1 + \beta_2 x_2 + \cdots \beta_\kappa x_\kappa + \varepsilon \qquad (4\text{-}1)$$

式中，β_0 为常数项，β_1，$\cdots\beta_k$ 为各自变量所对应的回归系数，ε 为误差项[1]。在回归分析中，本书将以各需求层次特征因子为因变量，以个人、健康和家庭支持等维度中共 17 个因素为自变量进行多元线性逐步回归；入选变量标准为 α=0.05，剔除变量标准为 β=0.10。

在此基础上，本书从需求的"溢出"视角出发，依据分析框架对老年人社区居家养老服务需求动机产生的理解，从自我满足能力和家庭满足能力两方面，分别对不同需求层次特征（各因子）作出探讨。在自变量的选择上，结合当前研究，将自变量概括为以下方面：

（1）在自我满足能力上，一方面，包括老年人的性别、年龄、文化和经济水平因素。其中，在收入方面，由于被调查对象之间的月收入水平相差较大，因此采用"收入层次"（即每 1000 元为标准进行划分）进行划分。另一方面，包括老年人的健康因素。老年人健康因素中，涉及客观的健康衡量和主观的自评健康两个方面，包括日常生活能力（ADL）、慢性病数量和自评健康。其中，通过常用的"巴氏量表"对个人 ADL 得分进行计算，进而对日常行动能力进行等级划分，以此考察失能程情况对需求的影响。

（2）在家庭满足能力上，分为家庭构成、居住特征和照料状况 3 个方面。①在家庭构成层面，包括老年人的婚姻状况、子女数量；同时，由于子、女性别对老年人照料功能存在差异，因此将儿子、女儿数量分别进行考虑。②在居住状态上，根据家庭居住成员构成和对老年人日常接触频率的"梯次"，分为"与子女同住""与非子女同住[2]""空巢（仅与配偶）"和"独居"。③尽管子女数量对家庭满足能力存在作用，但老年人需求满足可能更取决于主要照顾者的情况。因此，本书在"照顾状态"上，将"主要照顾者类型""主要照顾者距离"和"主要照顾者的照顾能力"纳入分析范围。其中，"照顾者类型"反映照顾对象对老年人需求满足的支持程度，分为"子女、非子女（亲戚、保姆等）、配偶

---

① 吴喜之.统计学：从数据到结论（第三版）[M].北京：中国统计出版社，2009.

② 包括和亲戚、保姆等且不与子女（或无子女）一起住。

和自我"照顾;"照顾者距离"主要体现"需求满足的及时性和地理可达性";"照顾能力"能够反映出对老年人需求的满足程度。

（3）本书将地区因素纳入到自变量中,以考察调查地区的"梯次性"是否存在对需求的影响。根据本书调查设计,在调查地区的选择上存在地区分布的"梯次性"特征,即在东部、中部、西部划分基础上,将西部选择为省会城市,并对中部进行"省会—非省会"的区分,即考虑到中、西部省会城市之间的对比,也可以对中部非省会和西部省会进行差序过渡,进而形成"东部、中部（省会）、中部（非省会）和西部（省会）"的梯次。

对上述几个方面的自变量赋值如表 4-1 所示。

表 4-1　自变量描述

变量	变量定义	均值	标准差
x1 性别	男 =0，女 =1	0.53	0.499
x2 年龄	实际值	71.89	8.067
x3 文化程度	不识或较少识字 =1，小学 =2，初中 =3，高中 =4，大专 =5，本科或以上 =6	2.84	1.554
x4 收入层次	无收入 =1，999 元以下 =2，1000-1999 元 =3，2000-2999 元 =4，3000-3999 元 =5，4000-4999 元 =5，5000-5999 元 =6，6000-6999 元 =7，7000 元及以上 =8	3.82	1.813
x5 失能等级	完全独立 =1，轻度依赖 =2，中度依赖 =3，严重依赖 =4，完全依赖 =5	1.46	0.809
x6 自评健康	不健康 =1，不太健康 =2，一般 =3，比较健康 =4，非常健康 =5	1.50	0.918
x7 慢性病数量	实际值	1.52	1.178
x8 婚姻状况	无配偶（离婚、丧偶、未婚）=0，有配偶 =1	0.72	0.452
x9 子女数量	实际值	2.50	1.503
x10 儿子数量	实际值	1.39	1.068
x11 女儿数量	实际值	1.10	1.037
x12 居住状态	与子女同住 =1，与非子女同住 =2，空巢 =3，独居 =4	2.14	1.124
x13 主要照顾者	子女 =1，非子女 =2，配偶 =3，自己 =4	2.24	1.215

续表

变量	变量定义	均值	标准差
x14 照顾者能力	完全能满足 =1，基本能满足 =2，勉强能满足 =3，勉强能满足 =4，勉强能满足 =5	1.84	0.895
x15 照顾者距离	一起住 =1，同小区 =2，同街道 =3，同区 =4，同市 =5，其他 =6，自己照顾 =7	2.55	2.092
x16 调查地区	上海 =1，长沙 =2，开封 =3，银川 =4	2.49	1.121

第二节　社区居家养老服务需求层次整体分析

魅力质量理论及其 Kano 模型主要指服务提供与满意度间的关系，即不同服务对满意度的影响程度既存在差异，并具有线性、非线性影响。Kano 模型作为魅力质量理论的解释与分析工具，根据服务提供与满意度之间的关系，通过对特定要素提供与否的满意度"双向"判断进行需求层次的甄别和重要性排列。就本章而言，一方面，通过传统的 5 分法区分各项服务的需求层次归属，包括必备要素（M）、一维要素（O）、魅力要素（A）、无关要素（I）、反向要素（R）甚至问题要素（Q）。同时，各需求层次中的不同服务对满意度的影响也存在差异，因此，本书结合 Shahin 和 Nekuie 的改进划分方法（见表 4-2），对各类服务的需求层次分别予以探讨。另一方面，由于单纯层次划分存在量化不足的局限，为保证各项服务需求对比和排序的连续性，本书结合不满意度系数（DI）和满意度系数（SI），对各项服务需求及其所体现的"依赖性"和"期待性"进行比较，更为全面地把握各项服务之间的需求层次差异。

一、社区居家养老服务需求层次整体划分

对老年人社区居家养老服务需求层次的整体划分，是基于研究对象无差别情况下，对老年人整体需求情况进行较为直观地把握。结果显示（见表 4-2），通过传统 Kano 模型的 5 种层次划分，整体层面共有 11 项服务具有一定的需求层次，44 项服务归属于无关要素，具体包括 2 项必备要素（M）、4 项一维要素（O）和 5 项魅力要素（A）。

表 4-2　社区居家养老服务的需求层次划分

生活照料类											
名称	M	O	A	I	需求层次	名称	M	O	A	I	需求层次
A1 老年餐桌	94	201	142	402	I	A12 紧急呼叫设备	120	215	250	254	I
A2 上门做饭	33	51	230	525	I	A13 应急援助	129	221	291	198	A
A3 送餐配餐	46	98	293	402	I	A14 应急维修	191	166	201	281	I
A4 个人卫生	49	71	189	530	I	A15 室内改造	35	89	283	432	I
A5 家政清扫	98	214	180	347	I	A16 室外无障碍改造	153	192	172	322	I
A6 衣物清洗	80	165	228	366	I	A17 居家安全指导	55	120	220	444	I
A7 日间机构	89	160	200	390	I	A18 定期探访	10	38	161	630	I
A8 上门照料	32	67	138	602	I	A19 出行陪护	22	41	151	625	I
A9 代购物品	40	69	277	453	I	A20 服务热线	80	109	288	362	I
A10 代办代缴	42	109	254	434	I	A21 服务中介咨询	36	64	234	505	I
A11 短期托养	47	67	105	620	I	A22 服务信息公示	156	139	195	349	I
医疗保健类											
名称	M	O	A	I	需求层次	名称	M	O	A	I	需求层次
B1 用药指导	45	186	303	305	I	B11 陪同就医	56	84	143	556	I
B2 康复指导	22	51	156	610	I	B12 专业义诊	126	211	265	237	A
B3 健康教育	131	310	225	173	O	B13 协助转诊	35	64	139	601	I
B4 定期体检	146	270	264	159	O	B14 家庭病床	31	82	242	484	I
B5 疾病预防	242	261	129	207	O	B15 签约医生	58	183	337	261	A
B6 健康档案	83	114	324	318	A	B16 配药送药	176	282	213	168	O
B7 慢性病维护	148	247	178	266	I	B17 上门看病	72	97	275	395	I
B8 手术后康复	21	37	173	608	I	B18 远程医疗	8	29	169	633	I
B9 卧床护理	28	47	76	688	I	B19 器具租赁	28	40	99	672	I
B10 社区医疗	343	134	120	242	M	B20 临终关怀	11	10	112	706	I
精神慰藉类											
名称	M	O	A	I	需求层次	名称	M	O	A	I	需求层次
C1 老年大学	65	109	327	338	I	C8 组织老年活动	101	151	274	313	I

续表

精神慰藉类											
名称	M	O	A	I	需求层次	名称	M	O	A	I	需求层次
C2 老年培训班	26	82	389	343	A	C9 老年参与	12	27	206	594	I
C3 读书读报	12	18	85	724	I	C10 法律咨询援助	35	50	257	497	I
C4 陪同聊天	5	21	73	740	I	C11 邻里纠纷调解	28	35	128	648	I
C5 陪同散步	24	39	160	616	I	C12 心理咨询疏导	31	43	151	614	I
C6 健身设施/室	256	186	209	188	M	C13 政策宣传	238	167	162	272	I
C7 老年活动室	183	172	238	246	I						

（一）必备要素

必备要素（M）是老年人主观判定的最为重要、理应首先得到满足的服务需求。必备要素满足与否，将对老年人的社区居家养老服务满意度产生最为重要的影响，体现出老年人在"需要"层面中最为"依赖"的服务内容。在服务内容构成方面，必备要素仅包括医疗保健类服务中的社区医疗（B10）和精神慰藉服务中的健身设施/室（C6）2项内容。依据魅力质量理论，上述2项服务的提供虽然不会提高老年人的满意度，但在提供不足时将造成满意度的严重下降。

从必备要素的内容特征上看，社区医疗和健身设施体现出对社区公共服务的基础性、应当性需求特征。社区医疗是我国医疗体系中的基础环节，并在分级医疗中占据基础性地位。国外的基础医疗主要针对一般性或慢性病，提供预防护理、健康教育[①]；我国社区医疗主要是通过配备全科医生，向社区层面提供医疗、预防、康复、保健和健康教育等服务内容，其服务对象、服务内容存在无差别性、基础性的特点，与老年人日常生活较为紧密。

本书对老年人日常就医意愿的调查显示（见表4-3），区县医院（58.5%）、社区医院（50.4%）是老年人较为普遍的就医地点。调查中了解到，这种就医选择倾向主要源于老年人对专业性和便捷性的考量：一方面，就专业性而言，老年人往往将一般性（日常性）就医与专业性医疗进行区分，将基本医疗需求置于社区（街道）层面；当社区（街道）医疗机构无法满足医疗服务需求时，会向更高等级的医疗机构寻求治疗。另一方面，专业化的区分性也反映出老年人

---

① Wilhelm Kirch . Home- and Community-Dased Services［M］. Dordrecht：Springer Netherlands，2008.

医疗服务需求的就近满足倾向，即在可行范围内选择距离较近的机构接受服务，如从就医意愿可以看出，区县医院较省市医院的选择比例高出近29%。此外，由于分级治疗机制的推进，医疗转诊的程序更加规束了老年人"小病到社区向大病进医院"的就医选择。进而，作为社区功能的重要组成部分，社区医疗成为老年人日常生活中不可或缺的基础性服务。从Kano模型的语义表达上，老年人也将其视为"理所应当"的服务内容。

表4-3　老年人日常就医意愿统计（N=839）

	省市医院	区县医院	社区医院	居委医务室	民营医院	家庭病床	私人诊所
频率（N）	248	491	423	80	32	11	63
百分比（%）	29.6	58.5	50.4	9.5	3.8	1.3	7.5

同时，对社区健身设施的需求更体现出"理所应当"的认知态度。在社区建设中，通过政府、社会或社区自建等途径配备健身设施较为普遍，并成为城乡体育基本公共服务建设的一项内容。因此，老年人将其视为社区设施建设层面的"职责性"内容，设施的欠缺也被视为公共责任的缺失。一般而言，社区公共健身设施的使用对象应是具有行动能力的老年人，但从本书调查中各失能等级与社区健身实施需求层次的交叉分析来看（见表4-4），尽管完全独立老人的需求层次归属于必备要素，但部分轻度（35人）、中度依赖（15人）甚至严重依赖（1人）的老年人同样认为是理所应当的。

表4-4　失能等级与社区健身设施需求层次的交叉分析

	A	I	M	O
完全独立	154	94	205	148
轻度依赖	16	39	35	26
中度依赖	33	42	15	11
严重依赖	6	11	1	1
完全依赖	0	2	0	0

总之，必备要素的层次划分体现出基础性、应当性的认识特征，反映了老年人对服务的不可或缺性判断，体现出最为依赖的需求倾向，应最先得到保证。

（二）一维要素

一维要素（O）是老年人表现出主观期盼、预想的需求层次，是具有"想要"层面的"期待性"内容。从魅力质量理论出发，一维要素的提供与否将对老年人社区居家养老服务的满意度的提高或下降存在线性影响。结果显示，一维要素均为医疗保健类服务，包括健康教育（B3）、定期体检（B4）、疾病预防（B5）和配药送药（B16）共4项服务。

从内容特征看，一维要素的构成呈现出对医疗服务功能的期待倾向，是对社区医疗服务功能可及性基础上的前置性、便利性的服务"期待"，并与老年人日常健康存在紧密联系。一方面，健康教育、定期体检、疾病预防反映了老年人对健康层面的预防与维护的注重，体现了对健康层面的上游干预，特别是健康教育、疾病预防本身就是社区医疗应有的功能内容；社区组织的定期体检服务反映出老年人对基础医疗需求在社区层面的下沉。另一方面，配药送药同样是在社区医疗功能的可行范围内，多依附于社区医疗机构而开展的辅助性服务，即由老年人提供处方、由社区医疗机构负责配药；服务的便利性是最为重要的原因。

与必备要素相比，一维要素体现出与老年人日常健康维护的紧密性，是基于老年人服务认知、服务可行性、日常紧密性基础上的期盼和预期，即是老年人对于社区居家养老服务的一定程度"想要"的需求意愿；在需求满足序列中，是在必备要素满足基础上优先满足的服务内容。

（三）魅力要素

魅力要素（A）是超出老年人预期的社区居家养老服务，即超出老年人服务认知"期待"基础上、更有利于提升需求满足的服务。结果显示，魅力要素中包括1项生活照料、3项医疗保健和1项精神慰藉服务，即应急援助（A13）、社区义诊（B12）、签约医生（B15）、健康档案（B6）和老年培训班（C2）。从魅力质量理论出发，上述4项服务的提供将使满意度得以较大程度的提升，但服务的缺失却不会对满意度造成影响。

从要素构成上看，魅力要素存在两个特征：

一方面，与必备要素和一维要素的基础性、日常性相比，魅力要素体现出老年人在超出预期基础上的补充性的服务需求特征。魅力要素的服务项目存在非普遍性（如社区义诊）和非具体性（签约医生、健康档案等）特征；与常见的家政、照料、康复等养老服务相比，多数老年人由于对养老服务认知不足，未将上述服务视为应当的服务内容。在此基础上，上述5项服务也具有围绕日常生活的补充性或辅助性功能特征，如社区义诊、签约医生、健康档案对老年人的疾病治疗、日常健康维护具有功能补充的作用；应急援助突出了围绕老年人的日常生活，提供安全保障层面的辅助作用；老年培训班则是从自我精神需求满足向自我精神充实的扩展，即从"老有所乐"向"老有所学"的延伸。

另一方面，由于认知不足而超出预期，服务内容存在的非常见性特征。如上所述，魅力要素的服务有利于对老年人生活日常性的补充，而服务提供的不足又刺激了老年人对此类服务的需求。调查显示，上述服务的提供率和服务知晓率普遍较低（见表4–5）：在服务提供率方面，应急援助仅为3.81%，老年培训和社区义诊也均不足8%；相反，在未提供方面，除签约医生之外，均超过半数（≥50%），应急援助超过70%；同时，在服务提供的知晓情况上，社区义诊、老年培训表示不清楚的老年人占比超过了30%。

表4–5　魅力要素服务的提供与知晓情况（N=839）　　　　单位：%

提供情况	应急援助	健康档案	社区义诊	签约医生	老年培训
有	3.81	19.31	7.51	34.21	5.60
没有	70.08	52.32	56.50	36.00	61.62
不清楚	26.10	28.37	36.00	29.80	32.78

另外，尽管"签约医生"的提供率或知晓率相对较高（34.21%），但囿于当前基层全科医生和社区医疗人力资源的限制，签约医生服务并未发挥应有的作用，老年人应有服务功能认识也仍不充分。比如，上海在签约医生服务的推广中，更倾向于指导性，而治疗性功能相对不足：

"街道虽然和社区卫生中心一起开始提供了签约医生，但看病的人比较多，医生人员有限，平时看病还忙不过来，像入户看病、单对单的服务目前来说还是不太可行。目前，签约医生主要是多个老年人和某一位社区医生签约，看病的时候可以不用挂号。"（JD–041901）

在中西部调查地区，由于服务运行机制尚未完善，"签约医生"服务处于起步阶段，相应的服务功能实现不足：

"年初的时候，社区给每户有老年人的家里发了一张签约医生的单子，让填自己的基本情况、得病情况和需要哪些服务。当时觉得这是个好事，以后有什么问题就可以有人咨询，老人不能走路，大夫就可以上门看病了。但是已经过

去好几个月了，也没见有什么下文，到现在也没明白填那张单子到底是要干吗的。"（GLTZSN-051602-ZZ）

因此，尽管签约医生的知晓率相对较高，但服务功能无法得到充分发挥甚至缺失，整体服务仍多处于缺位状态，进而会对老年人需求产生反向刺激。另外，应急援助（A13）在必备要素和一维要素中的划分频率相对较高，这与服务功能认知相对直接、与日常联系较为紧密有关。

（四）无关要素

无关要素（I）在需求层次中具有无关紧要的特点，服务要素提供与否对满意度均不存在影响。结果显示，归属于无关要素的服务占大多数，且在各类服务中的占比最高，反映出整体层面老年人对社区居家层面的服务依赖性较低，多数服务在老年人需求满足中的作用并不突出。从服务数量看，包括 21 项生活照料类、12 项医疗保健类和 11 项精神慰藉类服务。同时，在部分服务需求层次的划分频率上，无关要素的频率也占到大多数。比如，在 839 份样本中无关要素选择过半数（≥ 420 份）的服务占到 27 项，其中 16 项服务超过 600，3 项服务超过 700。

无关要素的划分结果，一方面，源于服务功能与老年人日常生活的紧密性较弱，加之多数服务对于老年人较为陌生、并未形成服务功能的依赖，因此这些服务的提供与否并不会老年人生活造成太大影响，如医疗器械提供（B19）、临终舒缓服务（B20）；另一方面，基础性服务对此类服务存在替代性作用，如远程移动医疗（B18）除服务普及、服务认知有限外，社区医疗的替代性也是需求层次低的重要原因；此外，由于部分服务的对象存在特殊性，所以不存在普遍需求。如手术后康复（B8）服务主要针对失能老人的身体机能康复需求，但此类老年群体占总老年人口的比例较小，因此整体需求层次不高。

可是，虽然无关要素提供与否并不会对满意度产生影响，但表 5-2 中显示，部分服务的层次划分频率却与魅力要素较为相近，如老年活动室（C7）、慢性病维护（B7）、老年大学（C1）、用药指导（B1）和紧急呼叫设备（A12）等；慢性病维护（B7）则接近于一维要素（O）。如果单纯依据频率进行需求层次归属的划分，会造成对层次内部差异和部分真实需求的忽略，进而造成需求低估的风险。因此，有必要对各需求层次中的不同项目需求差异进行细化分析。

综上所述，通过对整体层面的需求层次划分，可以看出老年人对社区居家养老服务的需求层次普遍较低。在各层次特征上，必备要素更加侧重于老年人对功能基础性、服务应当性的理解；一维要素体现出日常生活的紧密型、便利性的需求倾向；魅力要素由于具备功能补充性、日常紧密型、需求普遍性，加之普遍性不足所产生的外部需求刺激，因此属于具有一定需求层次的、超出老年人预期的服务；无关要素主要源于日常紧密性低、基础功能的高替代性、服务对象的针对性，但层次内部存在较大的差异，部分服务需求仍需加以重视。

此外，划分结果也显示出各层次服务数量的差序分布，即必备要素为2项、一维要素为4项、魅力要素为5项和44项无关要素。同时，在内容分布上，整体呈现出老年人对医疗服务的需求层次较高倾向，反映了老年人在日常医疗需求的满足中对社区居家表现出较为明显的依赖性，对精神慰藉、生活照料的依赖性有限。从"需要"和"想要"的内涵差异看，上述情况在一定程度上反映出生活照料并非老年人最需要的、也并非老年人日常最困难的方面，尽管这种困难是普遍的，但不是最严重的。

然而，在当前的社区居家养老服务发展中，普遍将"老年人自理能力下降而存在生活不便"作为发展养老服务的前提背景，进而发展最快、种类最多的服务正是专业性低、成本低的生活照料服务，而资源闲置问题最为突出。相比之下，医疗服务因具有门槛高、专业性强、成本高、资源有限等特性，因此服务发展较为缓慢、服务提供相对不足。

诚然，随着生物性老化，老年人无疑会因行动力弱化而造成日常生活不便；但在具有基本行动能力的基础上，老年人更会选择自立、独立的需求满足方式，外部服务无法完全取代老年人的自身行动意愿。从老年人需求动机而言，只有当自身能力无法满足自身需要时，才会寻求帮助，这正是需求的"溢出"视角。可是，自身需求的溢出效应同样存在差序格局，即寻求家人、亲友等的帮助是老年人普遍的首选途径。也就是说，在家庭具有满足能力时，日常照料需求已在家庭内部得到一定程度的满足，并对正式服务需求产生了一定的缓冲。调查中发现，无法完全自我照顾或丧失行动能力的老人，多是选择专业护理机构、养老机构进行照料。社区居家旨在尽可能延长老年人在所熟悉的环境下（家庭、社区）生活的时间，具有一定的自理能力是社区居家模式选择的前提之一；对于无法自理的老年人来讲，已不完全符合社区居家养老服务的功能定位。

因此，根据需求层次的整体划分结果，单纯的生活照料服务缺乏对老年人的吸引力，也无法真正释放、满足老年人的社会养老服务需求；只有实现社区居家层面的医养结合，才能更好地契合老年人的整体需求，更有效地提高老年人对社区居家养老模式的满意度和认同感。

二、不同服务需求的依赖性与期待性比较

不满意度系数（DI）和满意度系数（SI）以直观、量化的方式体现服务间对满意度的影响差别，可以避免单一需求层次划分下无法对服务重要性有效区分的缺陷。其中，DI系数指服务无法提供时的满意度下降程度，体现出服务的依赖性或重要性；SI系数指服务提供时的满意度提升程度，表现为对服务的期待性。DI系数和SI系数的绝对值取值区间为［0，1］，越接近1表明影响越大。各项服务的系数测算结果如表4-6所示。

表4-6　各项服务的不满意度（DI）和满意度（SI）系数（N=839）

项目	DI	SI	项目	DI	SI
B5 疾病预防	0.600	0.465	A3 送餐配餐	0.172	0.466
B10 社区医疗	0.569	0.303	B11 陪同就医	0.167	0.271
B16 配药送药	0.546	0.590	A15 室内改造	0.148	0.443
C6 健身设施/室	0.527	0.471	A4 个人卫生清洁	0.143	0.310
B3 健康教育	0.526	0.638	A11 短期托养	0.136	0.205
B4 定期体检	0.496	0.636	B14 家庭病床	0.135	0.386
C13 政策宣传	0.483	0.392	A9 代购物品	0.130	0.412
B7 慢性病维护	0.471	0.507	C2 老年培训班	0.129	0.561
A14 应急维修	0.426	0.437	A21 服务中介咨询	0.119	0.355
C7 老年活动室	0.423	0.489	A8 上门照料	0.118	0.244
A13 应急援助	0.417	0.610	B13 协助转诊	0.118	0.242
A16 室外无障碍改造	0.411	0.434	C10 法律咨询援助	0.101	0.366
B12 专业义诊	0.402	0.567	A2 上门做饭	0.100	0.335
A12 紧急呼叫设备	0.399	0.554	B9 卧床护理	0.089	0.147
A5 家政清扫	0.372	0.470	C12 心理咨询疏导	0.088	0.231
A1 老年餐桌	0.352	0.409	B2 康复指导	0.087	0.247
A22 服务信息公示	0.352	0.398	B19 器具租赁	0.081	0.166
C8 组织老年活动	0.300	0.507	A19 出行陪护	0.075	0.229

续表

项目	DI	SI	项目	DI	SI
A7 日间机构	0.297	0.429	C11 邻里纠纷调解	0.075	0.194
A6 衣物清洗	0.292	0.468	C5 陪同散步	0.075	0.237
B15 签约医生	0.287	0.620	B8 手术后康复	0.069	0.250
B1 用药指导	0.275	0.583	A18 定期探访	0.057	0.237
B6 健康档案	0.235	0.522	C9 老年参与	0.046	0.278
A20 服务热线	0.225	0.473	B18 远程医疗	0.044	0.236
A17 居家安全指导	0.209	0.405	C3 读书读报	0.036	0.123
C1 老年大学	0.207	0.520	C4 陪同聊天	0.031	0.112
B17 上门看病	0.201	0.443	B20 临终关怀	0.025	0.145
A10 代办代缴	0.180	0.433			

（一）不同服务项目的依赖性和期待性比较

（1）整体层面呈现出期待性大于依赖性的情况。图 4-1 显示，通过 DI 和 SI 系数的比较，绝大多数服务呈现出 |SI|>|DI| 的情况，反映多数服务的需求表现为"期待性"大于"依赖性"的倾向。其中，在两者的差距上，用药指导（B1）、签约医生（B15）、老年大学（C1）和老年培训班（C2）的差距最大，均超过 0.3；特别是老年培训班（C2）超过 0.4。然而，共有 4 项服务的不满意度系数大于满意度系数（即 |DI|>|SI|），包括疾病预防（B5）、社区医疗（B10）、政策宣传（C13）和健身设施（C6），说明 4 项服务的整体需求呈现"依赖性"倾向。

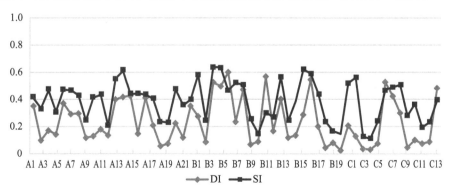

图 4-1　各项服务的 DI 系数和 SI 系数

（2）服务需求的依赖性普遍较低。以系数均值为标准（|DI|>0.5），仅5项服务需求具有较高的依赖性，即不满意度系数大于0.5。从服务构成看，包括4项医疗保健服务和1项精神慰藉服务。其中，疾病预防（B5）的不满意度系数最高（DI=0.600），社区医疗（B10）、配药送药（B16）的DI系数也均在0.54以上；健身设施（C6）是唯一的非医疗服务项目（DI=0.527）。

（3）满意度系数（SI）是对"期待性"的呈现。以平均系数标准来看，SI系数超过0.5的服务达到13项。其中，健康教育（B3）、定期体检（B4）、签约医生（B15）和应急救助（A15）的均超过0.6，说明上述4项服务的提供将对满意度的提升作用较为显著，即老年人需求的期待性倾向突出。相反，共有6项服务的SI系数不足0.2，包括医疗、精神服务各有3项。

除医疗服务之外，老年人对生活照料类服务的重要性判断存在提升。尽管多数生活照料类服务归于无关要素（I），但不能忽视对满意度的影响作用。这表明，与单纯的层次划分相比，需求系数的引入有助于在同等层次划分下，进一步明晰服务的需求差异。

（二）不同服务类别的依赖性和期待性比较

通过对各类别服务DI和SI系数的整体对比，有利于对老年人在各类服务之间的依赖性与期待性倾向进行比较，如表4-7所示。

表4-7　各类服务的不满意度（DI）和满意度（SI）系数

项目	均值	标准差	极小值	极大值
生活照料 DI	0.233	0.125	0.057	0.426
医疗保健 DI	0.271	0.200	0.025	0.600
精神慰藉 DI	0.194	0.179	0.031	0.527
生活照料 SI	0.398	0.104	0.205	0.610
医疗保健 SI	0.398	0.177	0.145	0.638
精神慰藉 SI	0.345	0.158	0.112	0.561

首先，就不满意度系数（DI）而言，从服务重要性或老年人的依赖性角度看，整体呈现出"医疗保健＞生活照料＞精神慰藉"的倾向。其中，医疗保健类的DI系数（0.271±0.200）最高，且生活照料类（0.233±0.125）大于精神慰藉类（0.194±0.179）。与单纯的层次划分相比，除医疗服务外，老年人对生活

照料类服务的重要性判断得到提升。

其次，就满意度系数（SI）而言，医疗保健和生活照料类同时呈现较高的期待性。其中，生活照料（0.398±0.104）和医疗保健（0.398±0.177）的 SI 系数较为接近，精神慰藉类最低（0.345±0.158）。

总体而言，老年人对医疗保健和生活照料类服务的需求倾向较为突出。其中，医疗保健类整体呈现出"高依赖、高期待"的需求倾向，生活照料类呈现出"较高依赖、高期待"的情况，精神慰藉类则相对体现"低依赖、低期待"倾向。

此外，从类别化的系数比较可以看出，DI 系数同样反映出老年人的服务需求整体偏低，即 DI 系数均低于 0.3，SI 系数均低于 0.4。同时，就各类服务而言，同样显示出期待性大于依赖性的情况，即 DI 系数均小于 SI 系数。

第三节　生活照料类服务需求层次与需求特征

一、生活照料类服务需求层次划分

在 Kano 模型细分下，生活照料类服务在各需求层次中呈现不同划分（见表4-8）。与传统模型划分相比，两者的划分结果较为一致，多数服务仍以无关要素（I）为主；但部分服务却存在一定的差异。

表 4-8　生活照料类服务需求层次的 Kano 模型划分（N=839）

项目	层次归属	层次频率	DI	SI	项目	层次归属	层次频率	DI	SI
A1 老年餐桌	I	402	0.352	0.409	A12 紧急呼叫设备	I	254	0.399	0.554
A2 上门做饭	I	525	0.100	0.335	A13 应急援助	O	221	0.417	0.610
A3 送餐配餐	I	402	0.172	0.466	A14 应急维修	I	281	0.426	0.437
A4 个人卫生清洁	I	530	0.143	0.310	A15 室内改造	I	432	0.148	0.443
A5 家政清扫	I	347	0.372	0.470	A16 无障碍改造	I	322	0.411	0.434
A6 衣物清洗	I	366	0.292	0.468	A17 居家安全指导	I	444	0.209	0.405
A7 日间机构	I	390	0.297	0.429	A18 定期探访	I	630	0.057	0.237
A8 上门照料	I	602	0.118	0.244	A19 出行陪护	I	625	0.075	0.229

项目	层次归属	层次频率	DI	SI	项目	层次归属	层次频率	DI	SI
A9 代购物品	I	453	0.130	0.412	A20 服务热线	I	362	0.225	0.473
A10 代办代缴	I	434	0.180	0.433	A21 服务中介咨询	I	505	0.119	0.355
A11 短期托养	I	620	0.136	0.205	A22 服务信息公示	I	349	0.352	0.398

首先，应急援助的需求层次归属存在较大变化。应急援助作为生活照料中需求层次最高的服务，在传统 Kano 划分下归于魅力要素（A）；在层次细分下划分为一维要素（O），需求层次明显提升。这表明传统 5 层次划分方式存在模糊性、笼统性，可能产生对真实、有效需求层次的忽略，进而造成需求层次低估的问题；同时，依据需求层次归属的变化，应急援助服务提供与否会对满意度变化呈线性影响，而非魅力要素归属下仅对满意度的提高具有正向作用。

其次，部分服务的魅力要素（A）划分存在差异。在 Kano 模型需求层次细分中，原先魅力要素（A）进一步细分为"A_3、A_2、A_1"3 种层次。根据各层次语义表达及其所蕴含的重要性差异，魅力要素 A_3、A_2、A_1 间呈现出由高到低的频率排列。就此而言，生活照料类的部分服务仅在魅力要素层面，存在较为明显的分布差异。比如，以传统划分标准，应急援助服务为魅力要素，但在细分状态下 A_2（n=176）的选择频率明显高于 A_3（n=115）；而室内改造、服务中介咨询、信息公示、定期探访、出行陪护等，相似的情况更为突出。与之相比，部分服务在魅力要素分布中更偏向于 A_3，如老年餐桌（n=91）和配餐送餐（n=186）。细分的差别体现出不同服务所存在的重要性差异，从各层次的近似性看，A_3 的需求层次高于 A_2，并与一维要素（O）接近；相反，A_2 更接近于无关要素（I）。因此，在服务需求满足中，应对魅力要素（A_3）优先提供。

从不满意度系数（DI）和满意度系数（SI）看（见图 4-2），由于生活照料类服务的需求层次普遍较低，因此各项服务的 SI 系数均大于 DI 系数，说明整体仍呈现期待性的需求倾向；特别是室内改造（A15）、送餐配餐（A3）、代购物品（A9）的系数差距接近 0.3。可是，应急维修（A14）和室外改造（A16）2 项服务的 SI 和 DI 系数较为接近，且均高于 0.4，并在生活照料类服务中均为最高；而且，两种系数的近似性表明对满意度提升或下降的影响作用相近，即呈现类似"线性"的影响，这反映出具备一定的一维要素特征。

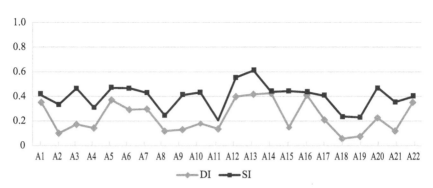

图 4-2　生活照料类服务的 DI 和 SI 系数

二、生活照料类服务需求层次特征

为探讨老年人对生活照料类服务所表现出的需求特征，本书依据 22 项服务的需求层次归属进行因子分析。检验表明，KMO 值为 0.913，大于 0.9；Barlett 球检验的卡方值为 7434.677，自由度（df）为 231（p<0.01），非常适合做因子分析；通过主成分分析，按照特征根大于 1 的标准，共提取出 3 个因子；通过最大方差法的正交旋转，经过 9 次迭代之后，得到因子载荷矩阵；因子累计方差贡献率为 51.990%，各因子的方差贡献率分为 33.377%、10.217%、8.397%（见表 4-9）。根据各项服务荷载值与功能特征，对因子的命名与特征分析如下：

表 4-9　生活照料类需求层次的因子分析

服务项目	因子 1	因子 2	因子 3
A1 老年食堂		0.643	
A2 上门做饭	0.510		
A3 送餐配餐		0.699	
A4 个人卫生清洁			0.610
A5 家政清扫		0.729	
A6 衣物清洗	0.627		
A7 日间照料	0.559		
A8 上门照料			0.752
A9 代购物品		0.690	

服务项目	因子1	因子2	因子3
A10 代缴代办		0.554	
A11 短期全托	0.522		
A12 紧急呼叫设备	0.722		
A13 应急援助	0.693		
A14 应急维修	0.707		
A15 室内改造	0.584		
A16 无障碍改造	0.511		
A17 安全指导			0.560
A18 定期探访	.		0.763
A19 出行协助			0.500
A20 服务热线	0.738		
A21 服务中介咨询	0.633		
A22 服务信息公示	0.729		
因子命名	日常型需求	代理型需求	安全型需求
特征值	7.343	2.248	1.847
方差贡献率	33.377%	10.217%	8.397%
累计方差贡献率	33.377%	43.593%	51.990%
KMO 值	0.913		
Bartlett 检验	近似卡方 = 7434.677	df=231	Sig.=0.000

"因子1"的方差贡献率为33.377%，包括12项服务，即上门做饭、衣物清洗、日间照料、短期全托、紧急呼叫设备、应急援助、家具维修、室内改造、室外改造、服务热线、服务中介咨询和服务信息公示。在因子构成上，因子1涵盖了绝大多数的生活照料类服务，涉及应急、咨询、供餐、托老等多个方面内容，难以从单一功能角度进行理解。然而，从服务内容特征上看，12项服务均为常规性、一般性的服务，即在实践与研究中均具有普遍性的特征，是日常

照料服务所具有代表性服务内容。因此，将因子1命名为"日常型"服务需求层次因子。

"因子2"的方差贡献率为10.217%，包含5项服务，分别为老年餐桌、送餐配餐、家政清扫、代购物品和代办代缴。在因子构成上，因子2体现出"代理型"的需求特征，即对老年人日常行为的替代。如代为做饭、卫生打扫、代缴、代缴和代购等。因此，将因子2命名为"代理型"因子。

"因子3"的方差贡献率为8.397%，包含5项服务，即个人卫生清洁、上门照料、居家安全指导、定期探访和出行陪护。从因子构成看，因子3体现出老年人对安全保障方面的需求层次特征，比如居家安全意识、居家安全监护、出行安全，以及生理卫生安全。因此，可将因子3命名为"安全型"因子。

针对各因子之间存在的需求层次差异，通过矩阵系数的方式进行各因子得分与比较（见表4-10）。结果显示，"日常型"因子的需求突出（2.075±1.479），远高于"代理型"（1.886±1.515）和"安全型"（1.093±1.195）。其原因在于，"日常型"服务的功能特征表现出与老年人日常生活较为紧密、非具体服务行为的特征；同时，也与当前服务提供的普遍性有关。

表4-10　生活照料类服务需求的因子比较

因子名称	均值	标准差	极小值	极大值
日常型需求	2.075	1.479	0.000	6.417
代理型需求	1.886	1.515	0.000	5.400
安全型需求	1.093	1.195	0.000	5.800

通过Pearson分析显示（见表4-11），各因子之间存在不同程度且显著的正相关关系（$p<0.01$）。具体而言，日常型需求与代理型需求、安全型需求均存在较高的相关性，并且与安全型需求的相关性最强。

表4-11　生活照料类需求层次因子的双变量相关分析（N=839）

	日常型需求	代理型需求	安全型需求
日常型需求	1		
代理型需求	0.490**	1	
安全型需求	0.526**	0.396**	1

注：** 表示在0.01水平（双侧）上显著相关。

三、生活照料类服务需求层次影响因素

（一）日常型服务需求层次的影响因素分析

以"日常型"因子为因变量，通过多元逐步回归，共有 10 个变量选入回归方程。经检验 F= 98.220（p<0.01），调整 R^2 为 0.537，D-W 值为 1.720，容差与 VIF 值也均符合共线性标准，表明回归方程具有解释意义。从标准系数看，对日常型服务需求层次因子的影响作用（绝对值）由大到小依次为失能等级、年龄、地区、居住状态、照顾者能力、照顾者距离、主要照顾者、收入层次、女儿数量和婚姻状况如表 4-12 所示。

表 4-12 日常型服务需求的影响因素分析

项目	非标准化系数		标准系数	t	Sig.	共线性统计量	
	B	标准误差	Beta			容差	VIF
常量	−24.965	3.135		−7.963	0.000		
x2 年龄	0.502	0.036	0.360	13.977	0.000	0.832	1.202
x5 失能等级	5.538	0.350	0.394	15.817	0.000	0.890	1.124
x16 地区	−2.429	0.263	−0.253	−9.245	0.000	0.739	1.354
x12 居住状态	1.591	0.289	0.163	5.506	0.000	0.634	1.578
x14 照顾者能力	1.865	0.318	0.149	−5.864	0.000	0.861	1.161
x15 照顾者距离	0.788	0.156	0.147	5.039	0.000	0.652	1.533
x4 收入层次	0.560	0.171	0.090	3.273	0.001	0.727	1.376
x13 主要照顾者	0.844	0.232	0.091	−3.634	0.000	0.877	1.140
x11 女儿数量	−0.658	0.272	−0.061	−2.420	0.016	0.879	1.138
x8 婚姻状况	1.388	0.683	0.056	2.032	0.042	0.733	1.364

首先，在个人层面，年龄、失能情况和收入因素均存在正相关影响。其中，失能等级的影响作用最为突出，表明失能等级越高，对日常型服务的需求层次越高，体现出老年人因自身能力不足所产生的需求"溢出"效应。与之相似，由于年龄的增加导致的行动能力下降，同样会产生对日常型服务的需求层次提高。同时，收入因素表明，老年人收入层次越高对日常型服务的需求层次越高（反之较低）；但收入因素的影响作用相对较弱。

其次，在家庭构成上，婚姻状况和女儿数量的影响作用相反。一方面，婚姻状况表明，趋向于无配偶的老年人对日常型服务的需求层次越低，反之越高；这与既定生活状态下无配偶老人的独立性较高、对他人的依赖较低有关。另一方面，女儿数量的负相关影响表明，女儿数量越多，对日常型服务的需求层次越低，反之越高。多数研究表明，尽管老年人具有"养儿防老"的传统观念，但普遍存在由女儿作为主要照顾者的现象，并且女儿照顾对老年人自身照料产生较大的替代作用[①]；因此，女儿所提供的照顾支持将对老年人需求"溢出"产生替代作用。

再次，在家庭支持上，居住状态、主要照顾者、照顾者能力、照顾距离呈现显著的正相关影响，均表明家庭满足能力不足情况下，老年人的需求"溢出"效应更为明显。其中，越是趋于独居、自我照顾、照顾能力弱和照顾者距离远的老年人，对"日常型"服务的需求层次越高，反之越低。这既表明家庭照顾能力不足情况下，老人对寻求外部辅助性服务的需求动机越强；也反映出在照料能力预期不足的情况下，对服务重要性的认识也就越高。

"现在她（母亲）身体还可以，基本能自理，平时照顾就是做一些家务、做做饭，照顾上基本没问题，目前还用不到这些服务。但今后如果她身体不好了，可能照顾的时候就会忙不过来了，我觉得有这些服务还是很重要的。"（TZGLJK-051101-ZZ）

可以看出，与以往研究相比，在需要层面的依赖性分析中，存在着服务"认知"的重要性和"使用"的可能性之间的理解差异。

最后，地区因素存在反相关影响，即趋于东部地区的老人对"日常型"服务的需求层次越高，趋于西部的则越低。由于本书在地区选择和编码上具有东、中（省会）、中（非省会）、西（省会）的梯次性导向，而地区因素的影响结果在线性分析层面呈现出了一种倾向或趋势，但在4个地区间的实际需求层次中可能并非存在着规律性的区位递减，这也有待后文对地区之间进一步的分析和比对。

（二）代理型服务需求层次的影响因素分析

以"代理型"因子（因子2）为因变量进行多元逐步回归，共有8个变量选

---

① T. Morgan L. A., Williams G., Trussardi, et al. Gender and Family Caregiving at the End-of-life in the Context of Old Age: A Systematic Review [J]. Palliative Medicine, 2016, 30（7）: 616-624.

入回归方程。经检验F= 98.220（P<0.01），调整 R^2 为 0.176，D-W 值为 1.620，并符合共线性标准，回归方程具有解释意义。从标准系数看，对代理型服务需求层次因子的影响作用（绝对值）由大到小依次为地区、收入层次、主要照顾者、年龄、居住状态、文化程度、照顾者能力和婚姻状况，如表 4-13 所示。

表 4-13　代理型服务需求的影响因素分析

	非标准化系数		标准系数	t	Sig.	共线性统计量	
	B	标准误差	Beta			容差	VIF
常量	0.164	1.898		0.086	0.931		
x16 地区	−0.990	0.156	−0.229	−6.360	0.000	0.758	1.320
x2 年龄	0.084	0.021	0.134	3.997	0.000	0.877	1.141
x4 收入层次	0.594	0.134	0.213	4.443	0.000	0.428	2.337
x13 主要照顾者	−0.666	0.139	−0.160	−4.784	0.000	0.879	1.138
x12 居住状态	0.508	0.146	0.115	3.486	0.001	0.897	1.114
x14 照顾者能力	0.500	0.1890	0.088	2.650	0.008	0.882	1.134
x8 婚姻状况	0.914	0.392	0.082	2.333	0.020	0.802	1.247
x3 文化程度	−0.337	0.151	−0.104	−2.235	0.026	0.457	2.188

　　首先，在个人层面，年龄和收入呈正相关影响。其中，年龄因素表明，年龄越大对代理型服务的需求层次越高，反之越小。在收入层面，表明收入层次较高的老年人由于服务购买能力较强，对"代理型"服务的便捷性需求越为突出；并且收入因素的影响作用明显高于"日常型"服务。相反，在文化程度方面，却呈现出文化程度越高，相应需求层次越低的反相关关系；表明文化水平低的老人对服务认知和获取途径、空间的限制，造成对社区层面的服务依赖性越高的情况。

　　其次，在家庭构成与居住状态上，尽管婚姻状况和照顾者的影响相反，但其含义则相互一致，即趋向于无配偶状态的老年人对代理型服务的需求层次越低、趋向于自我照顾的老年人的需求层次越低；两者共同体现出，既定生活状态下趋向自我照顾或无配偶支持对老年人，因独立性和自我效能感较强、自我照顾意愿较高，从而对外部服务的依赖性较低、获取的动机较弱。相反，在居住状态和照顾者能力方面，却反映出家庭照顾能力不足情况下对外部辅助性服务的依赖性越高的正相关影响，即趋向于独居、照顾者能力不足的情况下，老年人对代理型服务的需求层次越高；越是趋向于与子女同住、照顾者能力越强的情况下，相应的需求层次越低。

此外，与日常型服务需求相似，代理型需求同样呈现出地区因素的反相关影响，即趋向于东部地区老年人的需求层次较高；趋向于西部老年人的需求层次越低，并且对因变量的影响作用最强。

（三）安全型服务需求层次的影响因素分析

以"安全型"服务因子（因子3）为因变量进行多元逐步回归，共有7个自变量被选入回归方程。经检验 F= 130.092（P<0.01），调整 R^2 为 0.552，D-W 值为 1.660，并符合共线性标准，回归方程具有解释意义。从标准系数看，对安全型服务需求层次因子的影响作用（绝对值）由大到小依次为失能等级、居住状态、年龄、照顾者能力、收入层次、地区和照顾者距离，如表 4-14 所示。

表 4-14　安全型服务需求的影响因素分析

项目	非标准化系数		标准系数	t	Sig.	共线性统计量	
	B	标准误差	Beta			容差	VIF
常量	-9.996	1.576		-6.342	0.000		
x5 失能等级	2.289	0.112	0.498	20.483	0.000	0.903	1.107
x2 年龄	0.080	0.027	0.175	2.925	0.004	0.150	6.688
x12 居住状态	0.679	0.088	0.212	7.759	0.000	0.714	1.400
x4 收入层次	0.235	0.054	0.116	4.324	0.000	0.746	1.340
x14 照顾者能力	0.694	0.101	0.169	6.858	0.000	0.879	1.138
x16 地区	-0.281	0.082	-0.089	-3.418	0.001	0.780	1.281
x15 照顾者距离	0.100	0.048	0.057	-2.069	0.039	0.711	1.406

在个人层面，失能等级呈正相关影响，且影响作用最强；说明失能等级越高，对安全型服务的需求层次越高，反之越低。在年龄层面，呈现出随着年龄的增加，老年人对安全型服务的需求层次越高，反之越低。另外，收入因素也存在明显的正向影响，即收入层次较高的老年人相应的需求层次越高，反之越低。

在家庭支持层面，居住状态和照顾者能力呈现正相关影响。其中，居住状态表明趋向于独居的老年人对安全型服务的需求层次越高，这与因变量所具备的安全保障功能有关，即独居老年更加注重居家安全。在照顾者能力方面，反映出照顾者能力越是不足，则需求层次越高，反之越低。与之相似，照顾者距离越远的老人对于安全性服务的需求层次越高，反映出家庭支持及时性所造成的影响。

此外，地区对因变量呈反相关影响，说明趋于东部的老年人对安全型服务的重要性判断越高，认为此类服务越重要；越是趋于西部对老年人，对此类服务的重要性判断越低。

第四节　医疗保健类服务需求层次与需求特征

一、医疗保健类服务需求层次划分

在传统 Kano 模型的需求层次划分下，医疗保健类服务的需求层次整体较高。与传统层次划分相比，原有归类于必备要素（M）和一维要素（O）的服务划分结果在 Kano 模型层次细分下并未产生变化，然而部分服务存在需求层次的倾向变化，如表 4-15 所示。

表 4-15　医疗保健类服务需求层次的 Kano 模型划分（N=839）

项目	层次归属	层次频率	DI	SI	项目	层次归属	层次频率	DI	SI
B1 用药指导	I	305	0.275	0.583	B11 陪同就医	I	254	0.167	0.271
B2 康复指导	I	610	0.087	0.247	B12 专业义诊	I	221	0.402	0.567
B3 健康教育	O	310	0.526	0.638	B13 协助转诊	I	281	0.118	0.242
B4 定期体检	O	270	0.496	0.636	B14 家庭病床	I	432	0.135	0.386
B5 疾病预防	O	261	0.600	0.465	B15 签约医生	I	322	0.287	0.620
B6 健康档案	I	318	0.235	0.522	B16 配药送药	O	282	0.546	0.590
B7 慢性病维护	I	266	0.471	0.507	B17 上门看病	I	630	0.201	0.443
B8 手术后康复	I	608	0.069	0.250	B18 远程医疗	I	625	0.044	0.236

续表

项目	层次归属	层次频率	DI	SI	项目	层次归属	层次频率	DI	SI
B9 卧床护理	I	688	0.089	0.147	B19 器具租赁	I	362	0.081	0.166
B10 社区医疗	M_1	245	0.569	0.303	B20 临终关怀	I	505	0.025	0.145

（1）与应急援助（A13）相似，社区义诊服务在传统模型划分中归属于魅力要素（A）；在层次细分下，尽管整体层面仍为魅力要素，但由于 A_2（n=136）和 A_3（n=129）属性的分布相对平衡，一维要素（O）的划分频率相对较高，即社区义诊更为侧重于一维要素的需求层次特征。

（2）在同一需求层次下，部分服务呈现出较为明显的层次侧重。比如，在整体划分下，健康档案和签约医生尽管同时划分为魅力要素（A）；可是在层次细分下，健康档案侧重于 A_3（A_3 频率为 221；A_2 为 103）、签约医生却侧重于 A_2（A_2 频率为 259；A_2 为 78），说明老年人对健康档案的需求层次高于签约医生；社区医疗则归于 M_1。

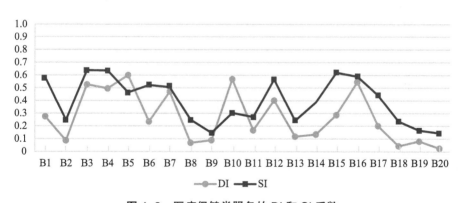

图 4-3 医疗保健类服务的 DI 和 SI 系数

（3）在服务需求层次的量化上，医疗保健类服务的不满意度系数（DI）和满意度系数（SI）测算显示，由于部分服务的需求层次较高，因此存在部分服务 DI 系数高于 SI 系数的情况（见图 4-3）。其中，|DI|>|SI| 的服务包括社区医疗（B10）和疾病预防（B5），且社区医疗（B10）的系数差距最大。|DI|>|SI| 表明，老年人对上述 2 项服务的需求呈现依赖性明显高于期待性的特征。同时，慢性病维护（B7）和配药送药（B16）服务上，满意度和不满意度系数较为接近。

从各服务的 SI 系数和 DI 系数看：①疾病预防（B5）、社区医疗（B10）、配药送药（B16）和健康教育（B3）的不满意度系数（DI）明显较高，均达到 0.5 以上；依据 DI 系数的测算方式，表明上述 4 项服务中归属于必备要素（M）和一维要素（O）的频率较高。②SI 系数高于 0.5 的服务项目达到 8 项，由高到低依次为健康教育（B3）、定期体检（B4）、签约医生（B15）、配药送药（B16）、用药指导（B1）、专业义诊（B12）、健康档案（B6）和慢性病维护（B7），表明上述服务的提供将对提升老年人对社区居家养老服务满意度具有显著的作用。从 SI 系数较高的服务内容来看，均体现出"非治疗性、非康复性"的具体医疗行为的特征。

二、医疗保健类服务需求层次特征

对医疗保健类服务需求层次进行因子分析，经检验 KMO 值为 0.824，大于 0.8；Barlett 球检验的卡方值为 4916.863，自由度（df）为 190，并在 sig =0.000 的水平上显著，表明各变量间的相关程度较高，符合做因子分析的标准。通过主成分分析，按照特征根大于 1 的标准共提取 5 个因子，其特征根分别为 4.759、2.699、1.274、1.113、1.078；经过 6 次迭代之后得因子载荷矩阵，累计方差贡献率为 54.616%，各因子的方差贡献率分别为 23.795%、13.493%、6.372%、5.567%、5.389%（见表 4-16）。根据各项服务荷载值与功能特征，对因子的命名与特征分析如下：

表 4-16　医疗保健类需求层次的因子分析

项目	因子 1	因子 2	因子 3	因子 4	因子 5
B1 用药指导	0.510				
B2 康复指导		0.783			
B3 健康教育					0.500
B4 定期体检	0.630				
B5 疾病预防	0.539				
B6 健康档案	0.552				
B7 慢性病维护	0.690				
B8 手术后康复		0.821			
B9 卧床护理		0.664			
B10 社区医疗					0.559

续表

项目	因子1	因子2	因子3	因子4	因子5
B11 陪同就医					0.758
B12 专业义诊				0.727	
B13 协助转诊			0.621		
B14 家庭病床	0.571				
B15 签约医生	0.680				
B16 配药送药				0.565	
B17 上门看病			0.539		
B18 远程医疗			0.726		
B19 器具租赁		0.596			
B20 临终关怀			0.618		
因子命名	预防维护型	康复护理型	就医补充型	功能期待型	基础医疗型
特征值	4.750	2.699	1.292	1.109	1.077
方差贡献率（％）	23.749	13.496	6.459	5.546	5.385
累计方差贡献率（％）	23.749	37.245	43.705	49.250	54.636
KMO 值	0.824				
Bartlett 检验	近似卡方＝4916.863		df=190		Sig.=0.000

　　"因子1"的方差贡献率为23.749%，包含7项服务，即用药指导、定期体检、疾病预防、健康档案、慢性病维护、家庭病床和签约医生。从内容构成看，因子1反映出老年人对预防性、维护性或非治疗性医疗服务的需求层次特征，比如用药指导、疾病预防的预防性特征，家庭医生、慢性病维护、定期体检和健康档案等对健康指导、健康管控和健康维护的功能，家庭病床也体现出在家中对身体健康的维护。因此，可将因子1命名为"预防维护型"因子。

　　"因子2"的方差贡献率为13.496%，包含康复指导、手术后康复、卧床护理和器具租赁4项服务。在内容构成上，因子2体现出医疗服务下游的康复、护理的功能特征，即提供具体的康复、护理的服务，以及围绕具体服务的外部指导、辅助器具提供。因此，可将因子2命名为"康复护理型"因子。

"因子 3"的方差贡献率为 6.459%，包括协助转诊、上门看病、远程医疗和临终关怀共 4 项服务。在内容构成上，因子 3 主要体现出医疗和就医的功能补充性特征。一方面，上门看病、远程医疗体现出非传统性特征的医疗行为，临终关怀是在家庭进行舒缓服务；另一方面，协助转诊是在就医过程中提供的协助行为。因此，可以将因子 3 命名为"就医补充型"因子。

"因子 4"的方差贡献率为 5.546%，涉及专业义诊和配药送药 2 项服务。从服务构成来看，2 项服务在功能上并无较为紧密的联系；可是，在需求层次划分上，均归属于一维要素（O）。因此，可将因子 3 命名"功能期待型"因子。

"因子 5"的方差贡献率为 5.385%，包括健康教育、社区医疗和陪同就医 3 项服务。在因子构成上，3 项服务的共同特征在于，各服务功能在不同方面的基础性：第一，健康教育的服务对象具有无差异化特点，在健康预防与教育中属于较为常见和较为基本的服务形式；第二，社区医疗作为社区基本医疗服务的基础与核心内容，其服务功能同样涵盖所有老人；第三，陪同就医属于辅助性服务，而在服务形式上，同样属于提供较为普遍、普遍所知的服务内容。因此，可将因子 5 命名为"基础医疗型"因子。

在医疗保健类服务的 5 个需求因子之间，通过因子系数矩阵得出各因子得分（见表 4-17）。结果显示，因子 4 的需求层次水平最高（3.110±1.736），是由因子题项均归属于一维要素所致。另外，因子 5 和因子 1 相对较高：一方面，因子 5 的服务构成具有基础性、普遍性和对象无差异性特点，并包含必备要素和一维要素，因此层次水平整体较高；另一方面，因子 1 所涉及的服务较多，且侧重于预防性功能，体现出老年人对此类服务的需求层次普遍较高的特点。相比之下，由于服务认知与体验不足、服务功能的特殊性造成的对象范围有限，因子 3（1.520±1.008）和因子 2（0.764±1.214）的需求层次水平较低。

表 4-17　医疗保健类服务需求的因子比较

因子名称	均值	标准差	极小值	极大值
预防维护型	2.547	1.341	0.000	6.429
康复护理型	0.764	1.214	0.000	7.000
就医补充型	1.520	1.008	0.000	7.000
功能期待型	3.110	1.736	0.000	7.000
基础医疗型	2.725	1.481	0.000	7.000

Pearson 相关分析显示（见表 4-18），医疗保健类各因子间均存在显著的正相关关系（p<0.01）。从各因子相关性看，就医补充型与康复护理型因子的相关性最强，表明就医行为与康复行为的关系较为密切。同时，预防维护型与其他因子的相关系数普遍较高，其中与就医补充型、基础医疗型的相关性较强，说明疾病预防与健康维护的需求和医疗需求的关系较为密切。另外，由于服务功能的特殊性、涉及对象的针对性特征，从相关系数看，康复护理型需求和功能期待型、基础医疗型相关性较低。而且，功能期待型与其他各因子的相关性普遍较低，与康复护理型因子仅为 0.110（p<0.01）；其原因可能在于，功能期待型因子所涵盖的服务项目并非传统性的社区医疗内容，而侧重于社区医疗基础上的形式补充（专业义诊），以及侧重于便利性的医疗获取（配药送药）。

表 4-18　医疗保健类需求层次因子的双变量相关分析（N=839）

项目	预防维护型	康复护理型	就医补充型	功能期待型	基础医疗型
预防维护型	1				
康复护理型	0.210**	1			
就医补充型	0.355**	0.478**	1		
功能期待型	0.177**	0.110**	0.144**	1	
基础医疗型	0.408**	0.160**	0.388**	0.140**	1

注：** 表示在 0.01 水平（双侧）上显著相关。

三、医疗保健类服务需求层次影响因素

（一）预防维护型需求层次的影响因素分析

以预防维护型因子为因变量，通过多元逐步回归共有 8 个变量被选入回归方程。经检验，经检验 F=80.532（P<0.01），调整 R^2 为 0.461，D-W 值为 1.850，并符合共线性标准。结果显示，个人、健康、家庭这 3 个层面以地区因素均对因变量存在影响。从标准系数看，对预防维护型需求因子的影响作用（绝对值）由大到小依次为地区、年龄、收入层次、主要照顾者、照顾者能力、性别、婚姻状况和慢性病数量，如表 4-19 所示。

表 4-19　预防维护型需求的影响因素分析

项目	非标准化系数		标准系数	t	Sig.	共线性统计量	
	B	标准误差	Beta			容差	VIF
常量	10.410	2.283		4.559	0.000		
x16 地区	−1.696	0.140	−0.354	−12.087	0.000	0.752	1.329
x2 年龄	0.176	0.019	0.253	9.277	0.000	0.864	1.157
x4 收入层次	0.783	0.092	0.253	8.525	0.000	0.733	1.364
x13 主要照顾者	−0.528	0.121	−0.114	−4.354	0.000	0.934	1.071
x14 照顾者能力	−0.699	0.174	−0.111	−4.015	0.000	0.835	1.197
x1 性别	0.745	0.288	0.066	2.586	0.010	0.982	1.018
x8 婚姻状况	0.784	0.353	0.063	2.223	0.027	0.800	1.250
x7 慢性病数量	0.258	0.130	0.054	1.979	0.048	0.861	1.161

　　首先，地区因素对因变量影响作用最强，表明越是趋向于东部地区的老年人对预防维护型服务的需求层次越高，而趋向于西部的老年人需求层次越低。

　　其次，在个人层面，年龄和性别因素均呈现正相关影响。其中，尽管性别的影响作用相对较低，但却表明女性老年人对预防维护性服务的重要性认知高于男性。在年龄层面，年龄的影响作用相对突出，表明年龄越大对预防维护型服务的需求层次越高，反之越低。其原因可能在于，随着年龄增长而患病风险增加，对健康预防和维护的需求越为重视。比如，从老年人慢性病数量来看，呈现出慢性病数量越多，需求层次越高的正相关影响。可是，失能情况的影响并不显著。此外，收入因素也存在正向影响，即收入层次越高对预防维护型服务的需求层次越高，反之越低。

　　在家庭支持上，主要照顾者、照顾者能力具有显著的反相关影响，并且影响作用较为相近。一方面，主要照顾者表现为，越是趋向于自我照顾对老年人对预防维护型服务的需求层次较低，而趋向于子女照顾的老年人的需求层次越高；其原因和婚姻状况的影响相似，即自我照顾、无配偶的老年人在独立性和自我效能感较强，对外部服务的需求依赖性较弱。另一方面，照顾者能力表明，照顾者能力越弱，对预防维护型服务的需求层次越低的反相关关系；其原因在于，服务重要性的认知方面，主要照顾者的照顾能力越强，对于照顾预期的风险性、不足性的认知越高，对外部服务获取的注重。同时，从因子特征看，预防维护型服务并不涉及具体的医疗或治疗行为，对照顾者能力不足情况下的实质性支持程度较弱，因而对此类服务的重视程度反而较低。

（二）康复护理型需求层次的影响因素分析

对康复护理型因子进行多元逐步回归，共有 6 个变量被引入方程。经检验 $F=207.599$（$p<0.01$），调整 $R^2=0.633$，D-W 值为 1.647，并符合共线性标准。从标准系数来看，自变量影响作用（绝对值）由大到小依次为失能等级、自评健康、地区、收入层次、慢性病数量和照顾者距离，如表 4-20 所示。

表 4-20　康复护理型需求的影响因素分析

项目	非标准化系数		标准系数	t	Sig.	共线性统计量	
	B	标准误差	Beta			容差	VIF
常量	12.311	1.606		7.664	0.000		
x6 自评健康	−0.991	0.149	−0.258	−6.665	0.000	0.292	3.428
x5 失能等级	1.158	0.198	0.263	5.856	0.000	0.217	4.607
x16 地区	0.263	0.071	0.087	3.702	0.000	0.785	1.274
x4 收入层次	0.146	0.046	0.075	3.173	0.002	0.783	1.277
x7 慢性病数量	0.195	0.073	0.065	2.686	0.007	0.744	1.344
x15 照顾者距离	0.093	0.036	0.055	2.630	0.009	0.984	1.016

首先，从影响作用看，健康情况是最主要是因素。其中，失能等级表明失能程度越高的老人对康复护理型需求层次越高。同时，自评健康同样具有较强的影响，即自评情况越差则相应的需求层次越高，反之越低。另外，慢性病数量对因变量存在正相关影响，即所患慢性病数量越多，对康复护理型服务的需求层次越高，反之越低；从影响系数看，慢性病数量的影响作用很小，其影响可能更多地与慢性病所导致的失能和自评健康有关。

其次，家庭支持层面并未像其他因子呈现出多种变量的影响。其中，仅主要照顾者距离存在正相关影响，说明主要照顾者距离越远，需求层次越高，反之越低；即家庭服务的及时性对需求层次的影响，但其影响较为有限。

再次，收入层次存在正相关影响，即收入层次越高对康复护理型服务的需求层次越高，反之越低；表明经济水平或购买能力对服务需求层次的影响。

最后，与其他因子不同，地区因素影响作用变化较大。在影响方式上，地区对康复护理型服务存在正向关影响，表明在需求层次上趋于西部地区的老年人越高，趋于东部地区的老年人需求层次越低。其原因可能在于，在专业性的服务需求的满足过程中，趋于东部的老年人在服务获取途径上较多，即社会医疗服务资源对社区医疗的替代性较强，进而对社区服务的依赖性较弱；反而西部地区老年人对社区层面的康复护理服务的获取途径较窄、依赖性较强。在影响作用上，地区因素的影响作用却并不突出。

（三）就医补充型需求层次的影响因素分析

以"就医补充型"因子为因变量，通过多元逐步回归共有 9 个自变量被选入回归方程。经检验 F= 128.272（P<0.01），调整 R^2 为 0.578，D-W 值为 1.560，并符合共线性标准。从标准系数来看，自变量影响作用（绝对值）由大到小依次为年龄、失能等级、居住状态、自评健康、收入层次、照顾者距离、地区、女儿数量和照顾者能力，如表 4-21 所示。

表 4-21　就医补充型需求的影响因素分析

项目	非标准化系数		标准系数	t	Sig.	共线性统计量	
	B	标准误差	Beta			容差	VIF
常量	−10.279	1.065		−9.650	0.000		
x5 失能等级	1.176	0.126	0.327	9.345	0.000	0.411	2.431
x2 年龄	0.136	0.009	0.383	15.684	0.000	0.846	1.182
x12 居住状态	0.436	0.067	0.174	6.559	0.000	0.713	1.402
x6 自评健康	−0.523	0.114	−0.167	−4.581	0.000	0.380	2.634
x15 照顾者距离	0.178	0.037	0.130	4.869	0.000	0.711	1.407
x4 收入层次	0.248	0.041	0.156	5.996	0.000	0.740	1.351
x16 地区	0.286	0.064	0.116	4.497	0.000	0.753	1.328
x11 女儿数量	0.154	0.066	0.055	2.311	0.021	0.878	1.139
x14 照顾者能力	0.156	0.077	0.048	2.023	0.043	0.878	1.139

在个人健康层面，失能等级、自评健康存在显著影响。其中，失能等级的正相关影响表明，由于失能等级越高所造成的行动能力不便，进而对上门看病、临终关怀、远程医疗或协助转诊等医疗补充性服务的依赖性越强。自评健康对因变量呈负相关，表明自评健康越差对就医补充型服务的需求层次越高，反之越低。

年龄因素表明，年龄越大的老年人对就医补充型服务的需求层次越高，这也与年龄增长所造成的身体健康下降有关。另外，收入因素对因变量存在正向影响，即收入层次越高的老年人的需求层次越高，反之越低的情况。

在家庭支持上，居住状态、照顾者能力和照顾者距离反映了自我和家庭满足能力、及时性不足情况下，对就医补充型服务需求"溢出"的影响，即趋于独居、照顾能力不足和照顾者距离远的老人的需求层次越高，反之越低。另外，女儿数量越多的老人的需求层次越高，即女儿数量并未对就医补充型需求产生替代作用。其原因可能在于，女儿越多越可能由女儿照顾；从就医补充型因子的功能特征来看，女儿照顾老人进行外出医疗的难度较大，进而越趋向于获取上门医疗。

此外，地区因素的正相关影响，同样表明趋向于西部的老人对就医补充型服务的需求层次越高。这也与地区服务发展水平及其外部服务获取对社区层面的替代性有关。

（四）功能期待型需求层次的影响因素分析

功能期待型因子均为具有期待性倾向的一维要素（O）。通过多元逐步回归共有 5 个自变量被选入方程，F= 11.105（p<0.01），调整 R^2 为 0.157，D-W 值为 1.633，并符合共线性标准。从标准系数来看，自变量影响作用整体偏弱，由大到小（绝对值）依次为文化程度、居住状态、失能等级、地区和年龄，如表 4-22 所示。

表 4-22　功能期待型需求的影响因素分析

项目	非标准化系数		标准系数	t	Sig.	共线性统计量	
	B	标准误差	Beta			容差	VIF
常量	4.865	1.131		4.300	0.000		
x3 文化程度	−0.238	0.053	−0.164	−4.448	0.000	0.829	1.206
x12 居住状态	0.219	0.066	0.112	3.321	0.001	0.997	1.003
x5 失能等级	−0.020	0.007	−0.098	−2.862	0.004	0.959	1.042
x2 年龄	0.022	0.010	0.079	2.279	0.023	0.928	1.078
x16 地区	−0.158	0.070	−0.082	−2.254	0.024	0.849	1.178

在个人层面，年龄、失能、文化程度存在显著影响。年龄对因变量存在正向影响，说明年龄越大对功能期待型服务的需求层次越高，反之越低，但影响作用较弱。同时，文化程度具有反相关影响，且影响作用最强，即文化程度低的老年人对功能期待型服务的需求层次较高，反之较低。其原因在于，文化程度较高的老年人对养老服务的认知水平较高，对服务获取渠道的知晓度越高，

因此对社区层面的期待性越低；文化程度低的老年人的服务认知、获取渠道知晓越低，更期待在社区层面获取服务。在健康层面，失能等级具有正向影响，即失能等级越高，对功能期待型服务的需求层次越高，但影响作用并不突出。

在家庭层面，仅居住状态存在显著影响，即趋向于独居的老人，对功能期待型服务的需求层次越高；趋向于和子女同住的老年人，相应的需求层次越低。

地区因素存在反相关影响，即趋于东部地区的老年人的需求层次越高，反之越低。

（五）基础医疗型需求层次的影响因素分析

通过对基础医疗型因子的多元逐步回归，共 5 个自变量被选入回归方程。经检验，$F=22.502$（$P<0.01$），调整 R^2 为 0.114，D–W 值为 1.673，并符合共线性标准。从标准系数看，自变量影响作用整体较高，由大到小（绝对值）依次为失能等级、地区、照顾者能力、慢性病数量和年龄，如表 4–23 所示。

表 4–23　基础医疗型需求的影响因素分析

项目	非标准化系数		标准系数	t	Sig.	共线性统计量	
	B	标准误差	Beta			容差	VIF
常量	2.983	0.819		3.644	0.000		
x5 失能等级	0.745	0.116	0.223	6.420	0.000	0.875	1.143
x16 地区	–0.372	0.076	–0.163	–4.867	0.000	0.944	1.059
x14 照顾者能力	–0.419	0.103	–0.140	–4.056	0.000	0.883	1.132
x7 慢性病数量	0.287	0.080	0.127	3.598	0.000	0.853	1.172
x2 年龄	0.025	0.011	0.075	2.217	0.027	0.927	1.079

其中，涉及健康因素的自变量有 2 个，包括失能等级和慢性病数量，说明健康情况是影响基础医疗需求的重要因素，即失能等级越高、慢性病数量越多，相应的服务需求层次越高。同时，尽管年龄的影响作用有限，但仍反映出随着年龄的提高对基础医疗的需求层次越高，这与年龄增加而身体健康情况下降有关。

另外，在家庭照顾支持上，表现为主要照顾者能力存在的反向影响，即主要照顾者能力越弱，对基础医疗型服务的需求层次越高，反之越低。这种情况反映出家庭满足能力与社区卫生服务依赖性之间的关系：照顾者能力水平属于老年人及其家庭的主观判定，照顾者能力越强，说明老年人基本医疗需求越是在家庭满足能力的承受水平之内，表现为老年人健康程度较为乐观，社区层面的基本医疗服务的满足能力越高，进而对社区层面的基本医疗服务依赖性越高；相反，照顾者能力的主观判定越弱，老年人基础医疗服务的需求在家庭范围内得以满足的程度越低，反映出老年人健康情况越差，进而社区层面的医疗服务水平越是无法满足老人需求，所以，趋向于通过较高等级的医疗机构接受更为专业化的服务，因此对社区医疗的依赖性较弱、相应的服务的需求层次越低。

地区存在较为突出的反向影响，即趋于东部地区的老年人对基础医疗型服务的需求层次相对较高，反之越低；体现出地区间老人对社区医疗的依赖性关系，也可表明社区医疗服务水平发展的地区差异。

第五节　精神慰藉类服务需求层次与需求特征

一、精神慰藉类服务需求层次划分

传统 Kano 模型中，精神慰藉类中各有 1 项必备要素（M）和魅力要素（A）。在需求层次细分标准下，部分服务的需求层次属性存在变化，如表 4-24 所示。

表 4-24　精神慰藉类服务需求层次的 Kano 模型划分（N=839）

项目	层次归属	层次频率	DI	SI	项目	层次归属	层次频率	DI	SI
C1 老年大学	I	338	0.207	0.520	C8 组织老年活动	I	313	0.300	0.507
C2 老年培训班	I	342	0.129	0.561	C9 老年参与	I	594	0.046	0.278
C3 读书读报	I	724	0.036	0.123	C10 法律咨询援助	I	497	0.101	0.366
C4 陪同聊天	I	740	0.031	0.112	C11 邻里纠纷调解	I	648	0.075	0.194
C5 陪同散步	I	616	0.075	0.237	C12 心理咨询疏导	I	614	0.088	0.231
C6 健身设施/室	M_1	205	0.527	0.471	C13 政策宣传	I	272	0.483	0.392
C7 老年活动室	I	246	0.423	0.489					

首先，健身设施和老年培训班在 Kano 模型的细分下均有较为明显的层次侧重。一方面，健身设施是唯一的必备要素，尽管层次划分频率存在较为明显的 M_1 特征，但仍有部分老年人将其视为 M_2 属性（n=51）；与之相类似，政策宣传的必备要素划分频率较高，却同样有 40 次划分为 M_2。从问题选项的语义上看，M_2 说明老年人对上述 2 项服务并未呈现出较为明显的需求意愿，仅在服务无法

提供时才会产生不满意的态度。另一方面，老年培训班在层次细分下，归属于 A_2（n=314）的频率远大于 A_3（n=75），表明在服务无法提供时，并不会对老年人满意度产生影响。

其次，尽管部分服务归属于无关要素（I），但在"非无关要素"的属性划分频率中，各项服务之间仍存在较大的差异。特别是在魅力要素（A）方面，与医疗保健类服务相比，精神慰藉类服务更多地侧重于 A_2 要素，比如老年大学（n=209）、老年培训班（n=314）。另外，老年参与（n=167）、心理咨询疏导（n=139）、政策宣传（n=114）、纠纷调解（n=91）在魅力要素的归属频率中，A_2 均远大于 A_3。进而，从重要性看，尽管上述服务的魅力要素划分频率较高，但重要性却相对较低。

再次，老年活动室、政策宣传尽管划分为无关要素（I），但 A_2、I、M_1 和 O 的划分频率较为接近；比如，老年活动室归属于 A_2、A_3、M_1 和 O 的频率分别为 114、124、173、172；政策宣传归属于 A_2、A_3、M_1 和 O 的频率分别为 114、48、198、167。因此，仅以无关要素进行层次概括，无疑会导致需求层次的低估。

最后，针对可能存在的需求层次低估风险，进而通过不满意度系数和满意度系数测算，对各项服务的依赖性、期待性进行整体把握（见图 4-4）。具体而言，共有 2 项服务的 |DI|>|SI|，即健身设施（C6）和政策宣传（C13），表明老年人对上述服务的依赖性高于期待性。可是，除了健身设施本身具有较高的需求层次（M_1）之外，政策宣传的需求层次则为无关要素（I）；反而，老年培训班（C2）尽管在需求层次上归属于魅力要素（A_2），但其不满意度系数（DI=0.129）却小于满意度系数（SI=0.561）。从满意度系数和不满意度系数的测算方式看，在一维要素划分频率既定的情况下，归属于必备要素的频率较多时，DI 系数将会变大；归属于魅力要素的频率较多时，则 SI 系数将会提升。因此，政策宣传

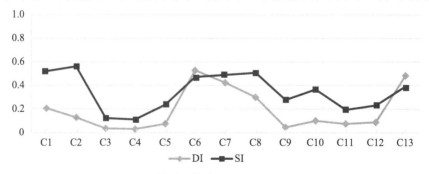

图 4-4　精神慰藉类服务的 DI 和 SI 系数

的 DI 系数之所以高于老年培训班，主要在于政策宣传中归属于必备要素的频率（M=238）大于老年培训班（M=26）。在其他服务项目上，相应的 DI 与 SI 系数均存在较为明显的差距。

此外，老年人对精神慰藉类服务具有明显的期待性倾向。比如，DI 系数中仅健身设施超过 0.5（DI=0.527），政策宣传（DI=0.483）和老年活动室（DI=0.423）超过 0.4；另有 6 项服务 DI 系数不足 0.1。另外，在 SI 系数中，老年培训班最高（SI=0.561），老年大学和组织老年活动均超过 0.5，且没有服务低于 0.1。

二、精神慰藉类服务需求层次特征

对精神慰藉类服务的因子分析，经检验 KMO 值为 0.619，大于 0.6 的基本标准；Barlett 球检验的卡方值为 2134.387，自由度（df）为 78（P<0.01），符合做因子分析的要求。通过主成分分析法，按照特征根大于 1 的标准共提出 4 个主要因子。在此基础上，通过最大方差法进行正交旋转后形成因子载荷矩阵，累计方差贡献率为 56.534%（见表 4-25）。根据各项服务荷载值与功能特征，对因子的命名与特征分析如下。

表 4-25　精神慰藉类需求层次的因子分析

项目	因子 1	因子 2	因子 3	因子 4
C1 老年大学	0.866			
C2 老年培训班	0.761			
C3 读书读报		0.761		
C4 陪同聊天		0.761		
C5 陪同散步		0.738		
C6 健身设施（室）	0.683			
C7 老年活动室	0.531			
C8 组织老年活动				0.686
C9 老年参与			0.671	
C10 法律咨询援助			0.710	
C11 邻里纠纷调节			0.596	
C12 心理咨询疏导				0.666
C13 政策宣传		0.605		

项目	因子 1	因子 2	因子 3	因子 4
因子命名	自我满足型	精神依附型	社会权益型	互动交流型
特征值	2.401	2.137	1.691	1.119
方差贡献率	18.473%	16.440%	13.011%	8.610%
累计方差贡献率	18.473%	34.913%	47.924%	56.534%
KMO 值	0.619			
Bartlett 检验	近似卡方 =2134.387		df=78	Sig.=0.000

"因子 1"方差贡献率为 18.473%，包含 4 项服务，即老年大学、老年培训班、健身设施和老年活动室。在因子构成上，因子 1 体现出"主动性"取向下的老年人精神需求特征：一方面，老年大学、老年培训体现出老年人主动获取知识教育的需求满足，即主动性的"老有所学"；另一方面，健身设施、老年活动室体现出老年人对自我精神满足的设施性、平台性诉求，也体现出老年人平台性基础上的主动性精神满足特征。因此，将因子 1 命名为"自我满足型"因子。

"因子 2"方差贡献率为 16.440%，包含 4 项服务，即读书读报、陪同聊天、陪同散步和政策宣传。与因子 1 相反，因子 2 在内容构成上体现出"被动"状态下的精神需求特征，即依附于外界的单向授予而获得精神需求的满足。其中，读书读报、陪同聊天和陪同散步 3 项服务共同体现出"陪同性"特征；而"政策宣传"同样体现出信息层面的被动告知的特点。因此，将因子 3 命名为"精神依附型"因子。

"因子 3"方差贡献率为 13.011%，包括老年参与、法律咨询援助和邻里纠纷调解 3 项服务。从因子构成看，因子 3 主要体现出老年人对社会事务性、权益性的需求特征：一方面，老年人参与主要涉及老年人志愿者、老年人就业等自我价值实现方面，反映了主动性导向下的社会参与权益诉求，也就是"老有所为"；另一方面，法律咨询援助和纠纷调解体现出老年人在社会事务接触过程中，对自身权益保障的诉求。而整体上看，上述两个方面则又分别代表了主动和被动两种形式的"老年权益"内容。因此，可将因子 3 命名为"社会权益型"因子。

"因子 4"方差贡献率为 8.610%，包括组织老年活动和心理咨询疏导 2 项服务。从服务构成看，因子 4 主要体现出老年人对互动、交流的需求特征，包括主动与被动两种形式的社会互动诉求：一方面，老年活动是老年人交流、互动的平台媒介；另一方面，心理咨询疏导体现出被动性交流的特征，其被动性主要体现在负面情绪下的心理慰藉。因此，可将因子 4 命名为"互动交流型"因子。

基于对因子系数矩阵的计算，得出精神慰藉类服务 4 个因子的需求层次水平（见表 4-26）。从得分来看，由于因子构成中的服务需求层次较高，主动型服务的需求层次整体最高（2.555±1.602）；互动交流型（1.593±1.338）和精神依附型（1.188±1.194）相对较高；"社会权益型"最低（0.903±1.099）。

表 4-26　精神慰藉类服务需求的因子比较

因子名称	均值	标准差	极小值	极大值
自我满足型	2.555	1.602	0.000	7.000
精神依附型	1.188	1.194	0.000	7.000
社会权益型	0.903	1.099	0.000	4.667
互动交流型	1.593	1.338	0.000	7.000

在各因子之间的关系上，Pearson 相关分析显示，精神慰藉类各因子之间呈现出不同程度、不同向度的关系（见表 4-27）。与生活和医疗类相比，精神慰藉类因子之间相关性较低，且同时存在正向、反向相关，特别是精神依附型和社会权益型间呈负相关；其原因可能在于，精神依附型需求层次较高的老年人，由于社会活动参与不足，所产生的社会交流、社会互动以及社会关系较为有限；互动交流型需求层次较高的老年人，自身具有较强的独立性和行动能力，对社会交往的诉求较强，且更倾向于自我精神需求的满足，对他人的精神依赖性相对较低。

表 4-27　精神慰藉类需求层次因子的双变量相关分析

因子名称	自我满足型	精神依附型	社会权益型	互动交流型
自我满足型	1			
精神依附型	0.079[*]	1		
社会权益型	0.140[**]	−0.075[*]	1	
互动交流型	0.179[**]	0.084[*]	0.182[**]	1

注：* 表示在 0.05 水平（双侧）上显著相关，** 表示在 0.01 水平（双侧）上显著相关。

在各因子之间的正相关关系中，一是自我满足型与其他因子的相关性较高；其中，与互动交流型的相关性最强，说明在精神慰藉满足中倾向于自我满足的老年人，同样具有互动、交流的精神诉求。二是互动交流型与其他因子的相关系数普遍较高；与社会权益型的相关性为所有因子间最高，其原因可能在于，对社会交往、互动、联系诉求较强的老年人，对权益保障、参与角色等方面的较为注重。三是精神依附型与其他因子的相关性整体较低。

三、精神慰藉类服务需求层次影响因素

（一）自我满足型需求层次影响因素

对自我满足型因子的多元逐步回归显示，共 7 个自变量选入方程。经检验 $F=49.466$（$P<0.01$），调整 R^2 为 0.288，D–W 值为 1.689，并符合共线性标准。从标准系数看，自变量影响作用整体普遍较高，由大到小（绝对值）依次为居住状态、年龄、自评健康、失能等级、文化程度、主要照顾者和地区，如表 4–28 所示。

表 4–28　自我满足型需求的影响因素分析

项目	非标准化系数		标准系数	t	Sig.	共线性统计量	
	B	标准误差	Beta			容差	VIF
（常量）	−1.724	1.468		−1.174	0.241		
x6 自评健康	0.958	0.247	0.195	3.876	0.000	0.336	2.978
x12 居住状态	0.823	0.116	0.210	7.124	0.000	0.981	1.019
x3 文化程度	0.372	0.094	0.128	3.945	0.000	0.803	1.245
x2 年龄	−1.154	0.185	−0.196	−6.233	0.000	0.859	1.164
x16 地区	−0.433	0.122	−0.112	−3.533	0.000	0.841	1.189
x5 失能等级	−0.056	0.020	−0.137	2.839	0.005	0.362	2.759
x14 照顾者能力	−0.320	0.155	−0.063	−2.061	0.040	0.896	1.117

在个人层面，一是年龄具有明显的负相关影响，即老年人年龄越小对自我满足型服务的需求层次越高；年龄越大，反之越低。二是失能等级的负相关表明，失能等级越高的老人对自我满足型的需求层次越低，反之越高；反映出行动能力所造成的影响。与之相似，"自评健康"水平越高，对自我满足型服务的需求层次较高，反之越低。相比而言，自评健康的影响作用更为突出。三是文化程度的正向影响说明，需求层次随老年人文化程度提高而越高，反之越低；

从因子构成来看，文化程度较高的老年人对老年教育和日常锻炼更为注重。

在家庭层面，居住状态和照顾者能力存在影响。一方面，居住状态的正向影响表明，趋于空巢、独居的老年人对自我满足型服务的需求层次越高，趋向于和子女同住的需求层次越低；表明不同居住状态下所具备的情感交流或非自我精神满足，对正式性精神服务的缓解和替代。另一方面，照顾者能力的反向影响表明，照顾者能力越弱对自我满足型需求的层次越低，反之越高；这与照顾者能力判断所反映出的老年人健康情况有关，即照顾者能力主观判定越高的老人，其健康情况相对较好；照顾者能力主观判定不足，可反映出老年人健康水平较低而导致的家庭照顾压力，进而对精神服务的需求较低。

地区因素呈现明显的负相关影响，即趋于东部地区老年人的自我满足型服务需求层次相对较高，趋于西部地区的需求层次相对较低。

（二）精神依附型需求层次影响因素

对精神依附型因子的多元逐步回归显示，共有 10 个自变量与之显著相关。经检验 $F=73.387$（$p<0.01$），调整 R^2 为 0.463，D-W 值为 1.726，并符合共线性标准。从标准系数看，自变量影响作用（绝对值）由大到小依次为失能等级、自评健康、照顾者能力、居住状态、慢性病数量、地区、主要照顾者、收入层次、照顾者距离和年龄，如表 4-29 所示。

表 4-29　精神依附型需求的影响因素分析

项目	非标准化系数		标准系数	t	Sig.	共线性统计量	
	B	标准误差	Beta			容差	VIF
（常量）	-1.000	1.445		-.692	0.489		
x5 失能等级	1.181	0.163	0.289	7.246	0.000	0.403	2.484
x16 地区	-0.765	0.080	-0.274	-9.514	0.000	0.772	1.296
x2 年龄	0.090	0.011	0.221	7.945	0.000	0.825	1.212
x15 照顾者距离	0.285	0.047	0.182	6.065	0.000	0.710	1.409
x14 照顾者能力	-0.346	0.101	-0.095	-3.417	0.001	0.833	1.201
x12 居住状态	0.429	0.088	0.151	4.876	0.000	0.669	1.495
x6 自评健康	-0.657	0.156	-0.184	-4.217	0.000	0.335	2.989
x7 慢性病数量	0.234	0.082	0.084	-2.870	0.004	0.741	1.349
x13 主要照顾者	-0.186	0.073	-0.069	-2.559	0.011	0.880	1.136
x4 收入层次	0.134	0.053	0.074	2.526	0.012	0.744	1.344

在健康方面，表现为失能、自评健康和慢性病对因变量的影响。在客观健康衡量上，反映出失能等级越高的老人对精神依附型服务的需求层次越高，反之越低。在主观判断上，自评健康较好的老年人对精神依附型服务的需求层次较低，反之越高。另外，慢性病数量的影响也表明，患有慢性病越多的老人，对精神依附型服务的需求层次越高。上述3个因素，共同反映出身体条件越差，越会产生对他人的精神依赖。

同时，年龄和收入因素存在正向影响。一方面，年龄因素表明，年龄越大其需求层次越高，反之越低，即年龄增长所造成的自我行动能力受限，会产生对他人的精神依赖。另一方面，收入因素表明，老年人收入越高，对精神依赖型服务的需求层次越高，反之越低，但影响作用较弱。

另外，尽管影响作用普遍较低，但在家庭层面上存在4个因素的影响。其中，涉及照顾者情况的因素如下：第一，主要照顾者的负相关影响表明，趋于自我照顾的老年人对精神依赖型服务的需求层次较低，趋于子女照顾的老年人的需求层次较高；反映出自我照顾状态下，老年人独立性、效能感对需求"溢出"的替代作用。第二，在居住状态上，反映出趋于独居的老人，对精神依赖越强。第三，照顾者距离表明，主要照顾者距离越远需求层次越高、反之越低，说明家庭支持及时性对需求"溢出"的影响。第四，与生活照料类服务不同，照顾者能力呈负相关影响，即照顾者能力越强，老年人的需求层次越低，反之越高；这与上述"照顾者能力"主观判断所映衬出老年人健康状况有关。基于马斯洛需求层次理论或ERG理论可知，精神需求作为较高层次的需求，只有在低层次需求满足情况下才会产生或显现。而在养老服务需求方面，只有当老年人基本生活照料得到满足后，相应的精神需求才会凸显。而照顾能力不足既说明对外部服务具有较高的需求溢出效应，也反映出老年人因自身健康水平较低而导致自我需求满足能力不足，进而会优先保障生活、医疗层面的需求，而非精神层面；相反，当主要照顾者能力可以保证老年人基本照料需求得到满足时，对精神层面的诉求才会凸显，并成为老年人需求中的主体内容。

地区的负相关影响反映出趋于东部的需求层次越高，趋于西部越低。

（三）社会权益型需求层次影响因素

对社会权益型因子的多元逐步回归显示，共有4个自变量与之显著相关。经检验F=26.818（P<0.01），调整R^2为0.110，D-W值为1.505，并符合共线性标准。从标准系数来看，自变量影响作用（绝对值）由大到小依次为收入层次、年龄、儿子数量和居住状态，如表4-30所示。

表4-30 社会权益型需求的影响因素分析

项目	非标准化系数		标准系数	t	Sig.	共线性统计量	
	B	标准误差	Beta			容差	VIF
常量	3.746	0.683		5.486	0.000		
x4 收入层次	0.269	0.042	0.223	6.445	0.000	0.889	1.124
x2 年龄	−0.042	0.009	−0.156	−4.708	0.000	0.963	1.038
x12 居住状态	0.156	0.062	0.082	2.509	0.012	0.993	1.007
x10 儿子数量	−0.173	0.072	−0.084	−2.414	0.016	0.867	1.153

在个人层面，一是年龄对因变量存在反相关影响，且影响作用较强；表明老年人年龄越大，相应的需求层次越低；反之越高。其原因主要在于，随着年龄的增加，老年人对接触、参与社会事务的诉求、频率、范围等相对减少，此类服务的重要性会下降。二是收入因素影响作用最为明显，即收入层次越高，社会权益型服务的需求层次越高，反之越低；反映出经济水平基础上，对个人权益保障诉求和获取能力差异。

在家庭构成上，儿子数量具有反相关影响，即儿子数量越多，老年人对社会权益型服务的需求层次越低，反之越高；其原因在于，在"男主外"的观念下，儿子角色可能会对老年人自身社会事务的处理存在功能替代，儿子数量越多，角色的替代性就越强。

此外，居住状态呈现正相关影响，既趋于空巢、独居老人的需求层次较高，趋于和子女同住的需求层次较低。一方面，空巢、独居的老年人具有一定的自我照料、自我需求满足和个人事务处理能力，在此过程中对社会事务接触的频率较高、接触面较广，进而对权益保护的重要性判断相对较高；另一方面，趋于和子女同住的老年人，存在子女照料对自我社会接触、社会事务处理中的替代作用，导致老年人对此类服务的重要性判断较低。

（四）互动交流型需求层次影响因素

对互动交流型因子的多元逐步回归显示，共有4个自变量与之显著相关。经检验 F=19.113（P<0.01），调整 R^2 为0.110，D-W 值为1.822，且符合共线性标准。从标准系数来看，自变量影响作用（绝对值）由大到小依次为收入层次、照顾者距离、自评健康和年龄，如表4-31所示。

表 4-31 互动交流型需求的影响因素分析

项目	非标准化系数		标准系数	t	Sig.	共线性统计量	
	B	标准误差	Beta			容差	VIF
常量	−0.470	0.407		−1.154	0.249		
x4 收入层次	0.178	0.033	0.178	5.332	0.000	0.987	1.013
x15 照顾者距离	0.156	0.029	0.179	5.394	0.000	0.997	1.003
x6 自评健康	0.280	0.069	0.141	4.052	0.000	0.901	1.110
x2 年龄	0.169	0.083	0.071	2.040	0.042	0.906	1.103

首先，年龄对因变量存在正相关影响，即年龄越大的老人对互动交流型服务具有较高的需求层次，反之越低。其原因在于低龄老人精神获取的主动性，或者精神满足途径较多，因此对社区的依赖性较低。

其次，在健康层面仅表现为"自评健康"的显著正相关影响，即自评健康越好的老年人对互动交流型服务的需求层次越高，反之越低。其原因在于自我健康判断较好的老年人，对社区活动的参与能力较强。

再次，在家庭支持方面，体现为照顾者距离的正相关影响，即照顾者距离越远，老年人的需求层次越高，反之越低。这进一步表明家庭精神关爱的及时性、可达性对老年人精神需求满足的影响。

最后，收入因素的正向影响表明，收入水平越高对互动交流型的需求层次越高，反之越低。反映出经济水平对社区交流活动、服务的诉求和购买能力的差异。

第六节 老年人整体需求层次的分析结果

基于整体样本，本章对老年人社区居家养老服务的整体需求层次进行了分析。分析结果表明，老年人整体需求层次存在以下方面的特征：

（1）整体服务需求层次偏低。基于对 55 项服务的整体需求分析，共划分出 11 项具有较高需求层次的服务，包括 2 项必备要素、4 项一维要素和 5 项魅力要素。其中，必备要素（M）包括社区医疗、健身设施（室），体现出对于社区功能基础性、应当性的诉求；一维要素（O）集中体现了对医疗服务的期待，反映对基础医疗功能基础上的前置性、便捷性服务期待；魅力要素（A）反映出围绕日常生活的补充性或辅助性功能诉求。此外，多数服务归于无关要素（I），主要源于相应服务与日常生活的关联性较低、服务针对性突出，并且基础性服务功能又对其存在较大程度的替代性。

（2）整体呈现"期待性"大于"依赖性"的需求倾向。通过不满意度（DI）和满意度（SI）系数分析，一方面在各项服务之间，绝大多数服务的"期待性"明显高于"依赖性"（|DI|<|SI|）；但有4项服务呈现"依赖性"倾向（|DI|>|SI|），即疾病预防、社区医疗、健身设施、政策宣传。另一方面在各类服务中，医疗保健类的"依赖性"最为突出（DI系数最高），精神慰藉最低；生活照料、医疗保健的"期待性"最高（SI系数最高）；然而，3类服务的SI系数也均明显高于DI系数，即"期待性"明显高于"依赖性。"

（3）各类服务中存在不同的需求特征，并且各需求特征间存在差异与联系。在改进的Kano模型层次细分下，部分服务需求层次的倾向性存在变化。在此基础上，本章对生活照料、医疗保健、精神慰藉3类服务中的需求特征进行了因子分析。第一，在生活照料中，共呈现3个因子，即日常型、代理型、安全型，且各因子之间呈现正相关关系；其中，"日常型"服务构成与日常生活较为紧密，因此需求也较为突出。第二，在医疗保健中，共呈现5个因子，即预防维护型、康复护理型、就医补充型、功能期待型、基础医疗型，各因子之间均为正相关关系；其中，除康复护理型和就医补充型之外，其他因子的需求层次水平均相对较高。第三，在精神慰藉中，共呈现4个因子，即自我满足型、精神依附型、社会权益型、互动交流型，且社会权益型与精神依附型之间呈负相关关系；精神慰藉类的因子需求普遍较低，其中"自我满足型"相对最高，反映出在老年人"能动性"导向下，对具有自我精神满足的平台性服务具有突出的诉求。

（4）自我满足能力和家庭满足能力均对各需求因子存在不同的影响作用。从需求"溢出"角度，本书将社区居家养老服务的需求动机产生原因，划分为自我满足能力、家庭满足能力两个方面。通过对各需求特征因子的影响因素分析发现：

1）在自我满足能力上，老年人年龄、健康因素的影响作用最为普遍且最为突出。其中，在生活、医疗类服务因子中，年龄因素普遍呈现正相关影响，表明随着年龄增大，对服务的依赖性或需求的溢出性不断提升；而在精神慰藉中，对自我满足型、社会权益型呈反相关影响，表现为随行动能力下降而需求减弱的情况。在健康层面，失能等级存在最为普遍且突出的影响，并且比年龄的影响作用更为突出；同时，除了对"自我满足型"存在负相关影响，失能因素对其他因子均为正相关影响。自评健康、慢性病数量的影响范围和影响作用较为有限，其中，自评健康主要影响精神慰藉类需求，并对就医补充型需求存在影响；慢性病数量则集中于对医疗类服务的影响，并对精神依附型需求具有影响。此外，收入因素的影响较为普遍，反映出服务购买能力对需求的影响；文化程度的影响范围和影响作用有限，主要反映对服务认知与服务获取渠道知晓能力的影响。

2）在家庭构成上，老年人居住状态的影响较为普遍与突出，但对不同因子存在相反的影响作用，即趋于独居的老人并非必然导致较高的需求，特别是独居老人反映出独立性、自我照顾意愿、自我满足能力等较高的情况。另外，婚姻状况集中影响于生活照料类需求；子女数量虽不存在影响，但儿子数量、女儿数量则对个别需求特征存在影响，反映出子、女角色差异所存在的照料功能差异；其中，女儿数量侧重于对生活、医疗类的影响，儿子数量主要是对老年人社会活动的替代（如社会权益型）。

3）在家庭需求满足上，主要体现为照顾者能力、照顾者距离的影响；前者影响到对社会养老服务的辅助、支持功能的获取动机，后者主要体现家庭照顾的及时性情况。

4）除了年龄、失能和居住状态因素，地区因素同样具有最为普遍且突出的影响作用，这与本书梯次性地区选择有关。其中，在生活、精神类服务需求中普遍体现为负相关影响，即趋于东部（上海）的需求层次较高，趋于西部（银川）的需求层次较低；但在医疗类服务需求中却存在相反的效果，即趋于西部较高、趋于东部较低。

然而，整体层面的分析可能存在需求层次的低估，将不利于对特定群体的服务需求识别。依据需求动机的影响因素分析，如何识别不同老年群体（如年龄、失能等级、居住状态）的需求层次及其差异，并给予相应的需求优先满足安排，将会更有助于本书研究价值的体现；同时，如何理解地区因素的影响作用，也将有利于丰富对老年人服务需求的理解。

第五章 不同老年群体需求层次差异及优先满足序列

通过上一章对老年人整体层面的需求层次分析，有利于对老年人社区居家养老服务的整体需求情况进行宏观把握。然而，需求的整体分析可能导致对特定老年群体需求差异的认知偏差，或产生整体需求对特定群体有效需求的掩盖和低估，并难以对需求的优先满足给予合理地指导。为此，需要从群体差异角度，对具有较高需求依赖性的老年群体进行更为深入的需求识别，进而把握不同群体之间对社区居家养老服务的需求情况。

进而，本章将针对年龄、失能、居家状态和地区4个因素对需求的突出影响，一方面，依据不同年龄段、失能等级和居住状态的群体划分，分析各老年群体的需求层次内容及其差异，并对各群体服务需求的优先满足内容进行探讨；另一方面，本章将对各地区之间，老年人服务需求所表现出的依赖性、期待性差异作出分析。

第一节 不同年龄阶段群体的服务需求层次分析

年龄因素所呈现出的线性影响，表明不同年龄群体之间的需求层次存在差异。通过调查样本统计，60~69岁的低龄老人为367人，70~79岁的中龄老人为302人，80岁及以上的高龄老人为170人。基于此，本书将根据各项服务在不同"年龄段"中的层次归属、不满意度（DI）和满意度（SI）系数，探讨各年龄群体的需求内容与群体差异。

一、不同年龄段群体的生活照料类服务需求层次

在整体需求层次划分中，生活照料类服务中仅应急援助归为魅力要素（A_2）。各年龄段需求层次划分结果显示（见表5-1），较整体划分而言，各年龄

段需求层次趋于差异化，且部分服务的需求层次较高。

表 5-1 各年龄段老年人生活照料类服务需求层次（N=839）

项目	年龄段	层次	DI	SI	项目	年龄段	层次	DI	SI
A1 老年餐桌	60~69	I	0.332	0.420	A12 紧急呼叫设备	60~69	I	0.289	0.510
	70~79	I	0.351	0.404		70~79	I	0.407	0.533
	≥80	I	0.394	0.394		≥80	O	0.624	0.688
A2 上门做饭	60~69	I	0.068	0.311	A13 应急援助	60~69	A_2	0.322	0.613
	70~79	I	0.099	0.298		70~79	A_2	0.371	0.652
	≥80	I	0.171	0.453		≥80	M_1	0.706	0.529
A3 送餐配餐	60~69	I	0.123	0.452	A14 应急维修	60~69	I	0.341	0.376
	70~79	I	0.146	0.440		70~79	I	0.421	0.480
	≥80	I	0.324	0.541		≥80	M_1	0.618	0.494
A4 个人卫生清洁	60~69	I	0.082	0.300	A15 室内改造	60~69	I	0.071	0.357
	70~79	I	0.113	0.295		70~79	I	0.129	0.351
	≥80	I	0.329	0.359		≥80	A_2	0.347	0.794
A5 家政清扫	60~69	I	0.343	0.436	A16 室外无障碍改造	60~69	I	0.302	0.384
	70~79	I	0.315	0.503		70~79	I	0.387	0.394
	≥80	O	0.535	0.482		≥80	O	0.688	0.612
A6 衣物清洗	60~69	I	0.218	0.360	A17 居家安全指导	60~69	I	0.114	0.330
	70~79	I	0.265	0.513		70~79	I	0.205	0.387
	≥80	O	0.500	0.624		≥80	A_3	0.418	0.600
A7 日间机构	60~69	I	0.251	0.283	A18 定期探访	60~69	I	0.027	0.161
	70~79	I	0.305	0.510		70~79	I	0.043	0.199
	≥80	O	0.382	0.600		≥80	I	0.147	0.471
A8 上门照料	60~69	I	0.046	0.106	A19 出行陪护	60~69	I	0.030	0.134
	70~79	I	0.089	0.245		70~79	I	0.066	0.265
	≥80	O	0.324	0.541		≥80	I	0.188	0.371
A9 代购物品	60~69	I	0.084	0.425	A20 服务热线	60~69	I	0.090	0.357
	70~79	I	0.132	0.411		70~79	I	0.268	0.546
	≥80	I	0.224	0.388		≥80	A_2	0.441	0.594

续表

项目	年龄段	层次	DI	SI	项目	年龄段	层次	DI	SI
A10 代办代缴	60~69	I	0.136	0.384	A21 服务中介咨询	60~69	I	0.025	0.251
	70~79	I	0.209	0.417		70~79	I	0.152	0.437
	≥ 80	A_2	0.224	0.565		≥ 80	I	0.265	0.435
A11 短期托养	60~69	I	0.065	0.161	A22 服务信息公示	60~69	I	0.346	0.330
	70~79	I	0.096	0.149		70~79	I	0.305	0.427
	≥ 80	I	0.359	0.400		≥ 80	A_2	0.447	0.494

（一）各年龄段生活照料类服务需求层次划分

在低龄和中龄群体中，各项服务需求层次与整体划分结果并无差别。除应急救援归属于魅力要素（A_2）外，其他服务仍归于无关要素（I）。说明在年龄划分上，低龄、中龄老年人对生活照料类服务仍体现出较低的依赖性。

然而，高龄老人对于部分生活照料类服务的需求层次较为突出，必备要素、一维要素和魅力要素均得到体现。具体来说：

（1）必备要素（M）包括应急援助和应急维修。从服务功能角度，体现出高龄老人对应急类服务的依赖性和重要性判断，特别是应急援助从整体层面的魅力要素变化为群体层面的必备要素。

（2）一维要素（O）共有6项服务，即家政清扫、衣物清洗、日间照料、上门照料、应急呼叫设备和室外无障碍改造。在服务构成上，体现出高龄老人对常见性服务（家政、衣物清洗、日间照料）的期待；对照料和应急类（上门照料、应急设备安装）的功能扩展性期待；同时，室外无障碍设施改造也体现出老年人对外部环境安全的期待。

（3）魅力要素（A）包括5项服务，即代办代缴、室内改造、居家安全指导、服务热线和服务信息公示。上述服务在功能角度呈现出"非具体性"服务特征。其中，居家安全指导和室内改造尽管侧重于安全性倾向，但相比于设备安装和室外无障碍设施改造，则更侧重对安全功能的进一步扩展。其他3项则体现出信息性（服务热线、信息公示）、便利性（代缴代办）的层次特征。在Kano模型的层次细分下，居家安全指导服务的重要性相对较高（归于魅力要素 A_3）。

（二）各年龄段生活照料类需求的依赖性与期待性分析

在衡量服务重要性的不满意度（DI）系数上，各年龄段之间存在较为明显的"差序递增"情况（见图5-1）。一方面，高龄老人的DI系数均大于中低龄老人，即高龄老人对生活照料服务的依赖性最高，特别是室外无障碍改造、紧急呼叫设备、应急援助和服务热线；另一方面，在中低龄老年群体之间，绝大多数服务也呈现"差序"，即中龄老年群体的服务不满意度系数 DI 高于低龄老人；比如，尽管应急援助均归于魅力要素（A_2），但中龄老人的不满意度系数（DI=0.371）高于低龄老人（DI=0.322）。但是，低龄老人在家政清扫、服务信息公示服务的 DI 系数上，要高于中龄老人。

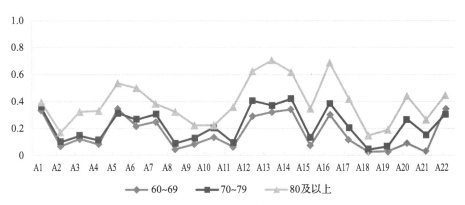

图 5-1　各年龄段生活照料类服务的 DI 系数

在表现服务期待性的满意度系数（SI）上，各年龄段之间也存在差异，特别是高龄老人与其他年龄段之间的差别（见图 5-2）。一方面，老龄高人对多数服务的 SI 系数较高，如短期托养、室内改造和室外无障碍改造，表明高龄老人对生活照料类服务的依赖性、期待性均相对较高；但是，高龄老人对老年餐桌、家政清扫、代购物品、应急援助的 SI 系数低于中低龄老人。

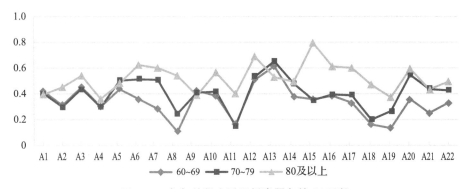

图 5-2　各年龄段生活照料类服务的 SI 系数

另一方面，在中低龄老人的满意度系数（SI）上，多数服务呈现中龄高于低龄老人的情况。同时，中低龄群体对部分服务的 SI 系数呈现近似性，但低龄老人对老年餐桌、上门做饭、送餐配餐等 SI 系数高于中龄老人，说明不同服务在各年龄段中的需求期待性存在差别。

从 DI 和 SI 系数的比较可以看出，高龄老人的 DI、SI 系数均明显高于中低龄老人。因此，需要通过两种系数的比较，进而确定高龄群体对各项服务的需求差异。如图 5-3 所示，在高龄群体中，多数服务的满意度系数（SI）普遍高于不满意度系数（DI），即高龄老人对多数服务的期待性高于依赖性。同时，在具有较高需求层次的服务中，家政清扫、应急援助、应急维修和室外无障碍设施改造的 DI 系数高于 SI 系数，说明高龄老人对这 4 项服务呈依赖性倾向。此外，高龄老人对老年食堂的 DI 和 SI 系数相等，表明对满意度呈线性影响作用。

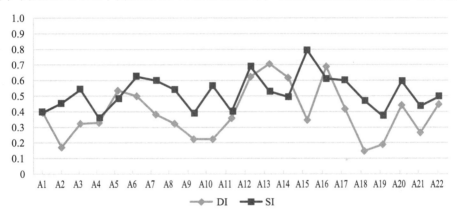

图 5-3　高龄老人生活照料类服务的 DI 和 SI 系数

（三）基于年龄段生活照料类服务需求的优先满足内容选择

综上所述，高龄老人是生活照料类服务需求最为突出、最应优先满足群体。依据需求层次及其满足策略，应优先满足高层次需求；同一需求层次中，应优先满足不满意度（DI）系数高的需求。因此，活照料类服务应着重针对高龄群体，优先满足以下服务，如表 5-2 所示。

表 5-2　各年龄段生活照料类服务的优先满足内容

	层次	优先满足内容（依次）
整体层面	A	应急救援
	I	应急维修、室外无障碍设施改造

	层次	优先满足内容（依次）
高龄老人	M	应急援助、应急维修
	O	室外无障碍改造、急呼叫设备安装、家政清扫、衣物清洗、日间（机构）照料、上门照料
	A	居家安全指导、服务信息公示、服务热线、室内改造、代缴代办

二、不同年龄段群体的医疗保健类服务需求层次

在整体层次划分上，体现出老年人对医疗保健服务需求层次普遍较高的整体特征。从年龄段划分看，各年龄段对医疗保健类服务的需求层次仍普遍较高。可见，除了社区医疗和配药送药的群体一致性划分外，各年龄段的层次划分存在差异，如表5-3所示。

表5-3　各年龄段老年人医疗保健类服务需求层次（N=839）

项目	年龄段	层次	DI	SI	项目	年龄段	层次	DI	SI
B1 用药指导	60~69	A_3	0.283	0.621	B11 陪同就医	60~69	I	0.114	0.196
	70~79	A_2	0.255	0.593		70~79	I	0.152	0.219
	≥ 80	I	0.294	0.482		≥ 80	I	0.306	0.524
B2 康复指导	60~69	I	0.065	0.204	B12 专业义诊	60~69	A_2	0.349	0.561
	70~79	I	0.053	0.222		70~79	A_3	0.358	0.543
	≥ 80	I	0.194	0.382		≥ 80	O	0.594	0.624
B3 健康教育	60~69	O	0.564	0.599	B13 协助转诊	60~69	I	0.049	0.123
	70~79	O	0.526	0.675		70~79	I	0.123	0.268
	≥ 80	A_2	0.441	0.653		≥ 80	I	0.259	0.453
B4 定期体检	60~69	A_2	0.439	0.602	B14 家庭病床	60~69	I	0.068	0.278
	70~79	O	0.543	0.689		70~79	I	0.106	0.397
	≥ 80	O	0.535	0.618		≥ 80	A_3	0.329	0.600
B5 疾病预防	60~69	I	0.371	0.305	B15 签约医生	60~69	I	0.223	0.583
	70~79	O	0.695	0.735		70~79	A_2	0.245	0.682
	≥ 80	M_1	0.924	0.329		≥ 80	A_2	0.500	0.588

续表

项目	年龄段	层次	DI	SI	项目	年龄段	层次	DI	SI
B6 健康档案	60~69	A_3	0.207	0.510	B16 配药送药	60~69	O	0.523	0.512
	70~79	A_3	0.272	0.583		70~79	O	0.563	0.593
	≥80	I	0.229	0.441		≥80	O	0.565	0.753
B7 慢性病维护	60~69	I	0.441	0.499	B17 上门看病	60~69	I	0.114	0.319
	70~79	O	0.517	0.560		70~79	I	0.182	0.493
	≥80	I	0.453	0.429		≥80	A_2	0.424	0.624
B8 手术后康复	60~69	I	0.063	0.221	B18 远程医疗	60~69	I	0.014	0.090
	70~79	I	0.053	0.248		70~79	I	0.033	0.258
	≥80	I	0.112	0.318		≥80	I	0.129	0.512
B9 卧床护理	60~69	I	0.082	0.134	B19 器具租赁	60~69	I	0.052	0.139
	70~79	I	0.076	0.132		70~79	I	0.043	0.106
	≥80	I	0.129	0.200		≥80	I	0.212	0.329
B10 社区医疗	60~69	M_1	0.548	0.297	B20 临终关怀	60~69	I	0.014	0.131
	70~79	M_1	0.563	0.275		70~79	I	0.003	0.093
	≥80	M_1	0.624	0.365		≥80	I	0.088	0.271

（一）各年龄段医疗保健类服务需求层次划分

（1）低龄老人对医疗保健类服务的需求层次相对较低，有效需求层次也多以魅力要素为主。具体而言，在低龄老人中共划分出1项必备要素（社区医疗）、2项一维要素（健康教育、配药送药）和4项魅力要素。其中，魅力要素又存在不同的层次倾向，如用药指导、健康档案（A_3）高于专业义诊、定期体检（A_2）。

（2）中龄老人共划分出1项必备要素、5项一维要素和4项魅力要素。其中，除社区医疗、配药送药外，一维要素（O）包括4项服务，即健康教育、定期体检、疾病预防和慢性病维护；从服务功能构成看，一维要素体现出中龄老年人对预防性和维护性医疗服务的需求特征。在魅力要素中，专业义诊和定期体检体现出魅力要素（A_3）的层次倾向，用药指导和签约医生则划分为魅力要素（A_2），也说明中龄老年人对健康维护性服务的需求倾向更为突出。

（3）高龄老人中划分出2项必备要素、3项一维要素和4项魅力要素。其中，必备要素包括社区医疗、疾病预防。一维要素包括定期体检、专业义诊和配药送药；相比于中龄老人，定期体检和专业义诊则从超出预期转变为明确期待。在魅力要素中，高龄老人对家庭病床表现出超出预期且较为需要的倾向（A_3），反映出对常态性、便捷性医疗服务的需求倾向；与之相似的上门就医服务，因常态性不足，则被划分为魅力要素（A_2）；另外，健康教育、签约医生也被划分为魅力要素（A_2）。

（4）存在同一服务在不同年龄段之间的相似性和差异性。

首先，在各年龄段划分之间，中、低龄老人对部分服务的需求层次划分具有一定的近似性，但与高龄老人存在明显的差别。如健康教育、健康档案在中、低龄老人中分别为一维要素（O）和魅力要素（A_3），但高龄老人却划分为魅力要素（A_2）和无关要素（I）；相似，高龄老人则对健康教育的需求层次较低。

其次，部分服务呈现中、高龄群体的相似性，以及与低龄群体差异。如中、高龄老人对定期体检、签约医生的层次划分一致，但低龄老人则归于无关要素（I）。因此，年龄段间的相似性与差异性划分，反映出不同医疗服务在各年龄段之间的需求差异。比如，中、低龄老人对预防性医疗服务的需求层次较高，中、高龄老则对常态化的健康维护服务需求突出。

此外，部分服务的层次划分呈年龄段之间的"梯次性"差序。比如，用药指导在低、中、高龄之间呈降序；相反，专业义诊则在低、中、高龄之间呈升序。

（二）各年龄段医疗保健类需求的依赖性与期待性分析

1. 各年龄段医疗保健类服务的 DI 系数

尽管各年龄段老人对医疗保健类服务的需求层次普遍较高，但仅健康教育、社区医疗和配药送药 3 项服务的 DI 系数接近或超过 0.5。如图 5-4 所示，在各年龄段之间的 DI 系数差异相对较小。部分服务在各年龄段之间的 DI 系数相对接近，如用药指导、社区医疗、配药送药等。整体而言，高龄老人对多数服务的 DI 系数仍相对较高，部分服务高出明显。其中，高龄老人对疾病预防的不满意度系数最高（DI=0.945），接近最高值 1；说明高龄老人对疾病预防服务的依赖性极强，或对服务极为重要。同时，高龄老人对专业义诊、签约医生和上门看病的 DI 系数较高，且明显高于中、低龄老人，说明在上述服务的对象瞄准上应更具针对性、精准性。此外，各年龄段的 DI 系数同样呈现"梯次性"差序。其中，多数服务需求层次呈现出低、中、高龄的梯次上升，如陪同就医、康复指导和签约医生等。

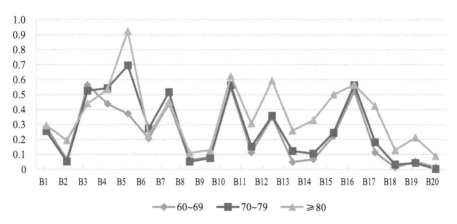

图 5-4　各年龄段医疗保健类服务的 DI 系数

2. 各年龄段医疗保健类服务的 SI 系数

在满意度系数（SI）方面，各年龄段的 SI 系数差异较小。如图 5-5 所示，各年龄段的 SI 系数存在交叉，不存在某一年龄段 SI 系数普遍较高或较低的情况。

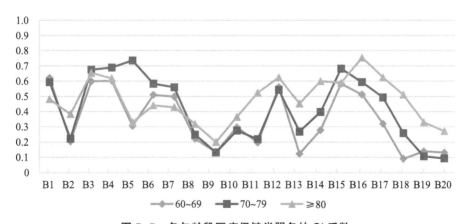

图 5-5　各年龄段医疗保健类服务的 SI 系数

可是，从 SI 系数的最高值看，除用药指导外，低龄老人的期待性普遍低于中、高龄老人。就中龄老人而言，对健康教育、定期体检、疾病预防、健康档案、慢性病维护和签约医生的满意度系数最高，体现出中龄老人对与预防性、维护型服务的期待性倾向。相比而言，高龄老人对专业义诊、家庭病床、配药送药、上门看病、远程医疗、器具租赁和临终关怀的满意度系数最高，说明高龄老人对常规性、辅助性的治疗服务呈现高期待性。

然而，各年龄段 SI 系数的"梯次性"差异并不普遍。其中，仅康复指导、陪同就医、家庭病床、签约医生、配药送药等 SI 系数呈年龄段递增。但用药指导呈现 SI 系数的年龄段递减。

另外，多数服务在各年龄段中均表现为满意度系数（SI）大于不满意度系数（DI），既反映出整体需求层次较低，说明期待性倾向更为明显。但是，部分服务在特定年龄段中的不满意度系数（DI）大于满意度系数（SI），如社区医疗的 DI 系数普遍较高；高、低龄对疾病预防、高龄对慢性病维护，以及低龄对配药送药具有明显的依赖性倾向。

（三）基于年龄段医疗保健类服务需求的优先满足内容选择

综上分析，由于医疗保健类服务在各年龄段中的需求层次普遍较高，需要对各群体的需求满足策略分别探讨。因此，基于需求层次划分和 DI 系数，对各年龄段的需求优先满足内容作出安排，如表 5–4 所示。

表 5–4　各年龄段医疗保健类服务的优先满足内容

	层次	优先满足内容（依次）
高龄	M	疾病预防、社区医疗
	O	专业义诊、配药送药、定期体检
	A	签约医生、健康教育、上门看病、家庭病床
中龄	M	社区医疗
	O	疾病预防、配药送药、定期体检、健康教育、慢性病维护
	A	专业义诊、健康档案、用药指导、签约医生
低龄	M	社区医疗
	O	健康教育、配药送药
	A	定期体检、专业义诊、用药指导、健康档案

三、不同年龄段群体的精神慰藉类服务需求层次

各年龄段划分结果显示（见表 5–5），精神慰藉类服务的有效需求层次同样不足，且与生活、医疗类相比明显偏低。在各年龄段中，并未划分出一维要素（O），多数服务归于魅力要素，且主要集中在中、低龄群体层面，高龄老人有效层次相对有限。

表 5-5 各年龄段老年人精神慰藉类服务需求层次（N=839）

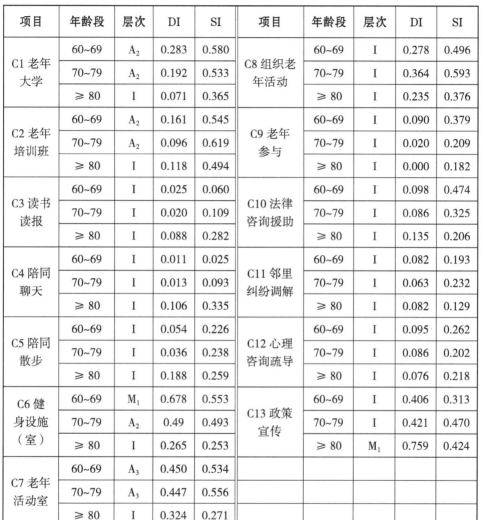

项目	年龄段	层次	DI	SI	项目	年龄段	层次	DI	SI
C1 老年大学	60~69	A_2	0.283	0.580	C8 组织老年活动	60~69	I	0.278	0.496
	70~79	A_2	0.192	0.533		70~79	I	0.364	0.593
	≥ 80	I	0.071	0.365		≥ 80	I	0.235	0.376
C2 老年培训班	60~69	A_2	0.161	0.545	C9 老年参与	60~69	I	0.090	0.379
	70~79	A_2	0.096	0.619		70~79	I	0.020	0.209
	≥ 80	I	0.118	0.494		≥ 80	I	0.000	0.182
C3 读书读报	60~69	I	0.025	0.060	C10 法律咨询援助	60~69	I	0.098	0.474
	70~79	I	0.020	0.109		70~79	I	0.086	0.325
	≥ 80	I	0.088	0.282		≥ 80	I	0.135	0.206
C4 陪同聊天	60~69	I	0.011	0.025	C11 邻里纠纷调解	60~69	I	0.082	0.193
	70~79	I	0.013	0.093		70~79	I	0.063	0.232
	≥ 80	I	0.106	0.335		≥ 80	I	0.082	0.129
C5 陪同散步	60~69	I	0.054	0.226	C12 心理咨询疏导	60~69	I	0.095	0.262
	70~79	I	0.036	0.238		70~79	I	0.086	0.202
	≥ 80	I	0.188	0.259		≥ 80	I	0.076	0.218
C6 健身设施（室）	60~69	M_1	0.678	0.553	C13 政策宣传	60~69	I	0.406	0.313
	70~79	A_2	0.49	0.493		70~79	I	0.421	0.470
	≥ 80	I	0.265	0.253		≥ 80	M_1	0.759	0.424
C7 老年活动室	60~69	A_3	0.450	0.534					
	70~79	A_3	0.447	0.556					
	≥ 80	I	0.324	0.271					

（一）各年龄段精神慰藉类服务需求层次划分

整体而言，中、低龄的层次划分较为相近。首先，低龄老人共划分出 1 项必备要素（M）和 3 项魅力要素（A）。其中，必备要素为健身设施；魅力要素中，老年活动室归于魅力要素（A_3），老年大学和老年培训班为魅力要素（A_2）；与上文自我满足型需求因子相似，低龄老人同样显示出自我精神满足的需求倾向。

其次，在中龄老人中，老年活动室、老年大学和老年培训班的层次归属与低龄老人相同；可是，健身设施的需求层次在中龄老人中却有所下降（A_2），而在高龄老人中又进一步降为无关要素（I），反映出由于年龄所引起的身体机能下降，造成了对健身设施需求的"梯次减弱"情况。

在高龄老人中，仅养老政策宣传呈有效需求层次（M_1），反映出高龄老人对养老政策信息获取中，存在自我、家庭获取的局限，进而对社区层面具有较强的依赖性。另外，其他服务均为无关要素（I），说明高龄老人对于精神慰藉类服务的需求层次较低。同时，在各层次划分频率上，社会参与归属于必备或一维要素的频率为 0，造成了相应的不满意度系数（DI）为 0 的结果。

（二）各年龄段精神慰藉类需求的依赖性与期待性分析

1. 各年龄段精神慰藉类服务的 DI 系数

各年龄段精神慰藉类服务 DI 系数表明，各项服务主观重要性判断差异较为明显。如图 5-6 所示，DI 系数集中存在 2 个峰值：一方面，各年龄段老人对自我社会交往平台性服务（健身设施、老年活动室、组织老年活动）具有较高的主观重要性判断，并且低龄老年人更为突出；另一方面，各年龄段均对养老政策宣传的 DI 系数较高，特别是高龄老人最高；从"溢出"角度，说明老年人及家庭因政策信息获取能力有限，进而对社区层面的依赖性突出。

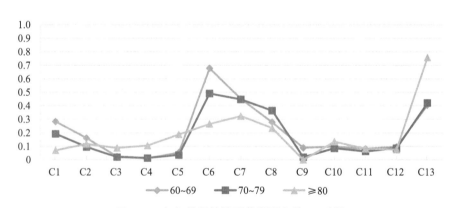

图 5-6　各年龄段精神慰藉类服务的 DI 系数

2. 各年龄段精神慰藉类服务的 SI 系数

在满意度系数（SI）方面，各年龄段老人的 SI 系数同样普遍高于 DI 系数，即老年人对社区精神层面服务的需求呈"低依赖、高期待"倾向。如图 5-7 所示，各年龄段老人中老年大学、老年培训班的 SI 系数均相对较高。可是，中、低龄老人的多数服务 SI 系数普遍高于高龄老人，特别是中、低龄老人对健身设施、老年活动室、组织老年活动和法律咨询援助的 SI 系数相对较高。健身设施和法律咨询援助的 SI 系数却随年龄段提高而"梯次递减"。

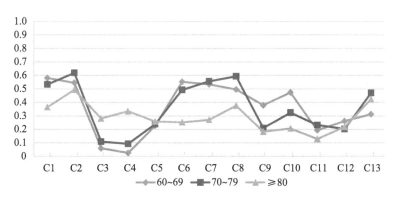

图 5-7　各年龄段精神慰藉类服务的 SI 系数

同时，中、低龄老人相比，中龄老人对部分服务 SI 系数高于低龄老人，如老年培训班、老年活动室、组织老年活动和养老政策宣传等，说明中龄老人对上述服务具有更高的期待。例如，一般认为组织老年活动需求与年龄之间呈显著负相关关系，即随着年龄的增加而相应需求减少；但中龄老人的满意度系数（SI）高于低龄老人。就此而言，尽管以往需求水平研究中可能存在着"年龄—需求"的相关性，但在依赖性层面，低龄老年人因自身行动能力高、社会交往能力强、交往渠道多元等原因，对社区层面的需求依赖性较低；反而中龄老人因健康、交往能力与交往渠道有限的影响，对社区层面的依赖性和期待性却相对较高。

此外，在读书读报、陪同聊天 2 项被动型的陪同服务上，高龄老人的 SI 系数明显高于中、低龄群体，并呈现随着年龄段提高而"层次递增"的情况。

（三）基于年龄段精神慰藉类服务需求的优先满足内容选择

综上所述，相比于生活、特别是医疗类服务，年龄段划分下精神慰藉类服务需求层次相对较低，说明需求满足的迫切性、重要性较低。因此，可以在需求层次划分、不满意度系数（DI）基础上，将满意度系数（SI）纳入到各年龄段需求满足策略的选择中，进而在需求层次较低的情况下侧重于提高老年人对社区居家养老服务满意度（见表 5-6）。可是，针对各年龄段所存在的需求层次差异，需要在满足必备要素、一维要素和魅力要素的需求层次基础上，更加优先、侧重满足中低龄老人的需求。

表 5-6　各年龄段精神慰藉类服务的优先满足内容

	层次	优先满足内容（依次）
整体层面	M	健身设施（室）
	A	老年活动室、老年培训班
	I	政策宣传、组织老年活动
低龄老人	M	健身设施（室）
	A	老年活动室、老年大学、老年培训班
	I	政策宣传
中龄老人	A	健身设施（室）、老年活动室、老年培训班、老年大学
	I	政策宣传、组织老年活动
高龄老人	M	政策宣传
	I	老年活动室、老年培训班、组织老年活动、老年大学

第二节　不同失能等级群体的服务需求层次分析

在失能状态下，老年人囿于自我行动性所造成的自我需求满足能力不足，将对非自身需求满足的依赖性提高；而不同的失能程度所造成依赖程度和需求侧重也会有所不同。进而，对各失能等级老人的服务需求层次划分，有利于对各群体需求差异进行更为清晰地把握，有助于更为精准地对需求进行优先满足。根据第三章对样本的描述（见表 3-12），"完全独立"的老人数量为 601 人，占总样本的 71.63%；"轻度依赖"为 116 人，占 13.83%；"中度依赖"为 101 人，占 12.04%；"严重依赖"为 19 人，占 2.29%；"完全依赖"为 2 人，仅占总样本的 0.24%。由于"完全依赖"的样本较少，需求划分代表性较弱；为尽可能保证需求划分结果的合理性，本书将"完全依赖"纳入到"严重依赖"中进行分析，其原因在于：一方面，考虑到"完全依赖"与"严重依赖"之间的近似性，在一定程度上两者的需求层次可能更为接近；同时，前者的样本量极少，将两者结合后并不会对划分结果产生较为明显的偏差。另一方面，结合现实情况与当前的政策倾向，社区居家养老服务的定位更多地指向"延长老年人就地养老的时间①"；对于完全失能的老年人，其需求满足将更多地依赖于专业化的服务；

---

① Kazunori Yamanoi. The Care for the Elderly in Sweden and in Japan［EB/OL］. http：//www. wao. or. jp/yamanoi/report/lunds/index. htm.

换言之，社区层面的养老服务在功能指向和服务能力方面，则非以此类老年人为重点。基于此，本节将针对各失能等级老人的需求层次进行划分，并结合各项服务的不满意度系数（DI）和满意度系数（SI）进行优先满足序列的分析。

一、不同失能等级群体的生活照料类服务需求层次

相较于整体和年龄段划分，各失能等级划分下的生活照料类有效服务需求层次开始显现，各失能等级之间的层次差异也更为明显，如表5-7所示。

表5-7　各失能等级老年人生活照料类服务需求层次（N=839）

项目	失能等级	层次	DI	SI	项目	失能等级	层次	DI	SI
A1 老年餐桌	完全独立	I	0.368	0.444	A12 紧急呼叫设备	完全独立	I	0.333	0.496
	轻度依赖	I	0.526	0.388		轻度依赖	A_3	0.509	0.741
	中度依赖	I	0.109	0.287		中度依赖	O	0.594	0.693
	严重依赖	I	0.095	0.095		严重依赖	M_1	0.762	0.524
A2 上门做饭	完全独立	I	0.053	0.265	A13 应急援助	完全独立	A2	0.321	0.622
	轻度依赖	I	0.060	0.448		轻度依赖	M_1	0.629	0.560
	中度依赖	A_3	0.277	0.624		中度依赖	O	0.663	0.644
	严重依赖	M_1	0.810	0.333		严重依赖	M_1	0.810	0.381
A3 送餐配餐	完全独立	I	0.108	0.464	A14 应急维修	完全独立	I	0.356	0.373
	轻度依赖	O	0.500	0.569		轻度依赖	M_1	0.595	0.578
	中度依赖	I	0.158	0.376		中度依赖	O	0.564	0.663
	严重依赖	I	0.238	0.381		严重依赖	M_1	0.810	0.429
A4 个人卫生清洁	完全独立	I	0.062	0.295	A15 室内改造	完全独立	I	0.101	0.308
	轻度依赖	I	0.517	0.284		轻度依赖	A_2	0.172	0.879
	中度依赖	I	0.158	0.436		中度依赖	A_2	0.287	0.733
	严重依赖	I	0.333	0.286		严重依赖	M_1	0.667	0.524
A5 家政清扫	完全独立	I	0.354	0.506	A16 室外无障碍改造	完全独立	I	0.286	0.396
	轻度依赖	M_1	0.534	0.328		轻度依赖	O	0.647	0.560
	中度依赖	I	0.287	0.386		中度依赖	O	0.782	0.545
	严重依赖	O	0.381	0.619		严重依赖	M_1	0.905	0.286

续表

项目	失能等级	层次	DI	SI	项目	失能等级	层次	DI	SI
A6 衣物清洗	完全独立	I	0.223	0.433	A17 居家安全指导	完全独立	I	0.138	0.300
	轻度依赖	O	0.509	0.586		轻度依赖	A_3	0.448	0.672
	中度依赖	A_3	0.406	0.545		中度依赖	A_2	0.257	0.713
	严重依赖	M_1	0.524	0.476		严重依赖	M_1	0.667	0.476
A7 日间机构	完全独立	I	0.304	0.399	A18 定期探访	完全独立	I	0.025	0.101
	轻度依赖	A_3	0.310	0.612		轻度依赖	A_2	0.121	0.543
	中度依赖	I	0.248	0.396		中度依赖	A_2	0.109	0.594
	严重依赖	I	0.238	0.429		严重依赖	A_3	0.381	0.714
A8 上门照料	完全独立	I	0.040	0.120	A19 出行陪护	完全独立	I	0.033	0.151
	轻度依赖	A_3	0.224	0.621		轻度依赖	I	0.181	0.328
	中度依赖	I	0.347	0.535		中度依赖	I	0.149	0.515
	严重依赖	M_1	0.667	0.333		严重依赖	A_3	0.333	0.524
A9 代购物品	完全独立	I	0.072	0.423	A20 服务热线	完全独立	I	0.165	0.388
	轻度依赖	I	0.431	0.371		轻度依赖	A_2	0.345	0.707
	中度依赖	I	0.109	0.396		中度依赖	A_2	0.366	0.673
	严重依赖	I	0.238	0.429		严重依赖	O	0.619	0.667
A10 代办代缴	完全独立	I	0.166	0.404	A21 服务中介咨询	完全独立	I	0.078	0.273
	轻度依赖	A_2	0.284	0.621		轻度依赖	A_2	0.147	0.534
	中度依赖	I	0.129	0.376		中度依赖	A_2	0.238	0.564
	严重依赖	I	0.238	0.476		严重依赖	O	0.571	0.714
A11 短期托养	完全独立	I	0.073	0.161	A22 服务信息公示	完全独立	I	0.285	0.311
	轻度依赖	I	0.397	0.319		轻度依赖	A_2	0.379	0.647
	中度依赖	I	0.119	0.208		中度依赖	O	0.634	0.634
	严重依赖	O	0.571	0.810		严重依赖	M_1	0.762	0.381

（一）各失能等级的生活照料类服务需求层次划分

结果显示，"完全独立"老年人的需求层次普遍较低。其中，大多数生活照料类服务仍呈现为低需求层次的特征；说明完全可以自理的老年人自我满足能力较高，进而对外部辅助性生活照料服务的依赖性较低、服务重要性判定水平较低。其中，仅应急援助划分为魅力要素（A_2），与整体和低龄老人划分结果一致。

"轻度依赖"的有效需求层次明显增加，说明在"非完全独立"状态下，老人对外部服务的依赖性或需求"溢出"逐渐显现。其中，共划分出3项必备要素、3项一维要素和10项魅力要素。必备要素（M）包括家政清扫、应急援助和应急维修；一维要素（O）包括送餐配餐、衣物清洗和室外无障碍改造。在魅力要素（A）中，4项服务（日间机构照料、上门照料、紧急呼叫设备和居家安全指导）归于魅力要素（A_3），6项服务（代办代缴、室内改造、定期探访、服务热线、服务中介咨询、服务信息公示）归于魅力要素（A_2）。另外，送餐配餐和代办代缴也仅在"轻度依赖"中具有有效需求层次。

"中度依赖"尽管有效需求层次较多，但并不包括必备要素。其中，共有5项一维要素（紧急呼叫设备、应急援助、应急维修、室外无障碍改造、服务信息公示）；在7项魅力要素中，上门做饭、衣物清洗归于魅力要素（A_3），室内改造、居家安全指导、定期探访、服务热线和服务中介咨询归于魅力要素（A_2）。可以看出，尽管有效需求层次有限，然而"中度依赖"老人需求构成的指向性更为明显，比如，轻度依赖倾向于"配餐送餐"，而"中度依赖"更注重"上门做饭"服务；"上门做饭"也是首次归于有效需求层次。

"严重依赖"老人对生活照料类服务具有普遍较高需求层次，有效层次数量最多且普遍层次最高，对生活类服务依赖性的依赖性最强。其中，必备要素（M）共10项，即上门做饭、衣物清洗、上门照料、紧急呼叫设备、应急援助、应急维修、室内改造、室外无障碍改造、居家安全指导和服务信息公示；必备要素（O）3项，即短期托养、服务热线和服务中介咨询；魅力要素2项（定期探访、出行陪护）且均为魅力要素（A_3）。

各"失能等级"之间，部分服务需求层次存在与失能等级提正向的"梯次性"差序。比如，紧急呼叫设备较为明显，即需求层次从无关要素逐步转变为必备要素。在其他服务中，更多地体现出不同失能等级的梯次性层次差异，如室内改造、室外无障碍改造、定期探访等；其中，"轻、中"度依赖老人的层次划分较为接近，但与严重依赖的差异明显，反映出依赖性随失能等级提高而凸显。

（二）各失能等级生活照料类需求的依赖性与期待性分析

1. 各失能等级生活照料类服务的 DI 系数

作为衡量重要性的重要指标，不满意度系数（DI）可以从量化层面更好地衡量和区分各失能等级老人对不同服务的重要性、依赖性差异。结果显示（见

表 5-7），以"失能等级"划分下的生活照料类服务 DI 系数整体高于"年龄段"的划分；同时，"非完全独立"状态中，各失能等级均有服务 DI 系数超过 0.5。

各失能等级不满意度系数（DI）比较结果显示（见图 5-8），"非完全独立"的 DI 系数普遍较高，完全独立的普遍最低。在"非完全独立"的 3 种失能等级中，多项服务之间的 DI 系数变化趋势较为一致，即均高或均低。具体来说，"严重依赖"的 DI 系数普遍最高。其中，室外无障碍改造的 DI 系数达到 0.905，说明对于"严重依赖"老人极为重要；上门做饭、应急援助、应急维修的 DI 系数均超过 0.8。与"轻、中"度依赖相比，严重依赖对上门做饭、上门照料、代购物品、服务热线的 DI 系数高出较为明显。

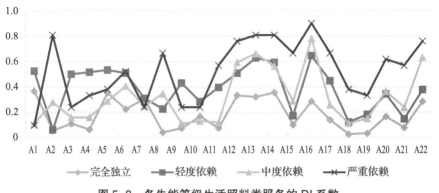

图 5-8　各失能等级生活照料类服务的 DI 系数

在"中度依赖"方面，室外无障碍改造的 DI 系数最高（DI=0.782），应急援助和服务信息公示也超过 0.6；紧急呼叫设备和应急维修超过 0.5。从服务构成来看，仅应急类的服务（应急援助和应急维修）属于针对个人的具体服务，其余体现为服务对象的无差异性。

"轻度依赖"中的有效需求层次数量较多，但多数服务 DI 系数相对较低。其中，仅室外无障碍改造和应急援助的 DI 系数超过 0.6。可是，此类失能等级中的 DI 系数排序显示，部分归属于无关要素（I）的 DI 系数超过部分一维要素（O）和魅力要素（A），如老年食堂、家政清洁。同时，部分生活照料服务 DI 系数并未呈现出随失能等级提高而"梯次递增"，其根本原因是各项服务功能差异与各失能等级需求倾向、自我照料能力差异特征共同造成。因此，生活照料类的服务的优先满足序列安排，需要突出各失能等级需求特征基础上的针对性。

此外，与需求层次划分相似，部分服务 DI 系数呈现出各失能等级之间的梯次差异，如上门照料、室外无障碍改造和服务信息公示等，反映出自我满足能力梯次下的依赖性差序特征。

2. 各失能等级生活照料类服务的 SI 系数

在满意度系数（SI）方面，各项服务在群体之间的 SI 系数差异性相对较小（见图 5-9），部分服务的 SI 系数也较为接近。整体看，生活照料服务的 SI 系数处于中等水平。在各失能等级之间，完全独立的 SI 系数普遍较低，"轻、中"度失能普遍较高。

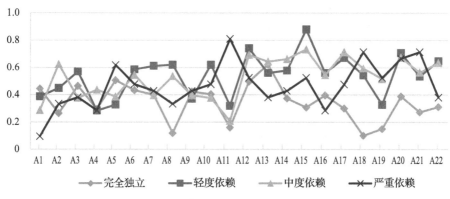

图 5-9　各失能等级生活照料类服务的 SI 系数

在"完全独立"中，应急援助作为唯一具有有效需求层次的服务，SI 系数最高（SI= 0.622）；此外，仅家政清扫（A5）超过 0.5（SI=0.506）。可以看出，"完全独立"的老年人对生活照料类服务的 DI、SI 系数均较低，加之需求层次较低，整体表现为"低层次、低依赖、低期待"的倾向；进一步印证了在自理能力或自我需求满足能力较强情况下，对外部服务的依赖性较低。所以，在生活照料类服务层面，完全独立的老年人并非服务供给的重点甚至优先对象。

"轻度、中度"依赖的满意度系数（SI）普遍较高，并且"轻度依赖"相对较高，反映出两类失能老人对服务具有明显的期待性。在"轻度依赖"中，室内改造的 SI 系数达到 0.879，为各失能等级最高值；紧急呼叫设备、应急维修的 SI 系数超过 0.7；另有 12 项服务超过 0.5。在"中度依赖"中，室外无障碍改造的满意度系数最高（SI= 0.782）；应急援助、服务信息公示均超过 0.6，紧急呼叫设备、应急维修也高于在 0.5。

上述表明，失能老人比完全独立老人具有更高的服务期待性；"轻、中"度依赖的期待性更为突出，反映出"具有一定自理能力"老人的生活照料需求与社区居家服务更为契合，即老人对"延长就地养老"社区服务功能指向更为期待。换言之，老人在具有自理能力时，需求溢出效应不明显，对获取外部服务的动机不足。"严重依赖"老人由于缺乏自我满足能力，对生活类服务的需求溢出明显，对服务重要性的主观判断较高。与之相比，尽管"轻度、中度"失能老人的依赖性相对较低，但却表现出较高的期待性特征；其重要原因在于，"中、轻度"依赖老人的预期目标更加侧重于"借助"外部辅助性服务实现自我需求满足，不同于"严重失能"老人寻求外部服务对自我满足的"完全替代"；并且轻度依赖老人获取"辅助性"的动机更为明显。

（三）基于失能等级生活照料类服务需求的优先满足内容选择

综上分析，在服务优先满足策略上，应优先、着重对失能老人给予倾斜；在此基础上，应对不同失能群体的需求侧重予以区分。因此，根据需求层次划分、不满意度系数（DI），并结合 SI 系数进行服务的优先安排（见表 5–8）。结果表明，较高需求层次的服务数量随失能等级的提高而增加，并反映出优先满足序列中的服务需求层次下沉现象。

表 5–8　各失能等级生活照料类服务的优先满足内容

	层次	优先满足内容（依次）
轻度依赖	M	应急援助、应急维修、家政清扫、
	O	室外改造、衣物清洗、送餐配餐
	A	呼叫设备、安全指导、信息公示、服务热线、日间机构、代办代缴、上门照料、室内改造、服务中介、定期探访
中度依赖	O	室外改造、应急援助、信息公示、呼叫设备、应急维修
	A	衣物清洗、服务热线、室内改造、上门做饭、安全指导、服务中介、定期探访
严重依赖	M	室外改造、上门做饭、应急援助、应急维修、呼叫设备、服务信息、上门照料、室内改造、安全指导、衣物清洗
	O	服务热线、短期托养、家政清扫
	A	定期探访、出行陪护

二、不同失能等级群体的医疗保健类服务需求层次

各失能等级的医疗保健服务需求层次划分显示（见表 5–9），各项服务均在特定群体中归于有效需求层次，且各群体存在不同的需求倾向。其中，部分服

务的有效需求层次较为集中，如定期体检、签约医生、配药送药等，并且配药送药在各失能等级中的划分结果一致。同时，各失能等级之间"梯次性"层次差异并不普遍，仅个别服务较为明显，如康复指导、手术后康复、临终关怀等。

表 5-9　各失能等级老年人医疗保健类服务需求层次（N=839）

项目	失能等级	层次	DI	SI	项目	失能等级	层次	DI	SI
B1 用药指导	完全独立	I	0.271	0.606	B11 陪同就医	完全独立	I	0.085	0.136
	轻度依赖	A_2	0.328	0.526		轻度依赖	A_2	0.259	0.655
	中度依赖	I	0.238	0.515		中度依赖	O	0.465	0.564
	严重依赖	A_2	0.286	0.571		严重依赖	O	0.571	0.571
B2 康复指导	完全独立	I	0.023	0.120	B12 专业义诊	完全独立	A_2	0.356	0.576
	轻度依赖	I	0.147	0.379		轻度依赖	I	0.466	0.526
	中度依赖	A_2	0.248	0.782		中度依赖	O	0.525	0.564
	严重依赖	M_1	0.810	0.571		严重依赖	M_1	0.762	0.571
B3 健康教育	完全独立	I	0.576	0.647	B13 协助转诊	完全独立	I	0.062	0.131
	轻度依赖	A_2	0.405	0.595		轻度依赖	A_2	0.250	0.569
	中度依赖	A_2	0.347	0.653		中度依赖	I	0.228	0.475
	严重依赖	O	0.619	0.524		严重依赖	M_1	0.476	0.476
B4 定期体检	完全独立	O	0.478	0.636	B14 家庭病床	完全独立	I	0.038	0.309
	轻度依赖	O	0.621	0.664		轻度依赖	O	0.431	0.724
	中度依赖	A_3	0.426	0.683		中度依赖	A_2	0.188	0.485
	严重依赖	M_1	0.667	0.286		严重依赖	M_1	1.000	0.238
B5 疾病预防	完全独立	A_3	0.393	0.735	B15 签约医生	完全独立	A_2	0.220	0.629
	轻度依赖	O	0.517	0.664		轻度依赖	M_1	0.491	0.560
	中度依赖	A_3	0.257	0.683		中度依赖	A_2	0.307	0.703
	严重依赖	I	0.476	0.429		严重依赖	M_1	1.000	0.286
B6 健康档案	完全独立	A_3	0.213	0.536	B16 配药送药	完全独立	O	0.531	0.537
	轻度依赖	O	0.397	0.509		轻度依赖	O	0.517	0.724
	中度依赖	I	0.178	0.475		中度依赖	O	0.624	0.713
	严重依赖	I	0.238	0.429		严重依赖	O	0.762	0.762

续表

项目	失能等级	层次	DI	SI	项目	失能等级	层次	DI	SI
B7 慢性病维护	完全独立	I	0.481	0.517	B17 上门看病	完全独立	I	0.083	0.348
	轻度依赖	M_1	0.552	0.284		轻度依赖	A_2	0.362	0.776
	中度依赖	A_3	0.327	0.653		中度依赖	O	0.554	0.713
	严重依赖	O	0.429	0.714		严重依赖	M_1	1.000	0.048
B8 手术后康复	完全独立	I	0.020	0.156	B18 远程医疗	完全独立	I	0.022	0.138
	轻度依赖	I	0.069	0.259		轻度依赖	A_2	0.121	0.595
	中度依赖	A_2	0.208	0.743		中度依赖	I	0.079	0.327
	严重依赖	M_1	0.810	0.524		严重依赖	A_3	0.095	0.619
B9 卧床护理	完全独立	I	0.037	0.082	B19 器具租赁	完全独立	I	0.022	0.042
	轻度依赖	I	0.034	0.086		轻度依赖	I	0.078	0.397
	中度依赖	I	0.446	0.505		中度依赖	A_2	0.267	0.584
	严重依赖	A_2	0.190	0.619		严重依赖	M_1	0.905	0.429
B10 社区医疗	完全独立	M_1	0.539	0.241	B20 临终关怀	完全独立	I	0.015	0.120
	轻度依赖	O	0.629	0.388		轻度依赖	I	0.034	0.121
	中度依赖	O	0.624	0.614		中度依赖	I	0.069	0.257
	严重依赖	M_1	0.810	0.095		严重依赖	A_2	0.048	0.476

（一）各失能等级医疗保健类服务需求层次划分

"完全独立"中的有效需求层次数量较少。其中，包括1项必备要素（M），即社区医疗；一维要素（O）包括定期体检、配药送药2项服务；魅力要素有4项服务，其中疾病预防、健康档案为魅力要素（A_3），专业义诊和签约医生为魅力要素（A_2）。在服务构成上，"完全独立"老人更多地体现出"非具体"医疗服务需求特征。

"轻度依赖"中共划分出2项必备要素（M），即签约医生、慢性病维护；一维要素（O）有6项服务，包括定期体检、疾病预防、健康档案、社区医疗、家庭病床和配药送药；同时，魅力要素为6项服务，即用药指导、健康教育、陪同就医、协助转诊、上门看病和远程医疗，且均为魅力要素（A_2），反映出魅力要素较多但层次较低的现象。在服务构成上，特别是必备、一维要素，体现出轻度依赖老人对健康维护的需求倾向；魅力要素是在围绕"日常健康维护"基础上对服务功能丰富性、获取便利性等方面的需求外延扩展。

与生活照料相似，"中度依赖"的医疗服务并未划分出必备要素。其中，共有5项一维要素（O），即社区医疗、陪同就医、专业义诊、配药送药、上门看病；魅力要素有9项服务，包括3项魅力要素（A_3）服务（定期体检、疾病预防、慢性病维护）和6项魅力要素（A_2）服务（康复指导、健康教育、手术后康复、家庭病床、签约医生、器具租赁）。尽管"中度依赖"老人的自理能力存在一定程度的丧失，但在较高层次的服务构成中（一维要素），仍以辅助性服务功能需求为主；即便在较高层次的魅力要素（A_3）中，也表现出对身体健康监控与维护的注重。然而，在低层次魅力要素（A_2）中，开始涉及了部分康复性、治疗性以及行动辅助性的服务。

"严重依赖"的有效需求层次服务最多，且需求层次普遍较高，包括10项必备要素、4项一维要素和4项魅力要素。其中，必备要素（M）包括康复指导、定期体检、手术后康复、社区医疗、专业义诊、协助转诊、家庭病床、签约医生、上门看病和器具租赁；一维要素（O）为健康教育、慢性病维护、陪同就医、配药送药；在魅力要素中，远程医疗归于魅力要素（A_3），用药指导、卧床护理、临终关怀均为魅力要素（A_2）。由此可见，与其他失能等级相比，部分服务的需求层次及需求特征存在较大变化：①必备要素体现出对康复性、治疗性和日常健康监控性的服务需求注重，特别是康复性的需求层次为各失能等级最高，并存在层次下沉的情况；②预防性、维护性或辅助性的服务则归为一维要素，而此类服务在其他失能等级中则具有较高的需求层次；③魅力要素同样体现出围绕"治疗性"服务功能的需求外延扩展，特别是唯一将临终关怀划分为有效层次的群体。可见，随着失能等级的提高，"严重失能"的有效需求层次具有涉及内容多、涵盖范围广、需求层次高的特点，进一步体现出在自我满足能力严重丧失的情况下，老年人对社区医疗层面的依赖性更强、主观重要性判断更高。

（二）各失能等级医疗保健类需求的依赖性与期待性分析

1. 各失能等级医疗保健类服务的 DI 系数

测算结果显示（见表5-9），各失能等级医疗保健类服务的不满意度系数（DI）相对高于生活照料服务，并且各失能等级中均有服务的 DI 系数高于0.5。

如图5-10所示，"严重依赖"的 DI 系数普遍最高，多数服务的 DI 系数也均为各失能等级最高。其中，家庭病床、签约医生、上门看病达到最高值1[①]，说

[①]　通过划分频率得知，上述3项服务在"严重依赖"中均为必备、一维和无关要素，而魅力要素、无关要素的划分频率为0。

明对于"严重依赖"的老年人极为重要且应给予首要满足；同时，医疗器具租赁超过 0.9，康复指导、手术后康复、社区医疗均超过 0.8，专业义诊、配药送药等 5 项服务 DI 系数在 0.57~0.77，也是优先需要满足的服务。此外，在 20 项医疗类服务中，"严重依赖"的 15 项 DI 系数为各失能等级之间最高值。因此，从 DI 系数同样反映出"严重依赖"老人囿于自身健康条件而具有极高的依赖性，理应是优先满足的对象。

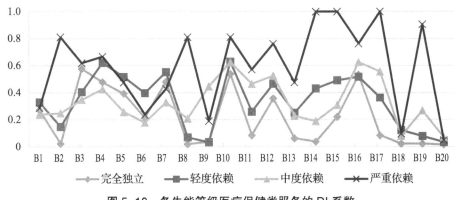

图 5-10　各失能等级医疗保健类服务的 DI 系数

在其他 3 种失能等级之间，DI 系数并未呈现出较为明显递增（或递减）的规律。在"中度失能"中，配药送药和社区医疗的 DI 系数相等且最高（DI= 0.624）；另外仅专业义诊、上门看病超过 0.5；其他有效层次的服务也多在 0.24~0.47，反映出"中度依赖"老年人对医疗类服务的依赖性相对有限。此外，尽管卧床护理的 DI 系数高于其他失能老人，但 DI 系数仅为 0.446 且为无关要素。

然而，除"严重依赖"外，"轻度依赖"中的 DI 系数相对凸出。其中，定期体检、社区医疗的 DI 系数超过 0.6，另有 3 项服务（疾病预防、慢性病维护、配药送药）超过 0.5 的水平，说明"轻度依赖"老人对上述服务依赖性普遍较高，需要优先满足；其他服务 DI 系数相对较低，多数处于 0.25~0.49。在各失能等级之间，"轻度失能"对用药指导、健康档案、慢性病维护、远程医疗的 DI 系数为各失能等级之间最高。

相比而言，"完全独立"的服务不满意度系数（DI）相对较低。仅 3 项服务（健康教育、配药送药、社区医疗）的 DI 系数达到 0.5 的水平，2 项服务（定期体检、慢性病维护）高于 0.4，上述服务均处于社区医疗的上游，即健康预防与维护。因此，"完全独立"的老年人因自身健康水平高，对社区医疗的依赖性有限，所涉及服务也呈现内容范围有限、专业化要求不高的特点，是优先性较弱且相对易于满足的对象群体。

2. 各失能等级医疗保健类服务的 SI 系数

在满意度系数（SI）方面，各失能等级、各项服务之间的差异较大（见图5-11）。其中，"中度依赖"的 SI 系数普遍较高，且变化较为平稳；其他失能等级中各项服务 SI 系数差异明显。

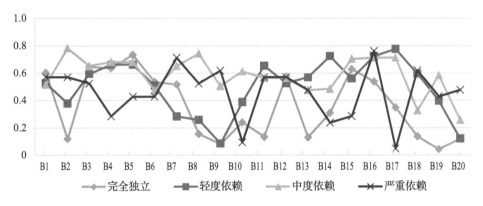

图 5-11　各失能等级医疗保健类服务的 SI 系数

在"严重依赖"中，慢性病维护和配药送药的 SI 系数最高，均达到 0.7 以上；而通过 DI 系数可知，"严重依赖"对配药送药具有"高依赖、高期待"的倾向特征（DI、SI 系数均在 0.7 以上）；同时，卧床护理和远程医疗均在 0.6 以上，另有 6 项服务高于 0.5。此外，"严重依赖"对健康档案、慢性病维护和临终关怀的 SI 系数为各失能等级最高。

"中度依赖"的 SI 系数整体较高，各项服务的 SI 系数也均超过其 DI 系数，表明期待性大于依赖性的情况。从测算结果看，在 20 项医疗类服务中的 15 项服务 SI 系数超过 0.5 的水平。其中，5 项服务（康复指导、手术后康复、签约医生、配药送药、上门看病）的 SI 系数超过 0.7；健康教育、定期体检、疾病预防等 5 项服务超过 0.6，另有 5 项服务在 0.5 以上。此外，"中度依赖"老人对康复指导、手术后康复的 SI 系数为各失能等级最高。

在"轻度医疗"中共有 14 项服务的 SI 系数超过 0.5 的水平。其中，家庭病床、配药送药和上门看病高于 0.7，定期体检和疾病预防在 0.6 以上；卧床护理、临终关怀的 SI 系数最低。

"完全独立"的 SI 系数相对较低，部分服务与其他失能等级差距明显。其中，仅疾病预防的 SI 系数高于 0.7，且为各失能等级中最高值；用药指导、健康教育、定期体检、签约医生超过 0.6，另有 4 项服务在 0.5 以上。但器具租赁的 SI 系数为所有失能等级、所有服务中最低值（SI= 0.042）。

（三）基于失能等级医疗保健类服务需求的优先满足内容选择

综上分析，各"失能等级"存在不同侧重、不同层次的服务需求。从依赖性差异看，应将"严重依赖"老人作为首要满足群体；根据各失能等级中的需求层次，参照相应的 DI 系数与 SI 系数，做出针对性的服务供给序列（见表5-10）。其中，尽管部分服务在需求层次中归属于无关要素（I），但其 DI 系数相对较高，且高于部分有效需求层次的服务，也应将纳入优先满足的服务内容。

表 5-10　各失能等级医疗保健类服务的优先满足内容

	层次	优先满足内容（依次）
严重依赖	M	家庭病床、签约医生、上门看病、器具租赁、康复指导、手术后康复、社区医疗、专业义诊、定期体检、协助转诊
	O	配药送药、健康教育、陪同就医、慢性病维护
	A	用药指导、卧床护理、远程医疗、临终关怀
	I	疾病预防
中度依赖	O	配药送药、社区医疗、上门看病、专业义诊、陪同就医
	A	定期体检、健康教育、慢性病维护、签约医生、器具租赁、疾病预防、康复指导、手术后康复、家庭病床
	I	卧床护理
轻度依赖	M	慢性病维护、签约医生
	O	社区医疗、定期体检、配药送药、疾病预防、家庭病床、健康档案
	A	健康教育、上门看病、用药指导、陪同就医、协助转诊、远程医疗
	I	专业义诊、康复指导
整体层面	M	社区医疗
	O	疾病预防、配药送药、健康教育、定期体检
	A	专业义诊、签约医生、健康档案
	I	慢性病维护

三、不同失能等级群体的精神慰藉类服务需求层次

在整体层面下，精神慰藉类服务整体需求层次较低，但有效需求层次多于生活照料类的情况；可是在各失能等级下，精神类服务的需求层次普遍较低，且各失能等级之间的差异不明显。如表 5-11 所示，仅个别服务在特定失能等级中呈有效需求层次，与年龄段划分相似。

表 5-11 各失能等级老年人精神慰藉类服务需求层次（N=839）

项目	失能等级	层次	DI	SI	项目	失能等级	层次	DI	SI
C1 老年大学	完全独立	A_2	0.271	0.604	C8 组织老年活动	完全独立	I	0.318	0.542
	轻度依赖	I	0.026	0.310		轻度依赖	I	0.336	0.388
	中度依赖	I	0.079	0.366		中度依赖	I	0.168	0.495
	严重依赖	I	0.000	0.000		严重依赖	I	0.238	0.190
C2 老年培训班	完全独立	A_2	0.125	0.604	C9 老年参与	完全独立	I	0.063	0.311
	轻度依赖	I	0.216	0.612		轻度依赖	I	0.009	0.397
	中度依赖	I	0.079	0.366		中度依赖	I	0.000	0.000
	严重依赖	I	0.000	0.000		严重依赖	I	0.000	0.000
C3 读书读报	完全独立	I	0.017	0.060	C10 法律咨询援助	完全独立	I	0.070	0.359
	轻度依赖	I	0.069	0.345		轻度依赖	I	0.241	0.466
	中度依赖	I	0.040	0.198		中度依赖	I	0.129	0.317
	严重依赖	I	0.381	0.333		严重依赖	I	0.095	0.238
C4 陪同聊天	完全独立	I	0.010	0.025	C11 邻里纠纷调解	完全独立	I	0.055	0.178
	轻度依赖	I	0.095	0.457		轻度依赖	I	0.181	0.259
	中度依赖	I	0.040	0.168		中度依赖	I	0.069	0.228
	严重依赖	I	0.238	0.429		严重依赖	I	0.095	0.143
C5 陪同散步	完全独立	I	0.040	0.241	C12 心理咨询疏导	完全独立	I	0.097	0.245
	轻度依赖	I	0.103	0.147		轻度依赖	I	0.069	0.121
	中度依赖	I	0.168	0.287		中度依赖	I	0.069	0.248
	严重依赖	I	0.476	0.381		严重依赖	I	0.048	0.381

续表

项目	失能等级	层次	DI	SI	项目	失能等级	层次	DI	SI
C6 健身设施	完全独立	M_1	0.587	0.502	C13 政策宣传	完全独立	I	0.354	0.348
	轻度依赖	I	0.526	0.362		轻度依赖	O	0.784	0.603
	中度依赖	I	0.257	0.436		中度依赖	M_1	0.792	0.465
	严重依赖	I	0.095	0.333		严重依赖	M_1	1.000	0.143
C7 老年活动室	完全独立	A_3	0.438	0.531					
	轻度依赖	M_1	0.534	0.397					
	中度依赖	I	0.277	0.446					
	严重依赖	I	0.095	0.000					

（一）各失能等级精神慰藉类服务需求层次划分

在较为有限的有效需求层次归属中，"完全独立"中的有效层次数量最多。其中，有1项必备要素（M）服务（健身设施）；3项魅力要素（A）中，老年活动室为魅力要素（A_3），老年大学、老年培训班为魅力要素（A_2）。划分结果与低龄老人的划分结果较为相似，反映出低龄、健康老人对精神类服务的需求较为一致，可在服务的优先满足中无差别对待。

在非完全独立状态下，各失能等级中的整体需求层次较低，但对特定服务的需求凸出，并且3种失能等级中均有1项服务呈有效需求层次。"轻度依赖"中，老年活动室归于必备要素（M），可在完全独立中则为魅力要素 A_3，说明此服务对自理能力稍有欠缺的老人更为重要。养老政策宣传在"轻度依赖"中为一维要素（O）；在"中度、严重依赖"则划分为必备要素（M），与高龄老人相似。可以看出，处于"非健康"状态的老人，尽管对精神慰藉类服务的需求层次普遍较低，但对个别服务均存在较高的重要性判断。

（二）各失能等级精神慰藉类需求的依赖性与期待性分析

1. 各失能等级精神慰藉类服务的 DI 系数

不满意系数（DI）显示（见表5–11），各失能等级中多数服务的 DI 系数较低。如图5–12所示，个别服务的 DI 系数在部分失能等级之间的趋势较为一致，如除"严重依赖"之外，健身设施、老年活动室的 DI 系数相对较高；除"完全独立"外，3种失能等级对养老政策宣传的 DI 系数相对最高。另外，多个服务

DI 系数在各失能等级中普遍较低，比如，老年参与的 DI 系数均不足 0.1，在中度、严重依赖中 DI 系数为 0；另外，除"严重依赖"外，陪同性服务（读书读报、陪同聊天）DI 系数均不足 0.1。

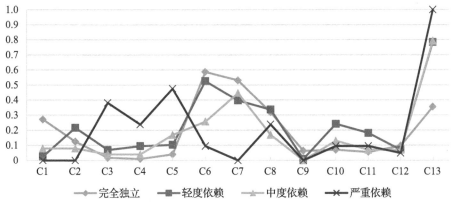

图 5-12　各失能等级精神慰藉类服务的 DI 系数

在各失能等级中：①"严重依赖"需求层次整体较低，12 项服务的不满意度系数（DI）均不足 0.5 的水平，并有 9 项服务不足 0.1，而具有"行动性特征"的服务（老年大学、老年培训班、老年活动室、老年参与）DI 系数为 0。然而，作为唯一层次较高的服务，政策宣传 DI 系数达到最大值（DI=1），表明此项服务极为重要，应优先、充分予以满足。②"中度依赖"除政策宣传 DI 系数较高（DI= 0.792），多数服务处于 0.1~0.25 的水平，7 项服务不足 0.1。③"轻度依赖"共 2 项服务（政策宣传、健身设施）的 DI 系数超过 0.5，且政策宣传 DI 系数最高（DI=0.784）；多数服务的系数区间相对提高至 0.18~0.40 的水平，低于 0.1 的服务减少为 5 项。④"完全独立"并未对特定服务具有明显的重要性判断，仅健身设施和老年活动室超过 0.5，有 7 项服务低于 0.1。

总之，通过不满意度系数（DI）的分析与对比，进一步印证了各失能等级老人对精神慰藉服务需求层次较低的情况。因此，此类服务需求的满足序列相对靠后，仅需要针对特定失能等级提供针对性的服务内容。

2. 各失能等级精神慰藉类服务的 SI 系数

满意度系数（SI）的测算和对比显示（见表 5-11、图 5-13），各失能等级中的 SI 系数也不突出，且低于生活和医疗类服务。结合 DI 系数看，反映出老年人对精神慰藉需求的"低依赖、低期待"特征。整体来看，各等级中仅有 3 项服务的 SI 系数超过 0.6 的水平，且部分服务的最小值为 0。

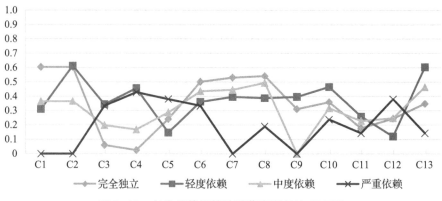

图 5-13 各失能等级精神慰藉类服务的 SI 系数

（1）"严重依赖"的期待性较低，各项服务的 SI 系数均低于 0.5；其中，陪伴型服务的系数水平相对最高，比如陪同聊天、陪同散步。

（2）"中度依赖"的满意度系数（SI）也均低于 0.5；其中，组织老年活动的 SI 系数最高（SI=0.495）。

（3）"轻度依赖"中老年培训班、政策宣传的 SI 系数高于 0.6；尽管其他服务均低于 0.5，但有 6 项服务的 SI 系数为各失能等级的最高值，如老年培训班、陪同聊天、老年参与等，特别是政策宣传明显较高。

（4）"完全独立"的满意度系数（SI）相对较高，共有 5 项服务的 SI 系数达到 0.5 以上；其中，老年大学、老年培训班最高（SI>0.6），并对健身设施、老年活动室、组织老年活动具有较高的期待性（SI>0.5）。

（三）基于失能等级精神慰藉类服务需求的优先满足内容选择

综上分析，各失能等级的整体需求层次普遍较低，精神慰藉类服务重要性、迫切性低，也未呈现较为一致、较为凸出的需求特征，需要依据特定失能等级、特定服务的需求层次划分，结合 DI 以及 SI 系数进行优先满足的安排；并将 DI 较高的无关要素（I）服务纳入优先满足序列中，如表 5-12 所示。

表 5-12 各失能等级精神慰藉类服务的优先满足内容

	层次	优先满足内容（依次）
完全独立	M	健身设施
	A	老年活动室、老年大学、老年培训班
	I	政策宣传、组织老年活动

	层次	优先满足内容（依次）
轻度依赖	M	老年活动室
	O	政策宣传
	I	健身设施
中度依赖	M	政策宣传
严重依赖	M	政策宣传
	I	陪同散步

第三节　不同居住状态群体的服务需求层次分析

在居住状态划分下，本书分为"和子女同住""与非子女同住""空巢"和"独居"4种居住类型；其中，"非子女同住"主要是既定居住状态下，并未与子女一起住，但却与亲友、保姆等一起居住的老人。在调查样本中，"与子女同住"的老年人为388人，占46.246%；"非子女同住"的老年人为38人，占4.529%；"空巢老人"为322人，占38.379%；"独居老人"为91人，占10.846%。由于"非子女同住"的样本数量有限，并且在接受非自身支持上高于空巢、独居老人，为避免较少样本造成的分析误差，因此参照"失能等级"分析中的做法，将其合并至"与子女同住"中，统一为"同住型"居住状态。进而，对"同住""空巢"和"独居"3类老人进行分析，探讨各居住状态下的老年群体需求层次情况，及其优先满足策略安排。

一、不同居住状态群体的生活照料类服务需求层次

生活照料类服务需求层次的划分结果显示（见表5-13），各居住状态下的整体需求层次偏低，多数服务均为无关要素（I），仅应急援助相对较高。

表5-13　各居住状态老年人生活照料类服务需求层次（N=839）

项目	居住	层次	DI	SI	项目	居住	层次	DI	SI
A1 老年餐桌	同住	I	0.315	0.371	A12 紧急呼叫设备	同住	I	0.291	0.462
	空巢	I	0.401	0.469		空巢	O	0.481	0.655
	独居	I	0.352	0.374		独居	O	0.615	0.626

续表

项目	居住	层次	DI	SI	项目	居住	层次	DI	SI
A2 上门做饭	同住	I	0.124	0.31	A13 应急援助	同住	A_2	0.31	0.606
	空巢	I	0.056	0.357		空巢	A_2	0.481	0.646
	独居	I	0.143	0.374		独居	M_1	0.692	0.505
A3 送餐配餐	同住	I	0.15	0.406	A14 应急维修	同住	I	0.366	0.38
	空巢	I	0.205	0.556		空巢	I	0.447	0.457
	独居	I	0.154	0.429		独居	O	0.626	0.637
A4 卫生清洁	同住	I	0.122	0.286	A15 室内改造	同住	I	0.131	0.392
	空巢	I	0.18	0.32		空巢	I	0.161	0.516
	独居	I	0.11	0.385		独居	I	0.176	0.429
A5 家政清扫	同住	I	0.352	0.486	A16 室外无障碍改造	同住	I	0.404	0.423
	空巢	I	0.416	0.472		空巢	I	0.394	0.441
	独居	I	0.308	0.385		独居	M1	0.505	0.462
A6 衣物清洗	同住	I	0.251	0.413	A17 居家安全指导	同住	I	0.164	0.308
	空巢	I	0.335	0.509		空巢	I	0.252	0.494
	独居	A_2	0.33	0.582		独居	A_2	0.264	0.549
A7 日间机构	同住	I	0.218	0.373	A18 定期探访	同住	I	0.035	0.181
	空巢	I	0.36	0.491		空巢	I	0.053	0.245
	独居	I	0.44	0.473		独居	I	0.176	0.473
A8 上门照料	同住	I	0.113	0.232	A19 出行陪护	同住	I	0.035	0.169
	空巢	I	0.112	0.248		空巢	I	0.081	0.258
	独居	I	0.165	0.286		独居	I	0.242	0.407
A9 代购物品	同住	I	0.11	0.378	A20 服务热线	同住	I	0.176	0.43
	空巢	I	0.161	0.469		空巢	A_2	0.217	0.528
	独居	I	0.11	0.374		独居	M_1	0.484	0.484
A10 代办代缴	同住	I	0.164	0.369	A21 服务中介咨询	同住	I	0.108	0.329
	空巢	I	0.211	0.528		空巢	I	0.084	0.348
	独居	I	0.143	0.396		独居	A_2	0.297	0.505
A11 短期托养	同住	I	0.124	0.239	A22 服务信息公示	同住	I	0.315	0.359
	空巢	I	0.149	0.183		空巢	I	0.391	0.441
	独居	I	0.143	0.121		独居	I	0.385	0.429

（一）各居住状态生活照料类服务需求层次划分

在"同住"状态下，除了应急援助归于魅力要素（A_2）之外，其余服务均为无关要素（I）。反映出此类老人的服务需求倾向并不明显、依赖性不强。

在"空巢"状态中，共有 3 项有效层次的服务。其中，紧急呼叫设备安装为一维要素（O）；应急援助、服务热线均为魅力要素（A_2），是超出预期的服务。

相比之下，"独居"状态的有效需求层次较多，且需求层次较高。其中，共划分出 3 项必备要素（M_1）、1 项一维要素（O）和 3 项魅力要素（A）。必备要素包括应急援助、室外无障碍改造、服务热线；一维要素为紧急呼叫设备；在魅力要素中，衣物清洗、日间机构、服务中介咨询均为魅力要素（A_2）。表明在家庭支持不足的情况下，"独居"老人对上述服务的重要性判断相对较高，对服务的依赖性相对较强。

此外，部分服务需求层次在各居住状态之间存在变化。比如，在紧急呼叫设备在"同住""空巢"中为魅力要素，而在"独居"状态中变为必备要素（M_1）；服务热线的需求层次也随家庭支持的差异，呈现由无关要素（I）向魅力要素（A），再向必备要素（M）的层次下沉现象。

（二）各居住状态生活照料类需求的依赖性与期待性分析

1. 各失能等级生活照料类服务的 DI 系数

各居住状态下，生活照料类服务的不满意度系数（DI）整体处于较低水平。图 5-14 显示，"独居、空巢"对部分服务的 DI 系数相对较高；部分服务的 DI 系数趋势呈现一致性的特征。

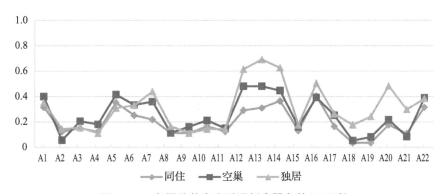

图 5-14　各居住状态生活照料类服务的 DI 系数

"独居状态"中多数服务的 DI 系数普遍较高。其中，紧急呼叫设备、应急援助和应急维修的 DI 系数高于 0.6，说明独居老年人因家庭居住构成特征所造成的安全性保障不足，而对应急服务具有较高的依赖性；同时，室外无障碍改造也高于 0.5；此外，"独居"中共有 10 项服务的 DI 系数为各居住状态的最高值。

"空巢状态"中，部分服务 DI 系数相对较高，但均低于 0.5。其中，紧急呼叫设备、应急援助、应急维修相对较高，但与"独居"存在明显差距。可以看出，由于家庭支持的差别，服务的重要性在下降。同时，在各居住状态之间，"空巢"老人中共有 7 项服务的 DI 值最高，如老年餐桌、家政清扫、代办代缴等。

在"同住状态"下，整体的 DI 水平普遍处于较低水平。其中，室外无障碍改造的系数最高，但仅高于 0.4（DI= 0.404）；13 项服务的 DI 低于 0.2。说明在家庭支持水平较高的情况下，老年人的生活需求在家庭层面得到部分满足或缓冲，对外部服务的依赖性较低。

因此，在对象瞄准上，生活照料类服务应侧重对"非同住"、特别是"独居"老人予以优先满足。在内容瞄准上，各居住状态的需求并不普遍，仅需要针对各居住状态下特定需求给予满足安排。

2. 各居住状态生活照料类服务的 SI 系数

与 DI 系数相比，各居住状态的满意度系数（SI）整体提高，说明对生活类服务的期待性突出；多项服务的 SI 系数高于 0.5，如表 5-13、图 5-15 所示。

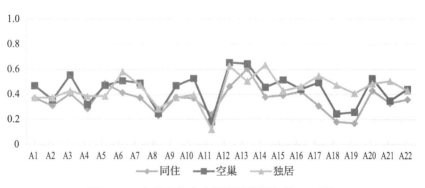

图 5-15　各居住状态生活照料类服务的 SI 系数

首先，在"独居状态"中，紧急呼叫设备、应急维修的 SI 系数高于 0.6，结合 DI 系数，表明 2 项服务需求呈"高依赖、高期待"倾向；另有 5 项服务的 SI 系数高于 0.5。此外，"独居状态"对衣物清洗、应急维修、居家安全指导、

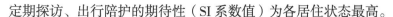

定期探访、出行陪护的期待性（SI 系数值）为各居住状态最高。

其次，在"空巢状态"中，紧急呼叫设备、应急援助的 SI 系数相对最高（SI>0.6）；另有 7 项超过 0.5，如送餐配餐、衣物清洗、代办代缴等，反映出较高的期待性。

最后，在"同住状态"中，仅应急援助的 SI 系数高于 0.5（DI= 0.606），多项服务处于最低水平。结合需求层次划分、不满意度系数（DI），进一步反映了"同住状态"对生活类服务"低依赖、低期待"的需求特征。

（三）基于居住状态生活照料类服务需求的优先满足内容选择

综上分析，在服务供给与满足策略选择上，应着重、优先对独居、空巢老人倾斜。同时，各居住状态的需求侧重也不尽相同，结合需求层次划分、DI 系数以及 SI 系数，进行优先满足内容的选择（见表 5-14），结果显示，优先满足所涉及的服务相对集中且数量有限。

表 5-14　各居住状态生活照料类服务的优先满足内容

	层次	优先满足内容（依次）
独居	M	应急援助、室外改造、服务热线
	O	应急维修、紧急呼叫设备
	A	衣物清洗、服务中介咨询、居家安全指导
空巢	O	紧急呼叫设备
	A	应急援助、服务热线
	I	家政清扫、老年餐桌
同住	A	应急援助
	I	室外改造

二、不同居住状态群体的医疗保健类服务需求层次

相比于生活照料类，各居住状态下的医疗保健类需求层次呈现以下特点：①各居住状态下的有效需求层次数量增加。②各居住状态下，特定服务的层次归属较为一致，如健康教育、陪同就医。③各居住状态间存在近似性，比如用药指导、专业义诊在空巢和独居中均为有效层次需求；社区医疗在同住和空巢之间属于有效层次。④专业义诊呈现随家庭支持减少而层次递增的现象，但疾病预防则呈现递减现象，如表 5-15 所示。

表 5-15　各居住状态老年人医疗服务类服务需求层次（N=839）

项目	居住	层次	DI	SI	项目	居住	层次	DI	SI
B1 用药指导	同住	I	0.258	0.559	B11 陪同就医	同住	M_1	0.843	0.178
	空巢	A_3	0.329	0.606		空巢	M_1	0.804	0.236
	独居	A_2	0.165	0.615		独居	M_1	0.857	0.286
B2 康复指导	同住	I	0.089	0.232	B12 专业义诊	同住	I	0.366	0.538
	空巢	I	0.071	0.230		空巢	A_3	0.398	0.615
	独居	I	0.132	0.374		独居	O	0.582	0.538
B3 健康教育	同住	O	0.528	0.620	B13 协助转诊	同住	I	0.080	0.171
	空巢	O	0.528	0.658		空巢	I	0.127	0.292
	独居	O	0.505	0.648		独居	I	0.264	0.396
B4 定期体检	同住	A_2	0.462	0.648	B14 家庭病床	同住	I	0.106	0.366
	空巢	O	0.553	0.621		空巢	I	0.171	0.444
	独居	A_3	0.451	0.637		独居	I	0.143	0.275
B5 疾病预防	同住	M_1	0.615	0.427	B15 签约医生	同住	A_2	0.268	0.667
	空巢	O	0.615	0.509		空巢	I	0.351	0.571
	独居	A_2	0.473	0.484		独居	A_2	0.154	0.571
B6 健康档案	同住	A_3	0.239	0.540	B16 配药送药	同住	O	0.516	0.589
	空巢	I	0.236	0.512		空巢	O	0.599	0.581
	独居	I	0.209	0.473		独居	O	0.495	0.626
B7 慢性病维护	同住	I	0.479	0.467	B17 上门看病	同住	I	0.110	0.376
	空巢	O	0.484	0.534		空巢	I	0.205	0.466
	独居	I	0.385	0.593		独居	O	0.615	0.681
B8 手术后康复	同住	I	0.068	0.277	B18 远程医疗	同住	I	0.038	0.242
	空巢	I	0.059	0.174		空巢	I	0.043	0.224
	独居	I	0.110	0.396		独居	I	0.077	0.253
B9 卧床护理	同住	I	0.087	0.136	B19 器具租赁	同住	I	0.085	0.160
	空巢	I	0.093	0.134		空巢	I	0.065	0.152
	独居	I	0.088	0.242		独居	I	0.121	0.242
B10 社区医疗	同住	M_1	0.592	0.268	B20 临终关怀	同住	I	0.016	0.101
	空巢	M_1	0.559	0.301		空巢	I	0.016	0.115
	独居	I	0.495	0.473		独居	I	0.099	0.462

（一）各居住状态医疗保健类服务需求层次划分

各居住状态下，"同住状态"中共划分出8项有效需求层次。其中，必备要素（M）有3项，包括疾病预防、社区医疗、陪同就医；一维要素（O）为2项，即健康教育、配药送药；魅力要素中，健康档案为魅力要素（A_3），定期体检、签约医生为魅力要素（A_2）。从内容构成看，"同住"状态并未呈现较为清晰的需求内容特征；但相比于社区基础卫生服务，围绕个人的健康维护服务构成了必备要素之外的主要内容。

"空巢状态"下共有8项有效需求层次。其中，必备要素（M）有2项，即社区医疗、陪同就医；一维要素（O）有3项，即健康教育、定期体检和疾病预防；另外，用药指导、专业义诊均为魅力要素（A_3）。从服务构成看，"空巢状态"下的较高需求层次数量相对增加，并体现为健康预防维护的需求倾向。

"独居状态"下共划分出8个有效需求层次。其中，必备要素（M）有1项（陪同就医）；一维要素（O）有3项（专业义诊、配药送药、上门看病）；3项魅力要素中，定期体检为魅力要素（A_3），用药指导、疾病预防为魅力要素（A_2）。此外，与其他居住状态相比，部分服务的需求层次存在下降，如疾病预防在"同住状态"中为必备要素。

（二）各居住状态医疗保健类需求的依赖性与期待性分析

1. 各居住状态医疗保健类服务的 DI 系数

不满意度系数（DI）测算与比较显示（见表5-15、图5-16），各居住状态下的多数服务 DI 系数差异较不明显，并且系数变化较为一致。

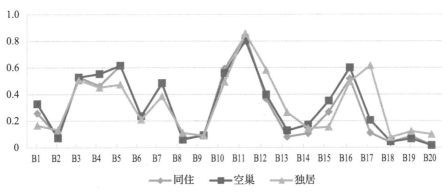

图 5-16　各居住状态医疗保健类服务的 DI 系数

（1）在"独居状态"下，陪同就医 DI 系数最高（DI=0.857），上门看病、专业义诊、健康教育也高于0.5。同时，陪同就医、协助转诊、协助转诊的DI系数值为各居住状态中最高值。

（2）在"空巢状态"下，陪同就医的DI系数同样最高（DI=0.804）；疾病预防、健康教育、定期体检、社区医疗、配药送药也高于0.5。其中，定期体检、疾病预防、配药送药的DI系数值为各居住状态下最高。

（3）在"同住状态"下，陪同就医的DI系数仍为最高（DI= 0.843）；疾病预防、健康教育、定期体检、配药送药也高于0.5。

此外，康复护理服务（康复指导、手术后康复、卧床护理）在各居住状态下的DI系数普遍最低，说明对社区康复的依赖性有限。

2. 各居住状态医疗保健类服务的 SI 系数

满意度系数（SI）测算结果显示（见图5-17），各居住状下的SI系数整体并不突出。同时，多数服务在各居住状态中的SI系数变化趋势较为一致。

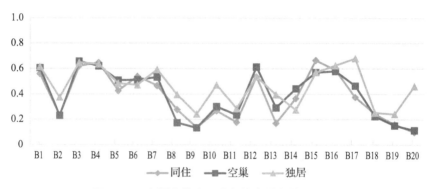

图 5-17　各居住状态医疗保健类服务的 SI 系数

"独居状态"下，共有9项服务的SI系数超过0.5。其中，上门看病系数值最高（SI= 0.681），结合DI值可以看出，"独居老人"对上门看病呈"高依赖、高期待"特征，反映出自我生活照顾的老年人，对获取外出就医协助的期待。同时，用药指导、健康教育、定期体检、配药送药的SI系数高于0.6，慢性病维护、专业义诊、签约医生也均高于0.5，表明独居老人对上述服务具有较高的期待。

"空巢状态"下，健康教育的期待性最为突出（SI= 0.658）；用药指导、定期体检、专业义诊高于0.6，疾病预防、健康档案、慢性病维护、签约医生、配药送药也均高于0.5，反映出空巢老人对上述服务的期待性较为明显。

"同住状态"下，签约医生的系数值最高（SI= 0.667），并在3种居住状态下呈梯次变化的情况，反映出老年人的期待性存在随家庭支持的提高而增加。此外，健康教育、定期体检超过 0.6。

（三）基于居住状态医疗保健类服务需求的优先满足内容选择

综上分析，在服务供给与满足策略选择上，应着重对独居、空巢老人进行倾斜。同时，不同居住状态下需求内容与侧重也不尽相同，应依据层次划分和 DI 系数，对较高层次和重要性程度的服务进行优先满足（见表 5-16）。在需求的优先满足内容上，多数服务在各居住状态之间存在一致性。

表 5-16 各居住状态医疗保健类服务的优先满足内容

	层次	优先满足内容（依次）
独居	M	陪同就医
	O	上门看病、专业义诊、健康教育、配药送药
	A	疾病预防、定期体检、用药指导、签约医生
	I	社区医疗
空巢	M	陪同就医
	O	社区医疗、疾病预防、配药送药、定期体检、健康教育、慢性病维护
	A	专业义诊、用药指导
同住	M	陪同就医、疾病预防、社区医疗
	O	健康教育、配药送药
	A	定期体检、签约医生、健康档案

三、不同居住状态群体的精神慰藉类服务需求层次

精神慰藉类服务需求层次的划分结果显示（见表 5-17），"居住状态"划分与"年龄段"较为接近。其中，呈有效需求层次的服务较为集中；同时，"空巢"和"独居"老人较为接近。此外，老年活动室的需求层次随家庭支持减少而提高。

表 5-17　各居住状态老年人精神慰藉类服务需求层次（N=839）

项目	居住	层次	DI	SI	项目	居住	层次	DI	SI
C1 老年大学	同住	I	0.160	0.448	C8 组织老年活动	同住	I	0.275	0.474
	空巢	A_2	0.255	0.587		空巢	A_2	0.351	0.516
	独居	A_2	0.264	0.615		独居	A_2	0.242	0.626
C2 老年培训班	同住	I	0.061	0.467	C9 老年参与	同住	I	0.035	0.223
	空巢	A_2	0.189	0.671		空巢	I	0.053	0.357
	独居	A_2	0.231	0.615		独居	I	0.077	0.253
C3 读书读报	同住	I	0.023	0.096	C10 法律咨询援助	同住	I	0.070	0.347
	空巢	I	0.019	0.134		空巢	I	0.140	0.404
	独居	I	0.154	0.209		独居	I	0.110	0.319
C4 陪同聊天	同住	I	0.009	0.061	C11 邻里纠纷调解	同住	I	0.049	0.171
	空巢	I	0.019	0.112		空巢	I	0.118	0.248
	独居	I	0.176	0.352		独居	I	0.044	0.110
C5 陪同散步	同住	I	0.042	0.200	C12 心理咨询疏导	同住	I	0.094	0.251
	空巢	I	0.062	0.252		空巢	I	0.031	0.196
	独居	I	0.275	0.363		独居	I	0.264	0.264
C6 健身设施	同住	A_2	0.462	0.477	C13 政策宣传	同住	I	0.439	0.326
	空巢	M_1	0.627	0.488		空巢	M_1	0.500	0.463
	独居	M_1	0.473	0.385		独居	M_1	0.626	0.451
C7 老年活动室	同住	I	0.352	0.458					
	空巢	A_3	0.481	0.497					
	独居	O	0.549	0.604					

（一）各居住状态精神慰藉类服务需求层次划分

在各居住状态下，"同住状态"中仅健身设施被划分为魅力要素（A_2），其余服务均归属于无关要素（I）。

相比之下，"空巢"和"独居"中的有效层次数量相对较多且较为接近。其中，健身设施、政策宣传均为必备要素（M_1），反映出两类老人具有较高的重要性、必要性判断。同时，老年大学、老年培训班、组织老年活动呈魅力要素（A_2）特征。上述 3 项服务反映出精神需求在家庭层面难以满足时，"非同住"

老人对平台化、媒介化服务（包括自我充实平台和社会交往平台）服务较为明显的依赖。另外，"空巢"和"独居"对老年活动室的划分存在差异，"空巢"为魅力要素（A_3），"独居"为一维要素（O），说明独居老人因家庭精神满足能力较低（无配偶陪伴），对老年活动室的依赖性高于"空巢"老人。

（二）各居住状态精神慰藉类需求的依赖性与期待性分析

1. 各居住状态精神慰藉类服务的 DI 系数

测算结果显示（见图 5-18），各"居住状态"下的精神慰藉服务不满意度系数（DI）整体偏低。同时，各居住状态下，部分服务 DI 系数明显较高，如健身设施、老年活动室、组织老年活动、政策宣传较为突出。

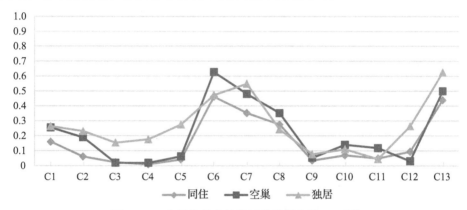

图 5-18　各居住状态精神慰藉类服务的 DI 系数

独居状态下，各项服务 DI 系数均低于 0.5，即依赖性普遍较低。其中，健身设施和政策宣传相对最高，但也仅高于 0.4。

空巢状态下，共有 2 项服务的 DI 系数高于 0.5 的水平。其中，健身设施的系数值最高（DI= 0.627），也是各居住状态下最高值；政策宣传达到 0.5。

独居状态下，2 项服务的 DI 系数高于 0.5。其中，政策宣传系数最高（DI=0.626），且为各居住状态下最高值；老年活动室也高于 0.5（DI= 0.549）。

可以看出，各类居住状态中，具有较高 DI 系数的服务较为集中，但各别服务的 DI 系数水平在不同状态中存在较大变化，相应排序也不尽相同。

2. 各居住状态精神慰藉类服务的 SI 系数

测算结果与比较显示（见图 5-19），在各居住状态下精神慰藉服务的满意度系数（SI）整体高于不满意度系数（DI），说明老年人的期待性相对高于依赖性，特别是老年大学、老年培训班反差明显。这说明，在整体需求层次较低的情况下，针对各居住状态的精神慰藉服务需求满足策略安排中，可以从提高满意度导向，将 SI 系数纳入到综合考量范围内。

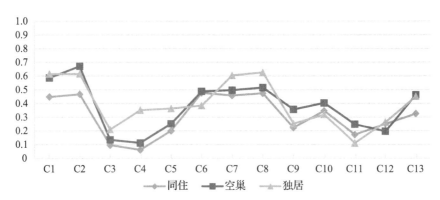

图 5-19　各居住状态精神慰藉类服务的 SI 系数

"同住状态"下各项服务 SI 系数均同样低于 0.5。其中，健身设施的 DI 值和 SI 值均为最高，说明老年人具有相对较高的依赖性和期待性，应优先满足。

"空巢状态"下，整体 SI 系数相对较高，并且部分服务的系数值最高。但是仅 3 项服务的 SI 系数超过 0.5，即老年大学、老年培训班、组织老年活动；其中老年培训班的 SI 值最高（SI= 0.671）。

"独居状态"下，共 4 项服务的 SI 系数超过 0.5，且均达到 0.6 的水平。包括老年大学、老年培训班、老年活动室、组织老年活动，反映期待性较高的特征。

（三）基于居住状态精神慰藉类服务需求的优先满足内容选择

综上分析，根据各居住状态下服务需求内容和侧重点的差异，在精神慰藉服务的供给与满足策略安排上，应以独居和空巢老人为重点；同时，由于需求层次特别是依赖性指标（DI 值）水平普遍较低，可以从提高满意度水平为目标，将 SI 系数的作用强化，以提高社区居家服务对老年人的吸引力，如表 5-18 所示。

表 5-18　各居住状态精神慰藉类服务的优先满足内容

	层次	优先满足内容（依次）
独居	M	政策宣传、健身设施
	O	老年活动室
	A	老年大学、组织老年活动、老年培训班

续表

	层次	优先满足内容（依次）
空巢	M	健身设施、政策宣传
	A	老年活动室、组织老年活动、老年大学、老年培训班
同住	A	健身设施

第四节　不同地区的服务需求层次差异分析

本书的影响因素分析表明，地区因素对老年人的服务需求层次存在普遍且凸出的影响作用。因此，通过对"上海、长沙、开封、银川"梯次性调查地区的老年人需求层次分析与比较，有助于整体审视与把握各地区老年人之间对社区居家养老服务所表现出"依赖性—期待性"差异。如前文所述，4 个地区的选择旨在比较中西部与东部之间、中西部省会之间、中部非省会与中西部省会之间的需求差异。为此，本节将从层次划分、不满意度系数（DI）和满意度（SI）系数 3 个方面进行地区比较；同时，基于各地区的 DI、SI 系数，通过单因素方差分析，进而印证地区差异是否具有统计学的显著性。然而，囿于整体样本量所造成的各老年群体的针性不足，本节对需求层次的划分结果并不适用于对各地区服务提供的指导，而是聚焦于对地区需求差异的比较与审视。

一、不同地区的服务需求层次划分

依据 Kano 模型层次归属频率的划分标准，对各地区整体层面的各项服务需求层次进行划分（见表 5-19）。整体来看，地区间的划分结果存在较大的差别，特别是上海（东部）与中西部地区之间较为明显，表现出东部地区的老年人对社区居家养老服务的重要性判断或依赖性表现较为突出。

从整体层次归属看，首先，地区之间的生活照料类层次差异最为明显，特别是中西部调查地区均为无关要素（I）。就上海而言，多数服务具有较高的需求层次，其中应急援助（A13）、应急维修（A14）和服务信息公示（A22）为必备要素（M_1）；老年餐桌（A1）、家政清扫（A5）、衣物清洗（A6）、日间机构（A7）、紧急呼叫设备（A12）为一维要素（O）；魅力要素（A）包括送餐配餐（A3）、代购物品（A9）和室内改造（A15）。整体表明，上海老人对社区层面的生活照料类服务的需求层次或重要性判断普遍且明显高于其他地区；同时，仅

表 5-19 不同地区的老年人服务需求层次

生活照料

	上海	长沙	开封	银川
A1	O	I	I	I
A2	I	I	I	I
A3	A_3	I	I	I
A4	I	I	I	I
A5	O	I	I	I
A6	O	I	I	I
A7	O	I	I	I
A8	I	I	I	I
A9	A_2	I	I	I
A10	I	I	I	I
A11	I	I	I	I
A12	O	I	I	I
A13	M_1	I	I	I

医疗保健

	上海	长沙	开封	银川
B1	O	I	I	I
B2	I	I	I	I
B3	O	I	O	I
B4	M_1	O	O	O
B5	O	I	O	I
B6	O	I	I	I
B7	M_1	I	O	I
B8	I	I	I	I
B9	I	I	I	I
B10	M_1	I	I	I
B11	I	I	I	I
B12	A_2	O	O	I
B13	I	I	I	I

精神慰藉

	上海	长沙	开封	银川
C1	I	I	I	A_2
C2	A_2	I	I	I
C3	I	I	I	I
C4	I	I	I	I
C5	I	I	I	I
C6	M_1	O	I	O
C7	M_1	I	I	I
C8	I	A_2	I	I
C9	I	I	I	I
C10	I	I	I	I
C11	I	I	I	I
C12	I	I	I	I
C13	M_1	I	I	I

续表

	生活照料					医疗保健					精神慰藉			
	上海	长沙	开封	银川		上海	长沙	开封	银川		上海	长沙	开封	银川
A14	M_1	I	I	I	B14	A_3	I	I	I					
A15	A_2	I	I	I	B15	O	I	A_2	A_2					
A16	I	I	I	I	B16	M_1	O	O	O					
A17	I	I	I	I	B17	I	I	A_2	I					
A18	I	I	I	I	B18	I	I	I	I					
A19	I	I	I	I	B19	I	I	I	I					
A20	I	I	I	I	B20	I	I	I	I					
A21	I	I	I	I										
A22	M_1	I	I	I										

从层次划分结果看，中西部 3 个地区之间差异不明显，并有待进一步分析。

其次，地区之间的医疗保健类服务划分结果呈现出以下 3 个特点。①各地区均有较高需求层次的服务，说明对于医疗类服务具有普遍的需求。②上海的需求层次仍高于其他地区，尽管差别变小。其中，用药指导（B1）、健康档案（B6）、社区医疗（B10）、家庭病床（B14）仅在上海归于有效需求层次；而上海的配药送药（B16）归于必备要素（M），中西部则为（O）。③中部非省会城市（开封）的需求层次相对高于中、西部省会城市（长沙、银川）。比如，除上海之外，健康教育（B3）、疾病预防（B5）、慢性病维护（B7）、上门看病（B17）仅在开封归于有效需求层次。表明与省会城市相比，非省会城市老年人对社区居家医疗服务的重要性判断较高。此外，中、西部省会城市之间的层次差别较小。

最后，在精神慰藉类服务上，仍存在东部明显高于其他地区的情况，但中、西部省会城市略高于中部非省会城市。其中，健身设施（C6）、政策宣传（C7）、老年活动室（C13）在上海的需求层次最高，均为必备要素（M_1）；中、西部省会城市之间的差异较小，即长沙、银川均包含 1 项一维要素和 1 项魅力要素，且一维要素均为"健身设施"。相比，开封均为无关要素（I）。

综上可见，地区之间的需求层次划分结果差异明显，表明东、中、西部老年人对服务重要性判断存在差异。其中，上海普遍高于其他地区，生活照料、精神慰藉类更为明显。同时，医疗服务整体需求层次较高，但存在开封略高于长沙、银川的情况；而长沙、银川的精神慰藉类需求略高于开封。此外，长沙、银川的差异不太明显。然而，仅依据单一的层次划分，可能造成对需求层次低估的情况。为此，需要从服务不满意度（DI）和满意度系数（SI）测算，以量化方式进行更为明晰地对比。

二、不同地区的服务需求依赖性差异

从本书的分析角度，不满意度系数（DI）旨在呈现服务的重要性程度，进而表明老年人在"需要"层面所反映出的"依赖性"情况。从 DI 系数测算结果看（见表 5-20），各地区整体的服务 DI 系数值相对较小，多数服务不足 0.5；说明各地区在整体层面对各类服务的依赖性相对有限。

如图 5-20 所示，地区间的 DI 系数差异更为明显，即地区之间的"依赖性"差异较大。其中，上海的服务 DI 系数普遍、明显高于其他地区，且多数服务的

表5-20　不同地区的服务不满意度系数（DI）

	生活照料 DI				医疗保健 DI				精神慰藉 DI			
	上海	长沙	开封	银川		上海	长沙	开封	银川		上海	长沙	开封	银川
A1	0.687	0.182	0.209	0.234	B1	0.528	0.147	0.201	0.167	C1	0.389	0.152	0.119	0.113
A2	0.044	0.130	0.157	0.099	B2	0.067	0.074	0.172	0.072	C2	0.147	0.130	0.127	0.108
A3	0.230	0.130	0.104	0.189	B3	0.782	0.390	0.470	0.410	C3	0.052	0.026	0.060	0.014
A4	0.262	0.061	0.134	0.099	B4	0.754	0.385	0.351	0.405	C4	0.060	0.026	0.022	0.009
A5	0.754	0.199	0.231	0.203	B5	0.929	0.416	0.493	0.482	C5	0.111	0.043	0.119	0.041
A6	0.639	0.147	0.157	0.131	B6	0.369	0.190	0.224	0.135	C6	0.587	0.532	0.433	0.509
A7	0.591	0.152	0.209	0.167	B7	0.825	0.277	0.418	0.302	C7	0.591	0.355	0.366	0.338
A8	0.123	0.121	0.179	0.072	B8	0.040	0.069	0.127	0.068	C8	0.401	0.273	0.261	0.239
A9	0.274	0.056	0.104	0.063	B9	0.032	0.065	0.119	0.063	C9	0.036	0.065	0.052	0.036
A10	0.325	0.095	0.149	0.122	B10	0.254	0.307	0.276	0.270	C10	0.147	0.074	0.119	0.068
A11	0.306	0.030	0.007	0.018	B11	0.123	0.165	0.179	0.212	C11	0.075	0.035	0.157	0.068
A12	0.607	0.312	0.336	0.293	B12	0.194	0.532	0.455	0.468	C12	0.143	0.061	0.119	0.036
A13	0.726	0.290	0.351	0.239	B13	0.095	0.091	0.224	0.108	C13	0.869	0.303	0.403	0.279

续表

	生活照料 DI					医疗保健 DI				精神慰藉 DI			
	上海	长沙	开封	银川		上海	长沙	开封	银川	上海	长沙	开封	银川
A14	0.849	0.190	0.373	0.221	B14	0.242	0.056	0.187	0.063				
A15	0.171	0.126	0.157	0.140	B15	0.683	0.108	0.142	0.113				
A16	0.448	0.390	0.485	0.347	B16	0.591	0.558	0.545	0.482				
A17	0.389	0.152	0.164	0.090	B17	0.194	0.190	0.269	0.180				
A18	0.052	0.065	0.097	0.032	B18	0.056	0.030	0.082	0.023				
A19	0.060	0.087	0.112	0.059	B19	0.063	0.069	0.134	0.081				
A20	0.349	0.173	0.231	0.135	B20	0.004	0.035	0.052	0.023				
A21	0.127	0.108	0.172	0.090									
A22	0.504	0.316	0.343	0.221									

DI 系数为地区之间最高值；进一步印证了上海老年人对社区居家服务的"依赖性"较高。相比之下，长沙、开封和银川的 DI 系数相对接近、存在重叠，并且多数服务的 DI 系数值在 0.5 以下甚至低于 0.3，表明老年人的依赖性相对较低。

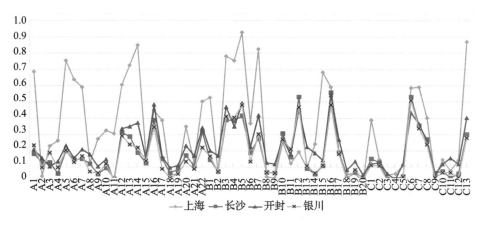

图 5-20　各地区服务需求的 DI 系数

为印证地区之间的"依赖性"差异是否具有统计学意义，特别是中、西部地区的差异，基于不同地区的各项服务 DI 系数值，采用最小显著差的方法（Least Significant Difference，LSD）进行方差分析。经检验，各城市之间的差异具有显著性（F=11.044，p=0.000<0.01）。结果显示（见表 5-21），各城市的服务不满意度系数（DI）之间，上海均显著高于其他地区；中、西部 3 个城市之间的 DI 系数差异不具显著性。

表 5-21　不同地区不满意度系数（DI）的 LSD 多重比较

（I）地区		均值差（I-J）	标准误	显著性	95% 置信区间	
					下限	上限
上海	长沙	0.167436*	0.034631	0.000	0.0992	0.2357
	开封	0.127491*	0.034631	0.000	0.0592	0.1957
	银川	0.176382*	0.034631	0.000	0.1081	0.2446
长沙	上海	−0.167436*	0.034631	0.000	−0.2357	−0.0992
	开封	−0.039945	0.034631	0.250	−0.1082	0.0283
	银川	0.008945	0.034631	0.796	−0.0593	0.0772

续表

（I）地区		均值差（I–J）	标准误	显著性	95% 置信区间	
					下限	上限
开封	上海	−0.127491*	0.034631	0.000	−0.1957	−0.0592
	长沙	0.039945	0.034631	0.250	−0.0283	0.1082
	银川	0.048891	0.034631	0.159	−0.0194	0.1171
银川	上海	−0.176382*	0.034631	0.000	−0.2446	−0.1081
	长沙	−0.008945	0.034631	0.796	−0.0772	0.0593
	开封	−0.048891	0.034631	0.159	−0.1171	0.0194

注：均值差的显著性水平为 0.05。

因此，在依赖性方面，上海老年人对社区居家所表现出的依赖性整体较高，且明显高于其他城市；中、西部 3 个城市的依赖性有限，说明并未形成对社区居家的惯性依赖，且 3 个城市之间的"依赖性"并不存在显著差别。

三、不同地区的服务需求期待性差异

从内涵而言，满意度系数（SI）旨在呈现老年人在"想要"层面，对社区居家服务的"期待性"倾向。从测算结果看（见表 5–22），各地区 SI 系数普遍高于 DI 值，表明各地老人对社区居家服务的需求整体呈"期待性"高于"依赖性"的特征。从 SI 系数值分布看，各地区的 SI 系数多处于 0.3~0.6 的水平，说明老年人的"期待性"相对较低。

与 DI 系数相比，地区之间的 SI 系数差异不太明显，部分服务的 SI 值较为近似（见图 5–21）。然而，上海的多项服务 SI 系数最高，且开封相对较高；而长沙、银川之间的差异不太明显。可是，通过各地区 SI 系数整体均值比较，开封老年人（0.439 ± 0.138）所表现出的"期待性"相对高于上海（0.423 ± 0.216）；长沙（0.346 ± 0.158）、银川（0.351 ± 0.147）之间较为接近。

基于各地区 SI 系数值，同样采用 LSD 方差多重比较，以印证地区之间的服务"期待性"差异是否显著。经检验，各城市之间的差异具有显著性（F=4.488，p=0.004<0.01）。结果显示（见表 5–23），上海、开封之间差异并不显著，但均显著高于其他 2 城市；长沙、银川之间的差异不显著。

表5-22　不同地区的服务满意度系数（SI）

	生活照料					医疗保健					精神慰藉			
	上海	长沙	开封	银川		上海	长沙	开封	银川		上海	长沙	开封	银川
A1	0.623	0.255	0.351	0.360	B1	0.738	0.433	0.597	0.554	C1	0.433	0.506	0.567	0.604
A2	0.516	0.242	0.328	0.230	B2	0.119	0.212	0.485	0.284	C2	0.587	0.506	0.552	0.595
A3	0.754	0.359	0.351	0.320	B3	0.766	0.563	0.687	0.541	C3	0.135	0.078	0.224	0.095
A4	0.127	0.359	0.410	0.405	B4	0.508	0.710	0.701	0.667	C4	0.190	0.061	0.112	0.077
A5	0.687	0.372	0.425	0.351	B5	0.460	0.424	0.515	0.482	C5	0.405	0.095	0.321	0.144
A6	0.675	0.351	0.440	0.374	B6	0.770	0.398	0.567	0.342	C6	0.333	0.580	0.500	0.495
A7	0.524	0.312	0.418	0.450	B7	0.405	0.511	0.642	0.536	C7	0.456	0.485	0.552	0.491
A8	0.278	0.221	0.336	0.176	B8	0.218	0.169	0.418	0.270	C8	0.524	0.511	0.515	0.477
A9	0.615	0.281	0.336	0.365	B9	0.048	0.177	0.254	0.162	C9	0.321	0.277	0.261	0.239
A10	0.599	0.316	0.388	0.392	B10	0.155	0.329	0.470	0.342	C10	0.425	0.351	0.403	0.293
A11	0.425	0.134	0.104	0.090	B11	0.254	0.242	0.306	0.297	C11	0.194	0.130	0.343	0.171
A12	0.544	0.589	0.627	0.486	B12	0.694	0.519	0.575	0.468	C12	0.222	0.208	0.381	0.176

续表

	生活照料					医疗保健					精神慰藉			
	上海	长沙	开封	银川		上海	长沙	开封	银川		上海	长沙	开封	银川
A13	0.714	0.606	0.604	0.500	B13	0.171	0.199	0.373	0.288	C13	0.290	0.446	0.507	0.383
A14	0.337	0.468	0.582	0.432	B14	0.774	0.130	0.373	0.221					
A15	0.591	0.377	0.448	0.342	B15	0.766	0.537	0.597	0.554					
A16	0.448	0.446	0.440	0.401	B16	0.472	0.654	0.694	0.595					
A17	0.552	0.307	0.448	0.315	B17	0.401	0.420	0.582	0.432					
A18	0.214	0.229	0.276	0.248	B18	0.190	0.190	0.433	0.216					
A19	0.107	0.303	0.336	0.225	B19	0.147	0.177	0.231	0.135					
A20	0.599	0.411	0.463	0.401	B20	0.036	0.152	0.313	0.162					
A21	0.298	0.355	0.500	0.333										
A22	0.425	0.377	0.478	0.342										

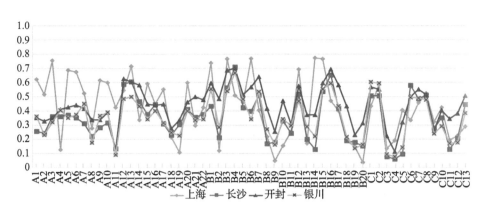

图 5-21　各地区服务需求的 SI 系数

表 5-23　不同地区满意度系数（SI）的 LSD 多重比较

（I）地区		均值差（I-J）	标准误	显著性	95% 置信区间	
					下限	上限
上海	长沙	0.076527*	0.031944	0.017	0.0136	0.1395
	开封	−0.016018	0.031944	0.617	−0.0790	0.0469
	银川	0.071509*	0.031944	0.026	0.0085	0.1345
长沙	上海	−0.076527*	0.031944	0.017	−0.1395	−0.0136
	开封	−0.092545*	0.031944	0.004	−0.1555	−0.0296
	银川	−0.005018	0.031944	0.875	−0.0680	0.0579
开封	上海	0.016018	0.031944	0.617	−0.0469	0.0790
	长沙	0.092545*	0.031944	0.004	0.0296	0.1555
	银川	0.087527*	0.031944	0.007	0.0246	0.1505
银川	上海	−0.071509*	0.031944	0.026	−0.1345	−0.0085
	长沙	0.005018	0.031944	0.875	−0.0579	0.0680
	开封	−0.087527*	0.031944	0.007	−0.1505	−0.0246

注：均值差的显著性水平为 0.05。

　　可见，在各城市的满意度系数（SI）差异较 DI 系数存在明显差别，特别是中部非省会城市老年人对社区居家服务的"期待性"高于中、西部省会城市，且与东部（上海）接近。

　　综合本节分析，在地区之间对社区居家养老服务的需求差异上，呈现以下特征：①整体反映出老年人对服务的"期待性"大于"依赖性"特征；②各地老年人对社区居家的需求整体不高，即 DI 系数和 SI 系数水平均相对不高。③地区之间在老年人的服务"依赖性"上存在显著差异，但仅表现为上海显著高于其他地区；而中、西部 3 个城市差异并不显著。④地区之间在老年人的服务"期待性"上差异显著，上海、开封显著高于长沙、银川；同时，出现了中部非省会城市高于中、西部省会城市的差异。就地区"期待性"差异而言，仅以区域经济社会发展水平衡量，则无法理解上海和开封之间相近的情况。然而，在实地调研了解基础上，结合地区间依赖性（DI 系数）差异，并将社区居家养老服务置于整体社会福利资源框架内，本书认为除个人、家庭因素外，地区"依赖性""期待性"差异存在"服务接受习惯性"和"社会福利资源的替代性"两种截然不同的原因。

（1）在"依赖性"差异上，主要源于社区居家养老服务发展水平差异，导致了老年人社区居家养老的服务"接受习惯"差异。从实践角度看，上海由于较早步入老龄化，养老问题所引发的社会重视使得养老服务发展起步较早，现有服务体系或服务水平相对较高。如表 5-24 所示，上海依托高效且强有力的基层社区，形成了服务内容较全、覆盖对象较广的社区居家服务运行体系。在此基础上，老年人对社区居家养老服务在认知、接触、接受和利用等方面相对高于其他 3 个地区，并形成了较为突出的服务"习惯"，进而"依赖性"也相对较高。从调查中了解到，长沙、开封和银川因社区居家发展相对不足，家庭养老也并未形成通过社区居家实现需求满足的"路径依赖"，老年人及其家庭进而会做出其他适应性的策略选择。

表 5-24　2017 年上海社区养老服务发展情况 [①]

服务类别	服务内容	涉及范围
养老服务	长者照护之家	73 家；床位 2184 张
	日照机构	488 家；月均服务 2.03 万人
	助餐点	633 家；月均服务 7.60 万人
	社区服务组织	289 个；补贴 12.66 万人
	综合为老中心	32 家
	标准化活动室	5542 个；日均服务 26.00 万人
	社区睦邻点	3052 个

[①]　上海市老龄科学研究中心 . 2016 年上海市老年人口和老龄事业监测统计信息［EB/OL］. http：//www. shrca.org.cn/5779.html.

续表

服务类别	服务内容	涉及范围
老年医疗	家庭病床	5.19 万（张）
	健康管理	212.50 万人（65 岁以上）
	医养结合	签约医疗机构 367 家
老年大学	市级	4 所；学员 2.90 万人
	区级	66 所；学员 12.12 万人
	街道（乡镇）级	221 所；学员 24.16 万人
	居、村委教学点	5372 所；学员 38.61 万人
	远程教学点	5651 个；学员 60.16 万人
老年维权	法律援助	867 件
	老年信访	4.37 万人次
老年社团	学术组织	街道（乡镇）级 49 个
	老年协会	街道（乡镇）级 178 个，居（村）委级 2031 个
	体育团队	442 个；54.30 万人参加
	文艺团队	1.50 万个；33.46 万人参加
	老年志愿团队	8895 个；33.26 万人参加
	老年基金会	净资产 3.70 亿元，累计总支出 1.30 亿元

资料来源：上海市老龄科学研究中心. 2016 年上海市老年人口和老龄事业监测统计信息［EB/OL］. http：//www.shrca.org.cn/5779.html.

（2）在"期待性"差异上，又存在社会服务资源对社区居家作用的替代效应。其中，上海老年人的"期待性"较高，源于服务认知较高所产生了较为明确的需求"期望"，这也与魅力质量理论关于认知水平与期望表达之间的关系理解相符。而在中部（非省会）的开封，老年人"期待性"倾向显著高于中部（省会）和西部（省会），体现社会服务资源整体水平差异下，非省会城市的老年人在可获得资源有限、获取渠道较窄①，进而更为期望在社区层面实现需求的满足；中、西部省会城市因社会服务资源整体较高，老年人获取服务的渠道较广，比如省会城市获取医疗服务（省级、重点医院）的可及性优势，进而产生

---

① 杨琨. 老年人的福利需要及其影响因素研究——基于适度普惠老年人福利数据库的分析［J］. 西北人口，2017，38（2）：61-68.

了社会服务资源对社区服务功能的替代效应。相比之下，中西部省会城市之间的"依赖性""期待性"差异均不显著。

第五节　老年人群体需求层次差异的分析结果

本章基于对年龄段、失能等级、居住状态的区分，分析了各群体的服务需求层次差异，并针对各群体需求探讨了相应的服务优先满足内容。同时，也对地区之间的依赖性、期待性差异进行了分析。

分析显示，与整体样本的结果相比，群体层面的需求层次较为凸显。与需求"溢出"的线性分析结果相一致，在各年龄段、失能等级、居住状态中呈现一定的相似性，即多数服务需求层次呈现各群体等级下的"梯次性"差异；同时，在各项服务的依赖性和期待性上，各群体间也存在差异。

（1）在各年龄段划分上，群体之间的需求层次差异较为明显。①生活照料类中各年龄段需求普遍较低，但集中表现为高龄老人相对较高的需求层次，且依赖性、期待性也相对突出，特别是对应急安全类服务需求最为迫切。②在医疗保健类中，各群体需求层次普遍较高；相比而言，高龄老人中涉及较高需求层次的服务数量相对较多，依赖性也较为凸出，而各群体的期待性差异相对较小；各年龄段的优先满足内容较为接近，特别是在基础性医疗功能基础上，对预防维护型服务的诉求明显。③在精神慰藉类中，各群体需求层次普遍很低，呈现明显的期待性倾向；低龄、中龄群体的需求层次相对较高，特别对能动性导向的自我满足型服务需求最为突出。

（2）在各失能等级划分上，需求层次划分效果最为明显。①在生活照料类中，非完全独立的老年人对安全类服务均呈现较高的需求层次，比如应急服务、定期探访、安全指导等；同时，严重失能老人需求层次、依赖性相对突出，需求优先满足的服务内容也相对较多；相反，各失能群体的期待性相对接近。②在医疗保健类中，需求层次也普遍较高；其中，严重失能相对最高，且依赖性尤为突出；整体来看，各失能等级均对医疗类呈现"高依赖、高期待"的需求倾向；而在相应的优先满足内容中，群体之间又存在着层次下沉的现象，即特定服务的需求层次在严重失能中很高，但随着失能等级下降而优先性减弱。③在精神慰藉类中，各失能等级需求层次同样普遍很低，但对养老政策宣传服务的依赖性普遍突出；健康、轻度失能的需求相对较高；在优先满足内容中，各失能等级所应满足的服务数量随着失能等级的提高而减少。

（3）在各居住状态划分上，群体之间的需求层次划分效果不太突出，反映出"居住状态"并非是老年人依赖性、期待性产生的关键原因。其中，空巢、独居之间相对接近。①生活照料类需求层次普遍较低，依赖性、期待性也较为有限；其中，独居老人对应急类、信息类服务的依赖性相对突出；优先满足的需求层次也在"独居—同住"等级之间梯次下降。②医疗保健类服务需求普遍突出，但在各居住状态等级之间的梯次性并不明显；从依赖性与期待性看，各居住状态之间均较为接近。③精神慰藉类集中反映出空巢、独居群体的服务诉求，同住状态的有效需求层次不足；其中，空巢、独居的层次划分结果较为相似，集中体现对社会交往服务的诉求，如组织老年活动、老年教育、建设设施、活动室等，两者的依赖性、期待性相对较高且较为接近。

（4）在地区划分上，本章主要探讨了地区之间服务需求的差异表现。①在"依赖性"上，主要反映出上海（东部）老年人最高，并与其他3个地市存在显著、较大的差异；而长沙（中部省会）、开封（中部非省会）、银川（西部省会）之间不存在显著的"依赖性"差异。②地区之间的"期待性"差异存在变化，特别是中部非省会与中部、西部省会之间呈现明显差异。具体而言，上海、开封老年人的服务期待性十分接近，且均显著高于长沙、银川；长沙、银川间仍不具有显著差异。就此而言，以单一的经济社会发展因素难以对"依赖性"、"期待性"的差异结果作出较为充分与合理的解释。为此，本书结合实地调查，提出了"服务接受习惯性""社会服务资源对社区居家的替代性"两种理解进路。一方面，在"依赖性"差异上，上海因社区居家发展较早且较为完善，老年人对服务的认知、接触与体验较为充分，形成了一定的服务接受习惯，进而产生了需求满足路径的依赖；而其他3个地市，社区居家发展较不充分、老年人服务认知有限，并未形成普遍的服务依赖习惯。另一方面，在"期待性"差异上，上海的期待性较高，主要源于老年人服务认知水平较高、服务接触较多，进而形成较为明确的服务期待，这与魅力质量理论相一致；同时，开封（中部非省会）高于中、西部省会（长沙、银川）的原因，除个人因素外，主要反映省会城市的社会整体服务资源较高、老年人获取服务资源的渠道较多，进而形成社会服务资源对社区居家的功能替代效应；开封则囿于整体服务资源有限，老年人服务需求更为希望在社区层面实现更为便利地满足。

基于本章分析，有利于在群体视角下对服务需求层次的差异性识别，也有利于对各群体的需求满足作出优先性的安排。结合第四章内容，本书已从整体、群体两种视角分别对老年人需求情况进行了把握。进而，如何依据需求分析结果，对社区居家的服务优先满足予以理想层面的策略安排，将是需要进行探讨的问题。同时，针对现实服务发展情况，在既定的"实然"条件下能否保证"应然"的策略安排得以实现，也将是本书的理论价值向现实价值延伸中需要予以探讨的重要内容。

第六章 老年人服务需求的
满足策略选择与现实困境

根据上文研究，本部分从"需要""想要"的需求理解出发，分析当前老年人对社区居家养老服务需求的"依赖性""期待性"表现。本章将通过对老年人整体需求情况、群体与地区之间差异性的总体审视，探讨与分析社区居家养老服务在"应然"层面的优先满足策略，并对"实然"层面的现状予以对照，进而回答"如何把握需求现状""如何进行优先满足""存在哪些制约"的问题。

第一节 服务需求层次与差异的总体特征

一、老年人服务需求层次的整体表现

整体而言，老年人的服务需求层次相对较低，反映出老年人对社区居家养老服务的"依赖性"有限。从55项服务的层次划分结果来看，仅对11项服务具有普遍突出的需求层次。其中，最为"不可或缺"的必备要素（M）中，包含社区医疗、健身设施服务看，体现出老年人对社区公共服务职责基础上的基础性、应当性的认知。具有期盼性、预期性特征的一维要素（O）中，集中反映了老年人对医疗服务的普遍需求；而健康教育、定期体检、疾病预防和配药送药4项服务，突出表现了老年人对社区医疗服务功能可及基础上的前置性、便利性的日常健康需求"期待"。在超出预期的魅力要素（A）中，包括应急援助、社区义诊、签约医生、健康档案和老年培训班5项服务，反映了在超出预期基础上的补充性服务需求。此外，老年人对多数服务的需求层次并不凸出。

同时，从反映服务重要性或依赖性的不满意度系数（DI）看，对55项服务中仅有5项服务的系数值过半（DI ≥ 0.5），共37项服务不足0.3（DI ≤ 0.3），另有14项服务不足0.1（DI ≤ 0.1）。老年人对社区居家养老服务的重要性判断

水平或"不可或缺性"较低，反映出老年人对服务的"依赖性"较为有限；从魅力质量理论看，服务的缺失对老年人满意度下降的影响相对较低。

整体需求层次较低，说明老年人尚未形成对社区居家养老服务模式的"惯性依赖"，这也源于占多数的一般老人对特定群体需求的掩盖。从样本构成看，低龄、健康老人所占总样本比例较高，这与当前社区层面的整体情况接近；而特殊老人，如高龄、失能老人等所占比例有限，进而其需求表达在整体层面并不突出。可是，在不同服务类别的"依赖性"程度上，老年人对社区居家"医疗保健"类服务的整体依赖性最高，生活照料类高于精神慰藉类；说明老年人在医疗保健、生活照料服务的"溢出"较为普遍，即由于对生活、医疗的困境而对社区居家呈现较高的依赖性。

二、老年人服务依赖性与期待性倾向

本部分通过对需求形态进行"需要"和"想要"的细分，借以不满意度系数（DI）和满意度系数（SI）的测算，识别老年人对不同服务所呈现的"依赖性"和"期待性"倾向。

整体来看，老年人呈现出"期待性"高于"依赖性"的需求倾向。在55项服务中，多数服务的DI系数小于SI系数；其中，仅有4项服务的|DI| > |SI|，如疾病预防、社区医疗、健身设施、政策宣传，表明老年人对上述4项服务的需求呈依赖性倾向。同时，各老年群体也存在"期待性"突出的需求倾向，即满意度系数（SI）普遍高于不满意度系数（DI）。

尽管老年人整体尚不形成对社区居家的惯性依赖，但"期待性"的整体特征却反映出老年人对此服务模式具有相对突出的需求期望。在此情况下，老年人整体对部分服务具有较高的需求。

（1）除了整体表现出医疗、生活类相对较高的需求外，针对各类服务的需求因子，老年人也存在明显的需求侧重。在生活照料类中，对"日常型服务"的需求倾向较为明显，特别是围绕日常生活的家政类、照料类和应急类等服务，相应的服务功能也体现出对象的无差异特征。在医疗保健类中，存在对预防维护、基础医疗，以及专业义诊和配药送药的便利性服务的普遍需求倾向，相应的服务功能则侧重对社区基础医疗的强化与补充；相反，对具有指向性、专业性的康复型服务的需求层次较低。在精神慰藉类中，突出说明老年人对具有自我精神满足导向的服务注重，特别是"自我满足型"倾向；对老年交流互动平台的诉求最为突出，如活动室、组织活动、老年培训班等，即借助活动平台进行彼此之间的交流互动；同时，"老有所学"需求高于"老有所为"，本研究也从ERG理论的"满足—受挫"角度予以理解；相反，对被动接受导向的精神服务需求较低。

（2）各项服务存在"依赖性—期待性"倾向的差异。基于各项服务在DI和SI系数排名，构建出各项服务"DI-SI"的交叉矩阵坐标。如图6-1所示，从各项服务的坐标分布看，可以划分出"高依赖—高期待""高依赖—低期待""低依赖—高期待"和"低依赖—低期待"4种倾向。比如，以各系数的"25位"为标准，多数服务呈"低依赖—低期待"倾向（右上角）；"高依赖—高期待"倾向的服务也具有一定数量（左下角）。而且，多数服务仍以"期待性"倾向为主。

（3）部分服务的DI系数和SI系数，存在"依赖性—期待性"之间的较大反差。其中，社区医疗、政策宣传、疾病预防等是以"依赖性"为主导，即DI排名较高、SI排名较低（两者差距超过20位）；相反，用药指导、签约医生、老年培训班等则具极为明显的"期待性"倾向，即SI排名较高、DI排名较低（两者差距超过15位）。同时，如图6-1所示，健康教育（B3）、定期体检（B4）、应急援助（A13）、配药送药（B16）等具有明显的"高依赖—高期待"特征。

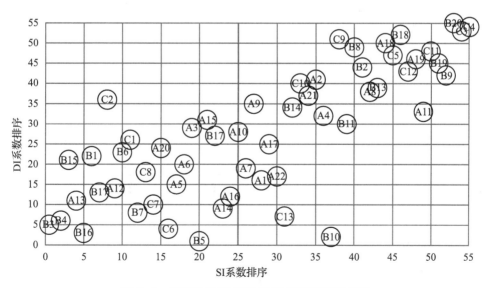

图6-1　各项服务DI系数与SI系数的序列分布

三、老年人服务需求动机的影响因素

依据分析框架，本部分从需求"溢出"角度，认为老年人对社区居家养老服务的需求动机源于非正式服务的不足性。其中，自我满足能力和家庭满足能力是构成非正式服务照顾能力的两个方面。进而，本书从年龄、健康、家庭构成、居住状态、照顾者情况以及基本特征等方面分析需求的影响因素，把握不同需求倾向所存在的动机逻辑。结果显示，不同因素对各需求倾向存在影响差异。

从影响范围来看，在个人基本特征中，收入、性别、文化均存在影响。其中，收入因素的影响作用较为普遍，共涉及 10 个因子。另外，性别因素仅对"预防维护"需求存在影响，即女性需求较高；而文化因素主要对服务认知、自我精神满足存在影响。

年龄、健康的影响较为突出。其中，年龄因素影响到大多数需求因子。从年龄增长导致身体机能下降的角度，健康因素同样具有普遍、突出的影响，集中体现出对医疗保健、生活安全和精神依附的服务需求，反映出自我满足能力不足造成的服务"依赖"。相比，"自评健康"的影响较为有限，主要涉及非就医行为的预防、补充性需求，以及"需求—受挫"视角下的自我精神满足和精神依附；"慢性病数量"主要对基础医疗、康复护理存在影响。

在家庭支持上，婚姻状况主要对生活照料类需求存在影响。子女数量影响不显著，但儿子、女儿因角色功能差异而存在不同的影响，儿子数量影响到"社会权益型"需求，女儿则影响到日常生活和就医补充的需求。

此外，家庭层面的影响主要表现在居住状况和照顾者情况等方面。其中，居住状态、照顾者能力对多数需求因子存在影响，反映出家庭支持不足而产生需求的溢出。同时，照顾者距离主要涉及非正式服务提供的及时性；照顾者类型侧重于对生活照料类的影响。

此外，根据调研地区的"梯次性"选择，地区因素也表现出普遍、突出的影响作用。其中，在多数需求因子上，如生活、精神类，表现为趋于东部的老年人需求越高，趋于西部越低；但在部分医疗类服务上，则趋于西部越高，东部越低的情况。

四、老年人服务需求层次的群体差异

依据影响需求的关键因素，本书针对各年龄段、失能等级、居住状态的老

年群体需求层次进行了划分，并对各群体相应的服务需求优先满足内容作出了分析。此外，并对各地区之间所表现出的需求差异予以了探讨。

较于整体样本，各老年群体的需求层次开始凸显，呈现出"非正式照顾能力"不足而"依赖性"加强的情况，如高年龄段、高失能程度、独居老人对服务的依赖性明显较高。DI 和 SI 系数的分析同样发现，不同维度划分下的各老年群体对服务的依赖性存在"梯次性"差异，且差异十分明显，即随着非正式照顾能力的不足而依赖性越强的特征；期待性也是如此，但各群体之间的期待性差异较为接近。同时，各群体对绝大多数服务需求也呈现期待性大于依赖性的倾向（|SI| > |DI|）。然而，在群体之间，越是需求"溢出"明显的老年群体，对服务的依赖性、期待性均高于自我满足能力强的群体，即趋于高龄、高失能等级、独居的老人呈"高依赖、高期待"；相反，趋于低龄、健康和同住的老人则表现为"低依赖、低期待"。然而，"年龄段、失能等级、居住状态"3 种维度相比，"失能等级"维度划分下老年人需求层次效果最为明显；居住状态的层次性较弱。

基于各老年群体的需求层次分析，本书依据各项服务的层次归属、DI 系数并结合 SI 系数，以"依赖性"为导向，对各群体需求的服务优先满足内容予以了讨论。同时，尽管群体间存在一定的需求差异，但各维度群体却具有一定的共性特征，进而有利于对各群体需求的审视和服务提供策略的选择。

在生活照料类中，各老群体需求呈现出"集中性"特点，表明对部分生活照料服务的需求较为集中、接近，具有普遍性的特征。其中，对安全类、信息类普遍侧重；家政清扫、衣物清洁、上门做饭、上门或日间照料服务的需求层次较高、满足序列靠前，是各类老年群体中均应作出优先满足的服务内容；除日间照料外，多是属于上门服务类项目，表明"在家接受服务"的意愿。

在医疗保健类中，各老年群体需求呈现整体层面的综合性、特定群体的针对性特征。其中，各群体对医疗保健类服务均具有较高的需求层次；同时，部分专业性、针对性的服务，仅在特定群体中的需求层次较高，而在整体层面较低，如康复护理等。因此，医疗保健需求的满足上，应在夯实基础性社区医疗服务基础上，加强预防性、辅助性服务供给，并逐渐向康复类服务功能延伸；同时，应优先满足各群体高依赖性需求，依次保证必备要素、一维要素向魅力要素延伸。

在精神慰藉类上，各群体划分结果存在一致性特征。从各群体需求看，①对社区基本职能型服务的需求，即政策宣传和健身设施的提供。②对个体

"老有所乐"的需求，即自我精神满足导向下的自我充实、社会交流型服务需求，包括个人精神充实（如老年培训、老年大学）和社会互动满足（组织活动、老年活动室）。因此，在服务的提高上，应以"能动性"视角看待老年人的精神需求，并借以主动性平台的提供，促进老年人精神需求的自我满足。

除群体分析外，针对"地区因素"的影响作用，本书以不满意度（DI）和满意度系数（SI），分别对比了上海、长沙、开封和银川4个调研地区之间，老年人需求的"依赖性"和"期待性"差异。如前文所述，4个调研地区的选择具有"东部、中部（省会）、中部（非省会）、西部（省会）"的梯度性导向，旨在分析"东部—非东部""中部—西部（省会）""中部（非省会）—中西部（省会）"之间的差异。结果显示，地区之间的依赖性、期待性存在不同情况的显著性差异。①在地区之间的"依赖性"上，呈现出"东部"与其他地区较为显著的差异，即上海老年人对社区居家的"依赖性"显著较高，长沙、开封和银川之间的差异性并不显著。②在地区之间老年人对社区居家的"期待性"上，上海、开封显著高于长沙和银川，即东部、中部（非省会）的"期待性"明显较高；而"中部（省会）—西部（省会）"差异不具显著性。可见，在社区居家养老服务需求上，上海表现为"高依赖、高期待"，开封则为"低依赖、高期待"。对此结果，本研究认为单纯以区位、经济发展因素难以给予合理的解释。因此，结合 DI 和 SI 系数，本书认为，除个人与家庭因素的影响外，主要存在两个原因，即区域之间服务发展水平所造成的服务惯性、地区社会服务资源对社区居家功能的替代效应。

第二节　满足老年人服务需求的应然策略

一、服务需求与服务发展的关系定位

本书研究结果显示，当前老年人整体对社区居家养老服务需求的"依赖性"较低，整体呈现出"想要"层面的"期待性"倾向。可见，尽管我国的老龄化水平日益提高，巨大的老年人口数量在一定程度上反映出养老服务的潜在受众空间，却并不等量于接受服务的有效刚需或相应的依赖。进而，以老年群体规模反身于养老服务的发展体量，将会混淆"有效—潜在"需求和"需要—想要"的认知，在"老龄恐惧症"思维影响下可能产生需求夸大、供给过剩和资源浪

费问题[①]。同时，从"DI-SI"系数排位的坐标可以看出，多数服务在"依赖性—期待性"间存在较大差异，并呈现出老年人对社区居家养老服务的整体需求处于"期待性"大于"依赖性"的状态。基于此，如何看待"低需求层次"与"服务发展"之间的关系，成为社区居家发展定位与发展指向的重要前提。

作为社区服务的重要组成部分，社区居家养老服务的组织、运行和发展均是在社区服务的整体框架内得以进行。在服务资源有限的条件下，将养老服务从社区服务中剥离，予以独立体系的建设并不切合实际。相反，正是有限性的客观条件所致，只有嵌入于社区服务之中，才能整合与协调现有服务资源，发挥资源效益的最大化。在嵌入性视角下，虽然老年人对服务的惯性与依赖性有限，但社区服务功能的深化与丰富是社区发展的应有路径。以城市化进程审视社区居家养老服务的发展，社区服务功能的不断丰富是城市化治理的重要内容与体现[②]，特别是在社区治理体制下沉与社区社会管理职能强化的背景下，社区服务的发展更加有利于城市化质量的提高和城市化体量的扩展；同时，社区功能深化将有利于提升社区居家养老服务功能的丰富性、服务内容的可及性以及服务目标的可实现性。

从老年人的需求表现看，社区服务和社区居家养老服务功能的丰富，又与老年人需求的"期待性"相契合。从魅力质量理论看，"期待性"需求的满足将有利于老年人服务满意度的提升，又能增进老年人对老年人社区居家养老服务模式的认同和依赖，而认同度、依赖度不足正是制约社区居家发展的关键问题。同时，人的需求处于动态变化中。从 Kano 模型中各需求层次的转化关系看，随着时间维度的推移，需求层次存在下沉性趋势，即低需求层次向高层次演化的路径，而认知水平和习惯性是促成转化的关键因素；正如 Tarde（1908）所认为的，"今天的奢侈品是明天的必需品[③]"。

就社区居家养老服务需求而言，老年人的"低依赖性"，既源于需求"溢出"程度不高，也在于老年人对服务模式的选择习惯尚未形成。"有病去医院，不能动了去养老院"是社区居家出现之前的传统选择。当前，个人与家庭所构成的非正式养老服务仍可以对老年人需求满足产生较高水平的替代性；但

---

① 江治强.我国养老服务发展的成就、问题与政策选择［J］.行政管理改革，2016（2）：50-53.

② 樊纲.城市化：一系列公共政策的集合——着眼于城市化的质量［M］.北京：中国经济出版社，2010.

③ Tarde G. D., Hammer H. Die Sozialen Gesetze：Skizze Zu Einer Soziologie［M］. W. Klinhardt, 1908.

是，随着老年人年龄增长所造成的机能下降和失能风险提高、家庭结构变化带来的家庭支持能力下降，非正式服务将越来越不足以支撑对老年人需求的充分满足，所以需求"溢出"的提升存在一定的必然性。同时，在社区居家养老服务模式建设发展的社会背景下，随着老年人对社会化养老模式认知、接触的提高和服务习惯的形成，在社会化养老模式的选择中将会产生"啄序效应"，即在老年人自我需求满足与家庭满足之外将会首先选择社区居家养老①。基于此，随着老年人对服务项目功能的了解、熟悉和形成习惯，加之社区服务功能的不断丰富，原本"超乎预期"或"未明确表达"的"魅力要素"将逐渐向"预期性"或"明确表达"的"一维要素"诉求转变；甚至在服务利用惯性与服务功能可及性提升的基础上，服务需求预期会进一步向"不可或缺"或"理所当然"的"必备要素"演化；即使是无关要素（Ⅰ）也会向更高的需求层次转化。与之相应，在满意度系数（SI）和不满意度系数（DI）间也存在着向重要性下沉的演变路径，即"期待性"向"依赖性"的演化。在此意义上，社区服务功能发展所带动的社区居家养老服务的丰富性和可获得性提升，与当前较低的依赖性并不相悖。

二、群体需求凸显与需求对象的识别

本书研究分析结果表明，尽管整体需求层次较低，但群体之间的需求层次差异凸显，表明老年人对社区居家养老服务的依赖性开始呈现。自我满足与家庭满足能力的不同导致了老年人需求类型与侧重的差异。高龄、高失能等级和非同住状态（空巢、独居）存在较高的"依赖性"。其中，"失能划分"下的需求差异最为明显；而"居住状态"下，尽管部分服务也存在一定的层次性，但并未像理论层面所思考的那样重要。从需求动机的影响因素看，除无子女或缺乏自我基本需求满足能力的情况外，处于"独居"或"空巢"的老年人多是具有基本日常行动能力，生活独立性、自我满足能力也相对较强，这也从生活照料和需求层次的划分中多是"无关要素"的结果间接证明。

进而，如何看待"居住状态"所反映的家庭支持情况，是特定群体需求的识别中需要考虑的问题。在家庭支持维度中，尽管"居住状态"对需求产生较为突出的影响，但并非需求产生的核心问题；换言之，"空巢"甚至"独居"并非必然产生需求的"依赖性"倾向，与家庭代际关系的缺失之间并无必然联系。

---

① 杨翠迎.国际社会保障动态：社会养老服务体系建设［M］.上海：上海人民出版社，2014.

比如，"空巢"是家庭生命周期连续谱中一种自然选择的居住形态，父母和子女的"分而不离"是"空巢"的常见情况[1]。有学者认为，将"空巢"与老年人生存质量下降相联系，是源于对社会人口科学分类、统计数据的天然热衷与迷恋，将"空巢"进行"去标签化"则是正视家庭周期的自然性、客观看待老年问题、合理进行老龄政策构建与规划的重要前提[2]。以本书调查样本为例，通过对居住状态、"非配偶"照顾者距离的交叉分析，在332位空巢老人中，共有106位老人为非配偶或非自我照顾（占32.92%），其中在"同小区"和"同街道"的选择频率分别为30和44次，也反映出"分而不离"的照顾情况。参照需求研究中的"推力—拉力"理论[3]，老年人对社区居家养老服务依赖性的产生多是出于对自身年龄、身体所代表的自我满足能力，"居住状态"并非最为重要的"推力"因素；同时，从影响范围看，老年人的性别、文化程度、婚姻状态等的"推力"作用相对有限。

在服务的提供环节上，如何甄别服务需求的目标群体，以及公共政策中如何在服务资源、供给能力有限的情况下作出合理的路径选择策略，是既定条件下实现供需匹配的核心环节。针对需求动机的影响因素分析，出于对"为谁提供"的考虑，将有助于需求对象识别的"靶向精准"。

Bookman和Kimbrel（2011）指出，以往老年需求研究通常以"整群"视角对老年人进行对待，可是个人层面年龄、性别甚至宗教、信仰等因素的"交叉性"无疑产生更为复杂的个体特征差异，因此在多样性与异质性的前提下，采用群体"无差异"分析将造成老年人在服务获取中的机会不公平问题[4]。因此，在对老年人需求层次的整体审视基础上，应该予以差异化指向的服务安排。

在需求对象的瞄准方面，应首先考虑年龄大、健康状况差的"自我满足"能力不足的老年人，特别是高龄和失能等级高的强依赖性对象，并向"非同住"居住状态的老年人予以倾斜。老年人需求受自我满足能力和家庭满足能力两个方面的影响，并且多个因素同时对不同需求层次类型产生作用。其中，不同的

① 杨善华，贺常梅．责任伦理与城市居民的家庭养老——以"北京市老年人需求调查"为例［J］．北京大学学报（哲学社会科学版），2004，41（1）：71-84.

② 郭爱妹，张戌凡．城乡空巢老年人的生存状态与社会保障研究［M］．广州：中山大学出版社，2011：259-260.

③ 史晓丹．基于推拉理论的我国机构养老业发展分析［J］．现代经济探讨，2017（3）：24-29.

④ Bookman A., Kimbrel D. Families and Elder Care in the Twenty-first Century［J］. Future of Children, 2011, 21（2）：117-140.

年龄、健康、居住因素及其相互的交叉，特别是不同因素所存在的"正—反"两种影响，构成了老年人对社区居家服务依赖性的重要维度，而相应状态下的人口构成也直接影响到不同类型、不同服务功能的需求期望和依赖。进而，在需求对象的"靶向精准"上，应形成多因素"差序"的识别导向，即在自我满足向家庭满足的差序格局中的影响作用存在外部延伸（见图6-2）。但是，囿于研究精力，本书对各因素特别是年龄、健康和居住状态3种维度交叉状态下的老年人样本抽样数量有限，因此难以做出针对性和更为详细的分析与阐述。

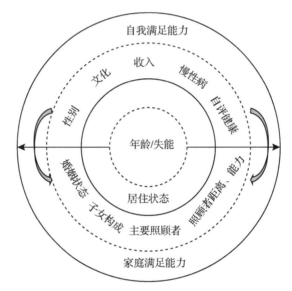

图6-2 需求对象识别的影响因素层次扩展

　　基于对需求对象的识别，从公共责任或公共政策视角出发，针对福利性政策制定和"选择性"福利保障对象的选择，可依据需求诱发的外溢"差序"，形成多层次对象的保障格局。福利对象的"选择"标准，可以采取失能、年龄、居住状态及其他因素交叉的综合考虑，并形成梯次型的覆盖，即以年龄和失能因素为核心，结合居住状态，并将其他影响自我满足和家庭满足的因素纳入考虑范围。比如，在3种维度的划分下可以形成4种梯度的组合（见表6-1）：一方面，可以根据4种组合对收入标准下的"兜底"对象进行梯次性的服务保障；另一方面，在福利范围扩大的过程中，同样可以根据4种情况下的老年人组合，予以较低服务保障水平的逐渐覆盖。其中，在各维度中的群体划分中，依据各群体自我满足和家庭满足能力所导致的依赖性差异，应首先考虑高龄老人、完全失能与严重失能老人、独居与空巢老人，并以此制定"梯次化"水平的服务福利保障政策。

表 6-1　养老服务政策保障对象的梯次化瞄准

1. 兜底型保障对象	2. 福利型保障对象
失能等级 + 年龄 + 居住状态	失能等级 + 年龄 + 居住状态
失能等级 + 居住状态	失能等级 + 居住状态
年龄 + 居住状态	年龄 + 居住状态
年龄 + 失能等级	年龄 + 失能等级
⋮	⋮
其他个人 / 家庭因素	其他个人 / 家庭因素

三、需求层次差异与服务资源的匹配

服务内容的供需匹配，涉及"提供什么"的问题。在服务内容的对接精准上，各老年群体的服务需求存在不同的层次与侧重。因此，基于对象的"靶向"精准，应根据各群体的需求层次差异予以针对的服务提供。

在整体层面，Kano 模型中的各需求层次反映了老年人对各项服务的"重要性"表达。因此，应采取由高需求层次向低层次的依次满足顺序，即按照"M>O>A>I"的需求满足策略；同时，上文分析显示，部分服务虽归于无关要素（I），但其不满意度系数（DI）却相对较高。因此，在传统的层次满足序列基础上，DI 系数较高的服务也应纳入优先满足的服务范围内。

可是，由于多数服务在整体层面的需求层次较低且层次之间的差异性并不明显，仅采取 Kano 模型的策略方法将不利于体现各项服务间"优先"划分。同时，在整体视角下探讨老年人的需求序列，又无法回避对"需要"与"想要"的理解与区分。其中，"想要"的范围涵盖了"需要"，而"需要"和"想要"也分别反映出服务需求的"依赖性"和"期待性"倾向。因此，本书在操作性层面，根据各项服务在不满意度系数（DI）和满意度系数（SI）排序所构成的"坐标"，从"依赖性"导向确定社区居家养老服务资源的整体"投向"策略，如图 6-3 所示。

在满足策略上，理应首先满足"依赖性"较强的需求，并逐步向"期待性"延伸。如图 6-3 所示，通过对上述两种维度的交叉，可划分出 4 种需求象限，即"高依赖、高期待""高依赖、低期待""低依赖、高期待"和"低依赖、低期待"。其中,"高依赖、高期待"是 DI、SI 系数排序中均较高的服务,是最需要优先满足的服务内容;"高依赖、低期待"指 DI 排序较高、SI 排序较低的服务,由于老年人表现出较高的依赖性,是较为优先满足的服务内容。在依赖性需求满足基础上,随着社会资源的丰富和服务提供能力的提升,养老服务资

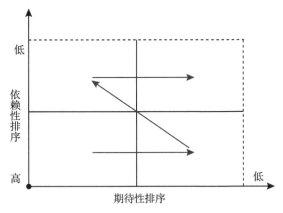

图 6-3 反 "Z" 字形整体需求满足策略

源可逐步向"期待性"需求延伸,即"高依赖、低期待"的服务,以提升老年人的服务满意度。在理论层面,在上述 3 类需求得到满足之后,服务资源可延伸至"低层次、低水平"象限内;然而,囿于服务资源与供给能力的限制,"需方"角度属于"可忽略"的服务,仅可以从"供方"角度作为对社区居家养老服务"功能丰富性"导向下的服务配备。上述策略,在图 6-2 中呈现出反 "Z"字形特征。

比如,本书以"25"位的临界点为例,对所调查的 55 项服务需求的坐标分布进行上述象限的划分(见图 6-4)。从服务项目在象限间的分布结果看,多数服务分布在"低依赖、低期待"的象限之内,如临终关怀、定期探访、陪同聊

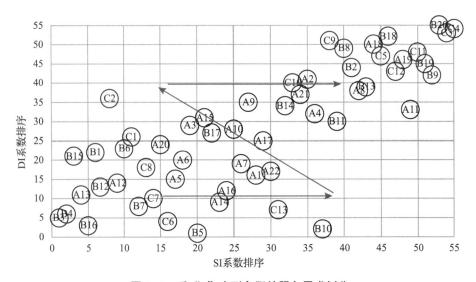

图 6-4 反 "Z" 字形象限的服务需求划分

天等。除此之外，"高依赖、高期待"中涵盖的服务较多，如健康教育、定期体检、配药送药、疾病预防、应急援助、应急维修、室外无障碍改造、组织老年活动、健身设施（室）、老年活动室等。而在"高依赖、低期待"和"低依赖、高期待"象限内所包含服务相对较少；前者包括老年餐桌、日间机构、服务信息公示等，后者包括老年大学、老年培训班、上门看病等。然而，不可否认，临界点的动态选择无疑会导致服务优先满足内容的变化；而各象限内的进一步细分，将更有利于需求优先满足的策略安排。

四、多样需求取向与服务提供的实现

虽然整体层面老年人呈现出较低的服务需求，但无论是在"反 Z 字形"象限或是针对各群体所应优先满足的服务数量，又体现出老年人在"想要"或"期待"层面的多样化需求特征。然而，即使在理论层面的需求满足应采取"优先性"的策略选择，但如何满足多样化需求又是社区居家养老服务中无法回避的问题。一方面，家庭结构的变化及其照料能力弱化的趋势，必然造成非正式服务对老年人需求满足的替代性下降，进而老年人需求向家庭范围之外的"溢出"将是未来所面临的问题。另一方面，基于老年人"就地（近）养老"意愿、机构承载能力有限性等现实原因，"居家为基础，社区为依托，机构为补充"既体现出我国社会化养老服务体系发展的思路，也折射出向社区居家为中心倾斜的发展格局。因此，社区居家养老模式必然是多数老年人重要且依赖的需求满足路径。所以，老年人普遍的服务需求是应"首先"解决的，而多样性需求也是无法回避且需要逐步满足的。

在"需求—提供"的过程链上，"为谁提供""优先提供什么""由谁提供"构成了 3 个核心的环节。老年人社区居家养老服务需求及其特征，是在一定时期、一定内外部环境相互作用下，由自我、家庭支持能力共同产生，反映出老年人在家庭内部的满足水平。从需求分析结果看，家庭仍是老年人需求满足的最为依赖且最基础环节，也是正式性服务需求溢出的重要缓冲环节。邓大松和李玉娇将家庭功能视为以血缘为纽带，分散老年人个体风险、疾病负担和提供精神满足的载体[①]。可是，在自然周期中，随着老年人年龄增长所产生的机能衰退，相应照料强度的上升将会对家庭资源造成影响，单纯家庭照料的失灵

---

① 邓大松，李玉娇. 失能老人长照服务体系构建与政策精准整合［J］. 西北大学学报（哲学社会科学版），2017（6）：55–62.

风险也会提升。同时，家庭养老的脆弱性也源于社会环境与政策变迁下，家庭生命周期过程中支持网络演变的风险累积，服务保障的不完善又使得潜在风险加剧[①]。

当老龄化由社会现象演变为社会问题、个体需求上升为社会需求，老年人服务需求的满足就不应限于家庭范围之内，在公共政策层面作出回应也就成为一种必然。作为社会福利服务的重要内容，社会化养老服务也通常置于"福利"范畴内进行探讨。进而，如何实现有限的福利资源利用最大化目标是最为核心的主题。从宏观层面看，在探讨社会福利最大化的目标实现中，新福利经济学将社会福利视为个体福利的总体社会构成，个人是自我福利的最好判断者[②]，并将福利"效用"视为个人对服务满足作出的主观判断[③]，认为安全、健康、幸福等属于个人福利的内容。在理论命题上，依据新福利经济学，老年人对养老服务的主观选择旨在实现自身福利的最大化，个体的服务需求则取决于老年人对于自我情况所作出的判断。同时，具有社会福利性质的养老服务资源，也取决于整体社会福利资源的多寡；而单一主体无法承担福利需求的满足，多元主体及其多元福利资源的整合则是养老服务需求满足中最为有效的路径。就像Bookman 和 Kimbrel（2011）所认为的，"仅靠家庭不能提供老年护理，雇主本身不能提供照顾者需要的所有支持，而政府本身也不能提供或资助所需的所有老年政策"[④]。在一定意义上，可以将"家庭失灵"视为公共福利产生的原因；而在福利发展过程中，伴随着"家庭失灵"和"政府失灵"的问题出现，将非政府福利资源视为社会总福利的理念逐渐产生，相应的是将家庭、政府和非政府主体纳入到社会福利发展的范畴内。

社会福利的多元主义理念产生正是以"福利国家"向"福利社会"的转变为背景。"福利社会"的概念于 20 世纪 80 年代提出[⑤]，将国家福利责任向

---

① 李树苗，徐洁，左冬梅，等. 农村老年人的生计、福祉与家庭支持政策——一个可持续生计分析框架［J］. 当代经济科学，2017（4）：1-10.

② 施巍巍，罗新录，唐德龙. 福利经济学视角下老年人养老方式的选择决策及影响因素分析——以齐齐哈尔市的三个区为例［J］. 学习与探索，2015（2）：40-46.

③ 萨缪尔森，诺德豪斯. 经济学［M］. 北京：北京经济学院出版社，1996.

④ Bookman A., Kimbrel D. Families and Elder Care in the Twenty-first Century［J］. Future of Children，2011，21（2）：117-140.

⑤ 同春芬，王珊珊. 老龄社会转型背景下老龄服务社会化的推进——基于福利社会范式的视角［J］. 求实，2017（11）：61-70.

社会责任的延伸、引导社会力量参与是区别于"福利国家"的核心[①]。在其理论发展上，Martin 等认为，将福利责任仅限于政府会造成单一主体资源供给的不可持续性，将非政府主体排除在福利责任之外也不利于社会福利资源的整体性功能发挥；在社会福利提供中，福利私有化并不意味着不公平分配的产生，而取决于私有化进程如何定位[②]。在"第三条道路"的福利理念下，吉登斯认为多元合作、自我能动、包容承担和团结信任是"福利"社会的应有内涵[③]。将"准市场化"和"社会化"主体涵盖至福利提供范围内，通过社会排斥的消除和社会团结互助的提升，使多元主体更好地在整体框架内实现自身福利提供的功能责任；同时，注重人力资本和自我发展能力的提升，也将社会福利置于更为"主动"的地位，有利于"责任与权利"的统一。因此，在老年人福利服务需求的满足中，个人、家庭、政府、非政府之间的主体功能与资源互补，将是实现福利效用最大化的整体导向。在多元主体福利模式下，传统理论主要采用"三分法"视角，划分为国家、市场和市民社会，如 Duffy[④]、Abrahamson[⑤] 等。在此基础上，Gilbert 基于福利分配原则与动机，对"社会市场—经济市场"或"公共领域—私人领域"进行主体间的划分[⑥]。另外，部分学者对主体进行了再细分，并采用"四分法"的分析方式。比如，将福利供给主体分为国家、市场、家庭和志愿组织[⑦]；Evers 等（1996）则划分为国家、市场、社区和民间社会，并对民间社会在多主体中的纽带作用给予强调[⑧]，认为民间社会有利于多主体目标的一致，有助于社会福利资本的

---

① 经济合作与发展组织秘书处.危机中的福利国家［M］.梁向阳，等，译.北京：华夏出版社，1990.

② R.米什拉.资本主义社会的福利国家［M］.郑秉文，译.北京：法律出版社，2003.

③ 安东尼·吉登斯.第三条道路——社会民主主义的复兴［M］.郑戈，等，译.北京：北京大学出版社，2000：122.

④ Duffy K. The Human Dignity and Social Exclusion Project–Research Opportunity and Risk：Trends of Social Exclusion Europe［M］.Strasbourg：Council of Europe，1998.

⑤ Abrahamson P. Welfare Pluralism：Towards a New Consensus for a European Social Policy［A］// Poverty and Social Politics：The Changing of Social Europ［M］.Samiko Project：Copenhagen，1998.

⑥ 吉尔伯特，特瑞.社会福利政策导论［M］.黄晨熹，译.上海：华东理工大学出版社，2003.

⑦ Johnson N. The Welfare State in Transition：The Theory and Practice of Welfare Pluralism［M］.Amherst：University Massachusetts Press，1987；Johnson N. Mixed Economies of Welfare：A Comparative Perspective［M］.London：Prentice Hall，1999.

⑧ Evers A.，Olk T. Wohlfahrts Pluralismus：Vom Wohlfahrts Staat Zur Wohlfahrts Gesellschaft［M］.VS Verlag für Sozialwissenschaften，1996.

整合 ①。

社区居家养老服务是老龄化、城市化进程中社区服务社会化系统工程的重要内容，涉及政府与非政府多个层面。福利服务多主体的划分，主要源于主体功能与服务供给方式，以及如何促进各主体功能的互补与责任分担。就本书而言，针对老年人社会化养老服务需求的产生源起，结合当前我国养老服务供给的社会参与情况，将服务供给主体划分为"私人领域""公共领域"和"社会领域" 3 个层面。其中，在主体范围上，涵盖了老年人及家人的非正式主体、政府所代表的公共责任主体以及社会服务参与中的非政府主体；在提供的服务类型上，包括家庭范围内的非正式服务、非家庭范围内的正式服务（社会化服务）；在社会化主体所提供的服务性质上，又可分为营利性与非营利性服务，如图 6-5 所示。

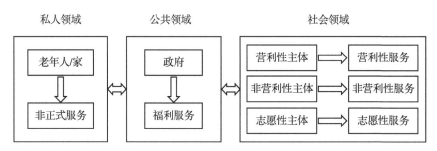

图 6-5　养老服务提供主体与服务属性划分

首先，在私人领域，自我满足与家庭服务构成了非正式性服务的主要内容。在家庭支持网络视角下，老年人需求的产生及其满足是多维性和多面性的，是涉及自我满足、家庭保障与社会支持的系统性问题，在三者所构成的需求满足连续谱系中，家庭既是空间范畴下老年人服务需求满足的场域性存在，也是多元主体或多维服务功能实现的"单元"；在家庭层面，老年人需求是家庭保障固有特征的显性化结果 ②。从责任角度，老年人需求的满足不能完全依赖于正式性服务的提供，家庭的作用仍是不可或缺的。

其次，在公共领域，主要强调政府对社会问题、社会需求作出回应的责任承担。在福利化的养老建设中，政府经历了从计划经济时代的强调、支撑家庭

① 彭华民.西方社会福利理论前沿［M］.北京：中国社会出版社，2009.

② 李树苗，徐洁，左冬梅，等.农村老年人的生计、福祉与家庭支持政策——一个可持续生计分析框架［J］.当代经济科学，2017（4）：1-10.

责任，向市场经济初期由市场主导的责任边界缩小甚至部分退出的过程，尽管这种情况与特定时期的宏观政策发展环境相关，但在养老服务需求满足超过家庭能力、单纯市场主体发展能力有限、老年照顾逐渐演变为社会问题的情况下，养老服务发展成为政府无法回避的应有责任，需要从后台走向前台。养老服务的准公共服务属性决定了服务提供中政府责任的应有承担。其中，既包括政府作为公共权力主体的社会管理责任，也包括政策制定、运行监管或具体服务的提供、安排。在提供的服务性质上，本书并未单纯地理解为"公共服务"，而是"福利服务"，其原因主要在于养老服务的内容性质上，在政府责任中仅属于"准公共服务"的内容；从服务提供对象看，"公共服务"视域下主要体现出政府对特定人群的"兜底"保障作用。然而，随着社会经济和社会福利水平的发展，政府责任下的保障对象存在从"选择性"向"普惠性"逐渐演进的可能，在此过程中的服务保障水平可能采取逐步递进的方式，即在一定水平上对一定老年人口逐渐覆盖。因此，采用"福利服务"在理解范围上要大于"公共服务"。

最后，非政府主体参与主要涉及服务"提供"问题。从政府与非政府的"二分"下，可将提供社会化养老服务的非政府主体理解为社会领域中的"社会化主体"，包括营利性、非营利性和志愿性3种。非政府主体参与源于政府服务提供能力的有限性；同时，随着非政府主体参与程度的提高，新公共服务理论范式下，原有政府直接提供也逐渐向政府安排转变，特别是政府购买的服务供给方式。在社会化主体中，非营利性主体构成了当前我国养老服务提供中的主要力量，也是承担政府安排或政府购买服务的委托对象；与政府提供的"福利性"服务不同，非营利并不意味着服务的无偿性，即"无偿性、低偿性、有偿性"共存。相反，营利性主体以营利为服务提供导向，也是养老服务市场开放或养老产业发展所针对的对象，以提供个性化、高质量的服务为内容。此外，志愿性主体以提供无偿性服务为主，服务形式存在"非常态化、非连续性"特征，是以志愿精神为导向的自发性服务提供行为，虽然在体量上与营利性、非营利性主体存在较大的差距，但在挖掘个体潜能、整合社会福利资源、弥补正式性主体缝隙等方面具有不可或缺的作用。

进而，上述主体功能的协调、整合、发挥，有利于避免单一主体中"家庭失灵""政府失灵""市场失灵"和"社会失灵"的产生，进而形成多层次的服务需求满足格局，才能在增加社会福利整体水平的同时提升服务需求的满足能力。

第七章 老年人服务需求层次的满足策略与提升路径

现实层面存在的可获得性困境，制约着老年人服务需求优先满足策略的实现。服务提供能力不足直接导致了可获得性困境的产生；而政策导向不突出、政府作用偏差所导致的多主体有序参与受限、资源与功能整合不足，是导致供给能力不足与可获得性困境的深层次原因。在此情况下，老年人服务需求如何得到满足、优先满足策略如何得以有效操作，是针对上文分析所应予以思考的问题。

然而，社会服务资源无法在短期内保证充分，服务提供能力也无法在短期内得以提升。因此，依据现有条件尽可能保证需求的优先满足，通过服务能力的提升保证需求的持续满足，应作为保证需求优先满足策略实施、解决可获得性困境的两种视角。一方面，既定服务资源的有限性，决定了当前老年人需求优先满足中，应提升服务资源利用的有效性；另一方面，老年人需求的充分满足、服务资源的不断丰富、可获得性困境的有效解决，最终取决于多元主体有序参与下的服务能力持续提升。与此同时，在理想状态无法实现的情况下，可从两个角度对基于社区层面的需求满足与服务发展路径进行理解。

（1）正式与非正式服务的结合，是当前实现老年人服务需求满足的理性选择。需求"优先"满足是在资源限制条件下的"权宜之计"，而"优先"也意味着老年人服务需求无法在社区层面同时得以满足；另外，社区居家的"辅助性"功能定位又侧重于对非正式服务的补充或支撑，家庭仍处于需求满足的基础性地位。所以，只有将正式性与非正式性服务结合，才是既有条件下有效保障老年人服务需求的理性选择，即在家庭保障的基础上，社区居家优先对"溢出"程度较高的需求予以满足。

（2）将社区居家置于社区服务的整体发展框架中，是资源整合、服务能力提升的有效路径。社区居家的发展无法一蹴而就，特别是多数地区建设起步较晚、发展较不完善，社区居家服务模式在短期内难以充分实现承担老年人服务需求的应有作用；同时，社会服务资源的有限性又决定了短期内难以充分投向社区居家建设的困境。所以，将社区居家置于社区服务框架内，以社区服务发展带动社区居家服务能力的提升，是更为可行的路径选择。因此，将社区居家服务需求满足置于更高的层面，可避免因服务可行能力有限而导致"就事论事"的桎梏。

为此，在强化家庭功能基础上，提升社区居家养老服务的辅助性作用、提升资源投入的侧重性与准确性、提升服务的可获得性，将是探讨老年人服务需求优先满足的重要进路。

第一节　既定条件下老年人服务需求优先满足的建议

就现实而言，依托现有服务资源对老年人需求的有效满足，有赖于在需求准确识别基础上，加强服务提供的侧重性、资源配置的合理性和服务接受的弹性；同时，在既定条件制约下，通过缓解社区居家所承担的整体需求满足压力，将有限资源用于最重要、最突出的需求满足，促进优先满足策略实施的合理选择。

一、突出需求缓冲角色，强化非正式服务照料支持

强化非正式服务功能，在于解决公共政策中家庭支持不足的保障缺位、老年人被动受助的导向偏差问题。其中，家庭作为社会单元的基本细胞，是老年人自身照顾能力实现与接受照顾的最直接来源。家庭结构的变化并不直接导致家庭责任的缺位，而是在新的社会环境下实现家庭角色功能的适当转变。马克思·韦伯认为观念、习俗与行动所蕴含着"传统"的力量，社会传统所构成的文化背景影响着制度的选择与运作。尽管孝文化在当前社会中有所减弱，但仍无时无刻不影响着个人的潜意识，特别是家庭层面的养老习惯与责任分担。社区居家虽然源于西方国家，但对国外模式的简单移植无法实现我国养老保障得到预期的效果，社会与传统文化的差异性使西方模式在我国运行中的兼容性存在局限[1]。从模式定位来看，社区居家养老指向"自然性""常态化"老化过程，

---

① 李文华.影响养老保障制度发展的因素：西方的经验与中国的实践［J］.社会保障研究，2009（5）：3–10.

旨在避免过度机构化中作为对家庭养老的补充和支撑。家庭作用的发挥既决定着老年人服务需求的满足程度，又涉及社区居家在承担服务需求满足中的压力。因此，加强对家庭层面的非正式服务的支持，既能提升家庭自我照顾功能的延续，又能缓解社区居家养老服务的供给压力。

就老年人而言，应从优势视角鼓励部分需求的自我满足。①从主观角度，应对老年人对"老化"的认识进行正确引导，合理看待社会角色的转变，形成积极的生活方式，避免自我悲观意识导致的主动"社会退出"。②从客观角度，加强对老年人能动性的支撑。社会交换理论视角下，老年人"社会退出"主要源于权力、资源的减少[1]，需要通过赋权、赋能以延续老年人的自我潜能发挥、维持社会关系和社会融入[2]。③为老年人自我需求满足提供平台性建设。比如，以活动室、图书室、健身设施等硬件提供老年人互动平台；以开展老年教育、健康咨询、组织活动、培育老年自愿组织等服务平台，促进老年人的自我交流、自我学习、自我实现。

就家庭而言，在家庭责任划分基础上，加强对家庭照顾的支持保障与服务支持。①应进一步明确家庭在老年人照顾或者"赡养"的义务，将敬老爱老传统文化与经济、物质、精神的赡养责任相统一。②家庭在老年人精神需求满足中具有不可替代性，在强调老年赡养义务的同时，可适当出台子女休假政策，为子女赡养从精神交流向具体行为的转化提供政策保障。③家庭照料压力主要来源于老年人失能所造成的照护压力。为此，一方面，应通过设立相应的喘息服务，包括上门照料或短期托养服务等，缓解主要照顾者的身体与精神压力；另一方面，针对本书对失能群体的需求识别，可以通过社区与医疗机构、企业联合，提供康复护理器具的租赁服务，对部分医疗需求在家庭层面的满足提供支持，进而提升服务需求在家庭满足中的便利性、及时性。

二、实施动态需求评估，建立菜单化服务提供模式

实施需求的动态评估、建立服务菜单，是在现有资源条件下调整服务配置、提升需求弹性的有效方式。其中，对老年人需求的动态评估，有利于服务需求的及时准确的识别；菜单化的服务提供模式，有利于在共性需求满足的基础上

---

[1] Higgins J. Defining Community Care: Realities and Myths [J]. Social Policy & Administration, 1989, 23 (1): 3–16.

[2] 凯文·林奇. 城市意象 [M]. 宋伯钦，译. 台北：台隆书店，1999：3.

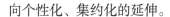

向个性化、集约化的延伸。

（1）建立社区居家养老服务需求的动态评估机制。一方面，从需方角度，应加强老年人在服务参与过程中的需求表达，特别是针对现有服务评价、期望服务内容的表达，为服务改进、服务内容深化、服务提升提供必要的建议支持；另一方面，从供方角度，服务内容的设置与服务资源的配备涉及老年人的现实需求情况，而服务需求又与区域内老年人口规模和差异化群体构成相联系。同时，随着社会流动的加速，社区范围内的老年人口规模与群体结构又处于不断变化之中。因此，老年人的需求也应进行动态化的识别与评估。从本书的需求动因分析来看，老年人自身特征、家庭构成和照顾者情况等均会对服务需求产生影响。然而，老年人年龄、健康和居住情况的影响最为关键。因此，社区可以通过建立老年人信息库，重点对高龄、失能和非同住（空巢、独居）老年人规模进行检测，将有利于对整体的潜在需求情况进行把握。同时，各群体对社区居家服务的依赖性、需求内容差异较为明显，需要在对特定老年群体规模，特别是高需求"溢出"群体进行实时动态监测的情况下，定期开展需求评估，针对特定群体的需求情况，对服务提供的侧重性进行把握。

（2）建立菜单化的服务提供模式。菜单化的服务模式，体现出从"政府配餐"向"老人点餐"的方式转变，有利于服务获得的准确性、多样性。整体层面上，需求倾向的变动主要源于群体构成的变化。相比而言，老年人既定的服务需求内容则处于相对稳定的状态，即一定时期内老年人服务需求的内容则相对固定。同时，基于本书需求划分，具有相同特征老年人之间的需求具有相似性，并且单一群体、部分群体之间的需求内容存在相似性特征。而共性特征的存在，有利于在普遍需求的服务提供基础上，向个性化、差异化的服务提供延伸。

依据本书分析，可在识别高需求群体基础上将需求的共性与个性相结合，制定"基础保障"+"个性选择"的弹性服务菜单（见表7-1）。其中，根据影响因素与群体需求划分结果显示，应将年龄、失能作为对象识别的最重要标准；同时，在菜单内容上，除社区应有的服务建设和对象无差别对待的服务外，如服务热线、服务信息、服务中介、疾病预防、社区医疗、专业义诊、无障碍改造等，主要针对个体化的具体性的服务进行整理；在基础性、个性化内容设置中，以各群体必备要素作为基础性服务，将一维、魅力要素等作为个性化服务。此外，由于精神类的突出需求较为一致，均呈现自我满足型服务内容，但由于相应的依赖性较低，因此社区可采取常规设置的服务内容而并不纳入菜单。

表 7-1　社区居家养老服务菜单

需求类型	老年群体	基础菜单	个性化菜单
生活照料	严重失能高龄老人	应急呼叫设备、应急安全、上门照料、安全指导、上门做饭、室内改造、衣物清洗、家政清扫	短期托养、定期探访、出行陪护、家政清扫、代缴代办
	中度依赖	应急呼叫设备、应急安全	衣物清洗、室内改造、上门做饭、安全指导、定期探访
	轻度依赖	应急安全	家政清扫、衣物清洗、送餐配餐、应急呼叫设备、安全指导、日间（机构）照料、代办代缴、上门照料、室内改造、定期探访
医疗保健	严重依赖	家庭病床、签约医生、上门看病、器具租赁、康复指导、术后康复、定期体检、协助转诊	配药送药、陪同就医、慢性病维护、用药指导、卧床护理、远程医疗、临终关怀
	中度依赖	配药送药、上门看病、陪同就医	定期体检、慢性病维护、签约医生、器具租赁、康复指导、手术后康复、家庭病床
	轻度依赖	慢性病维护、签约医生	定期体检、配药送药、家庭病床、健康档案、上门看病、用药指导、陪同就医、远程医疗、康复指导
	高龄老人	配药送药、定期体检	签约医生、上门看病、家庭病床
	中龄老人	配药送药、定期体检	慢性病维护、健康档案、用药指导、签约医生
	低龄老人	配药送药	定期体检、用药指导、健康档案

三、注重服务供给侧重，推动社区医养服务相结合

重视服务提供的侧重性，有利于缓解服务建设水平对政策导向的限制，既是资源有效投入的重要前提，也是整体层面实现老年人依赖性需求优先满足的重要保障。基于本书研究分析，无论是整体层面的各需求特征、群体层面的需求内容，均表现出依赖性的侧重性问题；同时，基于需求分析的反"Z"字形投

入策略，也对服务资源如何投向作出了指导。

（1）就各类服务而言，在生活照料类中，当前社区居家应在保障日常安全服务基础上，侧重于和老年人日常生活联系较为紧密的家政和供餐服务，如家政清扫、衣物清洗、老年餐桌。在医疗保健类中，注重于健康预防和维护、专业义诊、配药送药等就医便利型服务。在精神慰藉类中，侧重于对具有主动性导向的平台性服务提供为主，如老年教育、老年活动、活动（图书）室等。

（2）整体的服务提供侧重上将生活、医疗服务作为建设的重点，应逐步将"医养结合"向社区层面延伸。需求识别旨在确定政策目标中"最需要的内容"和"最需要的人"的定位[①]。依据本书分析，老年人依赖性主要反映于生活和医疗上的困难。在社区居家层面，生活照料旨在对日常生活的辅助，而医疗保健是养老服务区别于家政服务的重要体现。因此，生活照料与医疗保健服务的联结，则更有利于老年人需求的一体化满足。

当前，"医养结合"主要侧重于机构之间的结合，即养老机构与医疗机构之间的结合。然而，将"医养结合"向社区层面的延伸，有利于老年人自我满足能力的维持、延缓身体老化造成的行动衰退，更有利于减少机构养老的需求压力，降低社会照料成本。在"医养结合"的内涵理解上，"医"是医疗服务向预防、维护、护理、康复的内容拓展。进而，在社区层面的医养结合中，应依托于社区基本医疗功能，针对不同需求群体提供侧重性的服务需求。其中，应注重对整体层面的疾病预防、慢性病维护等前置性医疗服务的提供。在群体层面，在既定服务提供能力下，应基于高依赖性群体（如高失能群体）的服务需求，提供相应的康复、护理服务；同时，随着养老服务资源、专业医护人员的提供向社区倾斜，应逐步强化家庭医生、家庭病床和上门就医服务的提供，保证服务应有功能得以实现，缓解家庭就医压力、提升需求满足的及时性。与此同时，应以适当扩大医疗保险结算范围作为医养结合实施的政策支持，使医疗保险在社区养老医疗服务的保障能力得以提升，进而促进老年人就地、就近就医的便利性、可行性。

---

① 林卡，朱浩. 应对老龄化社会的挑战：中国养老服务政策目标定位的演化［J］. 山东社会科学，2014（2）：66-70.

第二节　多元主体参与有序性和服务能力提升的建议

服务能力的提升是服务供给可持续性的重要基础，也是解决可获得性困境的重要途径。从现实看，服务能力的提升有赖于多元化主体服务网络的形成和有序化的协同配合。其中，政府角色如何明确、人员如何保障、资源如何整合，是提升参与有序性、供给持续性、服务可及性所要回应的重要问题。

一、优化政府责任职能，维护多元参与的有序性

优化政府职能，在于解决政府角色偏差的问题，也是保障多主体有序参与、功能协调的前提。作为准社会福利的构成形式，政府责任应贯穿于社区居家养老服务建设与运营的全过程中。其中，政府作为社区居家建设的主导者和推动者，是公共责任对社会需求的应有回应；同时，政府作为社区居家模式运营的监管者，是社会管理职能的应有体现；另外，政府作为社会主体的培育者，是社区居家发展起步过程中政策支持的合理介入。

（一）突出政府建设主导作用

首先，应将社区居家视为通过延长就地养老的时间而减少社会服务成本的有效方式，有效方式适当提升对社区居家养老服务建设的财政倾斜，特别是多数地区建设起步初期的阶段，更应通过财政投入强化基础设施、基础服务能力、基本人员与资源配置，保证老年人基础性需求的满足。

其次，虽然本书显示老年人当前对社区居家的整体依赖性有限，但老龄化所导致的社会养老压力将是未来的必然趋势。因此，当老龄化态势从潜在压力向现实压力转变的过程中，社区居家发展更应成为提前应对的重要内容。为此，相关公共政策应逐步从侧重于"指导、意见"转变为更为明确的"要求、规定"，特别是将发展社区居家、政策优惠、财政支持和建设补贴从"口头表示"向"实际落实"改变，以进一步强化政策的导向性、刚性的作用。

（二）明确政府服务提供边界

在政府主导下的多方参与过程中，应明确政府在服务提供中的边界，特别是哪些服务需要政府提供、哪些应由政府予以安排，进而减少因重复建设、形象工程所造成的资源投入浪费、无效的问题。这既是公共管理理念导向中政府角色的应有转变，也是由服务资源最大化利用的目标所驱动。因此，在公共资源向社区倾斜的基础上，首先，依托社区可实现功能对相应服务予以提供；其

次，将社会组织、市场主体置于政府提供的前置环节，即依托社会组织、市场主体的可提供性内容，政府采取服务购买的方式予以安排；最后，针对非政府主体无法提供的服务，政府作为最后的托底主体予以补缺。

（三）注重社会主体前期培育

政府的社会主体培育角色，是社区居家养老服务建设起步阶段参与主体有限而供给能力不足所要求的。在政策的外部保障落实基础上，政府应适当对主体培育的前期建设与发展提供培育与支持。

第一，应通过与街道、社区的沟通，对社区照料机构、图书室、活动室进行场地安排，保证基础性建设的实现；同时，在新社区建设中，对养老服务建设场地进行前期规划；在旧社区发展中，应降低机构建设标准的门槛，予以小型化、多功能的建设准入。

第二，在运营的前期阶段，政府应对服务机构予以"供血"和"造血"的扶持，以提升服务主体的生存能力。一方面，除水电费等按民用价格外，政府可从"补供方"的角度，对民非机构的前期建设予以资金补贴、硬件提供的支持，减少前期的建设压力；另一方面。以政府购买服务的方式，缓解服务机构因老年人服务接受不足所导致的运营压力，进而保证机构前期的存活。

（四）扩大服务保障对象范围

在财政能力承受范围内，可适当扩大服务对象的保障范围，形成"梯次化"的保障。从"造血"角度，政府的服务购买水平越高，机构的前期生存越有保证。在此基础上，适当提高政府的服务保障力度，扩大享受政府购买、政府补贴的老年对象范围，形成以依赖性差异为导向的有偿、低偿、无偿的保障梯次。这既有利于老年人服务享受的公平性，又可起到提升老年人服务认知与服务体验的目的，进而释放老年人服务接受意愿。

（1）在政府保障对象的拓展上，可构建基于收入标准、依赖性差异的梯次化"兜底网"。当前对于"基本公共服务"的探讨，囿于服务内容界定难以达成一致，进而多采取从服务"对象"的界定角度进行探讨。政府购买服务作为选择性公共服务供给的一种形式，多以"收入"水平为刚性标准将"低保线"以下的老年人作为服务保障的对象。但从政府实施效果看，"低保线"的刚性标准容易产生"政策悬崖"效应，导致"低保—低保边缘"群体在享受服务保障中的强行隔离，并产生保障获取的不同平现象。因此，政府保障的服务购买可逐步从"低保"向低收入扩展，如低保水平、最低收入、平均收入等标准的综合考虑，形成不同收入水平的梯次化保障范围。

（2）依据群体"依赖性"的梯次差异，适当扩大服务补贴的对象范围，既有利于不同老年群体服务的获取，更有助于通过增加服务体验，培养社会养老服务的接受习、释放服务需求。老年人需求的产生具有"自然性"特征，依赖性的程度取决于非正式服务的需求满足水平。因此，本书不完全赞同部分研究所认为的通过激发老年人需求发展社区居家养老服务的看法，以激发需求而推动发展的认识存在"本末倒置"的误区。相反，可以通过加强服务体验而提升服务认知的方式，对需求及释放予以引导。比如，本书发现，老年人的低依赖性除了需求动机不明显外，也与老年人对服务的熟知度、认知水平和体验经历不足有关。同时，老年人服务接受的自发性，也受收入和服务价格会影响。自我购买和政府保障的价格差距所造成的"心理"落差，也是制约老年人购买意愿的重要原因。因此，政府可通过服务补贴、服务券的低偿形式，在收入标准之外依据老年群体的"依赖性"差异，扩展多层次、梯次水平的服务补贴对象网络。比如，优先将"高龄＋高失能＋独居（空巢）"的交叉、"高龄＋高失能"、"高失能"纳入补贴范围，并给予梯次化的补贴水平，使具有较高需求依赖的老人及家庭体验到正式服务的辅助与便利，进而激发服务购买意愿。

（五）强加多元参与监管职能

政府对社会主体的监管，是保证多元参与服务供给有序性的重要基础，也是新公共服务理念下政府从前台向后台转变的重要体现。多元参与有序性的实现中，应涵盖从主体进驻到退出的全过程监管。

（1）针对现有主体参与不足的情况，政府可减低服务提供的参与门槛，建立"合格供应商"机制，以提供能力为导向，具有服务能力、符合服务规范的公办、民非和营利性主体纳入到许可范围内，最大程度地保障现有主体的参与准入。同时，改变原有"一刀切"的管理方式，针对不同主体属性予以管理细化，针对不同主体性质，对准入、运营、设施标准等予以针对性的考量，提升各类主体在参与准入中的政策弹性，减少各主体性质划分造成的不公平发展问题。此外，可适当放宽"民非"组织的服务范围，使民非组织在保障老年人服务需求满足基础上，在服务空闲时间利用自有资源向社区居民开放，比如理发、按摩、健身器材等，既能提高闲置资源的利用效率、更能以低偿性的服务增加运营收入，提升自身的"造血"能力。

（2）营造公平的服务运营环境，避免政府偏向造成的主体间"挤出"，保证供给过程的有序性。一方面，将非政府主体提供服务视为承担政府责任的平等角色，在政策优惠与财政补贴中，对公办、民办服务机构予以公平对待；另一方面，由于市场化或营利性服务主体具有服务运营、管理水平、人才吸引力、服务规范性等方面的相对优势，对政府支持的依赖性较低，因此可将营利性组织纳入承接政府购买基本服务的委托主体，从"补需方"的角度对其所提供的政府保障服务内容予以相应的资金补贴，进而扩大参与主体的范围、提升社会整体的服务供给能力。

（3）对各主体予以统一监管，建立奖惩和退出机制，保证服务提供结果的有序性。①对服务质量进行及时监管。服务质量是实现服务提供有效性、使服务体验向购买意愿转化的前提基础。政府应建立相应的服务反馈渠道，比如举报热线、服务反馈网络渠道，实现服务中、服务后的信息及时反馈。②建立服务提供的评价机制。通过服务信息库的建设，依据反馈结果对各主体的服务提供予以备份。③建立主体奖惩和退出机制。依据服务反馈情况，政府定期进行评估，对评价较好的服务机构予以资金奖励；对质量评价较低的予以警告、定期改善，或予以一定形式的惩处；对服务恶劣、定期改善不利的服务机构予以资格取消，进而以退出机制保证主体参与的有序循环。

二、完善人才培养机制，保证服务提供的持续性

养老服务涉及专业化、具有特定标准的服务内容。在社区服务向社区居家养老服务的延伸中，原先以社区居委会为主的服务安排方式已存在不适性弊端[①]，而单纯的家政服务又与养老服务的应有内涵不完全契合。当前，社区居家养老服务的可获得性困境产生的根本原因在于服务人员的不足，服务供给中的内容是由人员队伍的结构失衡所导致的，特别是专业化医护人员的缺乏。因此，结构合理、专业匹配的服务人员构成将是决定服务提供能力提升、多元参与发展、社区居家建设和老年人服务需求满足的核心，是当前亟待解决的关键问题。

服务人员的培养与发展，涉及资格准入、收入待遇、职业地位等多方位的全面性系统性和规范性的考量。然而，由于人员的保障问题无法在短期内得以解决，因此需要兼顾长远培养和短期补足两种路径。其中，服务人员的长期培养涉及人力资源持续供给和服务提供可持续性的问题；短期补足涉及既定条件下，如何通过现有人力资源的整合，进而可能保障服务能力最大化的问题。

（1）在长期性的人才培养中，以高中专院校为主体，发展专业化的课程教育，培育全科医生、护理康复型人才；同时，开设社会工作、心理咨询等相关

---

① 江立华.中国城市社区福利［M］.北京：社会科学文献出版社，2008.

课程，提升人才知识结构的多样性。另外，可依托专业化的职业培训、继续教育的结合，设立社会化医疗护理人员的培养模式。

（2）在短期内的人力资源不缺中，可适当扩大人员整合的范围。一方面，加强医疗机构资源向社区层面的下沉，如加强公办医疗机构与社区卫生服务中心的合作公建，将常见病、多发病等基础医疗人才、全科医生向社区倾斜，提高基础医疗服务的前置性、服务获取的及时性与便捷性。另一方面，可适当实施全职与兼职相结合的方式，整合现有人力资源。比如，在取得服务资格、社区管理报备的基础上，可对专业医疗人员实施灵活的就医、流动就医的机制，为老年人提供具有时间弹性的医疗服务，如慢性病维护、健康检查、康复护理、医疗指导等非急性医疗服务。

（3）提升服务岗位吸引力。压力大、待遇低、福利少和社会地位不高，是造成岗位吸引不足、就业意愿偏低的重要原因。为此，在提升岗位吸引力的过程中：

第一，应通过多种途径保障与提供服务人员待遇。由于服务人员工资多以当地最低工资水平为标准，政府可在此基础上制定岗位工资标准的指导意见，适当提升工资待遇。同时，政府可在机构发展初期，对服务人员给予一定的工资补贴；并对服务人员专业技能培训、资格认定教育等予以支持。

第二，实施动态化、梯次化的绩效薪酬机制，是从根本上保障收入合理提升的有效途径。其中，可依据薪资待遇和服务量、服务质量、专业化水平和服务资质高低进行联动，一方面可提升服务提供的积极性，另一方面可体现出人力资本价值。同时，服务薪资在基本工资基础上，也可依据专业化程度、工作负担对单位时间收入进行差异化的制定。此外，提高全职医生待遇，进而提升老年人医疗服务需求满足的全面性。

第三，可通过社区义诊、专家巡诊的方式，定期依托社区医疗卫生中心开展补充性医疗服务，进而缓解单纯社区居家的服务提供压力。进而，通过上述方式的推进，以较好的职业发展前景促进职业人员的稳定性、减少人员流失。

三、加强社区平台建设，提升服务获取的可及性

服务资源的丰富、服务人员的保障和服务能力的提升，是满足老年人服务需求的前提基础；而需求满足的有效性，有赖于社区服务平台、管理平台的功能实现。社区居家养老服务的发展是依托社区管理进行的，功能完善、运行高效的社区管理是实现社区作为服务运行平台的基础。在社区层面，应将社区作

为服务供给管理平台的核心，依托社区宜居的建设、强化服务资源的整合与协调，通过硬件、软件和外部环境建设，提升老年人在社区层面的服务可及性。

（1）通过合理规划、集约管理提升服务的便捷性。服务供给的集约性、可达性，是缓解设施缺口、可及性不足的有效途径。其中，集约性旨在反映时间层面的服务获取的方便程度；可达性旨在强调空间到达层面的便利性。第一，依托区居家综合为老服务中心的建设，提升服务的集约化水平。加强服务信息化建设，建立区域内的服务地点、人员配备、服务内容信息库，采用服务热线、网络建设或手机 App "服务菜单"等方式，实施"一站咨询""一站申请""一站统筹""一站管理"的模式，对服务提供、服务咨询、服务中介、人员调配予以集约化管理；同时，建立服务预约模式，保证服务资源调配的合理安排，提升服务效率、节约服务成本；另外，以开放式、共享式为发展导向，以就近服务、功能互补、地位公平为原则，提升区域范围内的资源的共享[①]。第二，以嵌入式服务机构为依托，作为集中化服务载体。通过嵌入式、小型化、多功能、专业化的社区服务机构建设，将日间照料、集中供餐、活动（阅览）室、健康维护等功能进行整合，实现"一站多点"的服务集成功能。第三，服务机构的建设，应根据区域内老年人口规模、结构和分布等方面进行合理规划，提升老年人获取服务的空间可达性，比如"一碗热汤的距离""十五分钟服务圈"；同时，服务地点的分布应考虑相邻社区之间的结合，实现区域之间服务辐射范围的全覆盖。进而，提升老年人服务获取在时间、空间上的便利性。

（2）依托社区基础设施建设与功能整合，推动"宜居型"社区建设。老年人就地养老的实现，既在于相应服务需求的满足，更有赖于外部良好的生活空间环境。以"宜居型"社区建设作为外部保障，将硬件设施建设与软件服务配套作为重要内容，既是为老年人及其家庭的赋权给予更加有利的外部环境，更是社区居家嵌入社区发展框架内的重要体现。第一，在硬件设施建设方面，应以基本公共服务、社区硬件配置为导向，对斜坡、楼梯进行无障碍改造，完善健身设施、社区活动室、社区阅览室等建设，加大对社区位置机构的硬件配备力度，以提升社区福利提升老年人需求满足能力；同时，在扩大政府保障范围的基础上，为部分空巢、独居、高龄、失能的老人安装紧急呼叫设备，提升应急响应性。第二，随着社会治理向社区层面的下沉，通过社区服务功能的回归与强化提升整体服务能力。依托社区生活服务、医疗卫生、精神文化和治安协

---

① 侯冰，钟仁耀. 破解社区居家养老服务体系建设困境的六条路径［N］. 中国社会报，2016-11-07（2）.

调等应有功能，为老年人需求满足提供全面的软环境建设，并作为社区居家服务的补充。比如，医疗层面的疫病预防、健康教育、组织义诊，精神文化层面的组织活动、老年教育、敬老爱老营造、养老政策宣传、法律与纠纷协调等需求均可在社区层面实现；同时，依托社区治安功能，结合社区人员与邻里居民，可为特定老人给予居家安全指导、定期探访等。

（3）加强社区资源整合，扩大老年人社会支持网络。社区服务资源的整合有赖于"社区"的协调。依托社区的行政化功能，社区应充分依靠自身的权威性和社会管理职能，发挥在协调区域资源、特别是人力资源的优势。通过扩大非正式服务主体范围，将散点化的主体功能进行集中整合与规范。社区可通过对志愿者、社会工作者等主体的协调、连接，提升社区居家养老服务提供的灵活性、丰富性和及时性。第一，加强志愿者的引导与管理。一方面，通过志愿精神的宣传、培育，扩大志愿者参与规模，并建立畅通的参与渠道。将高校学生、低龄老人、社区内具有专业服务技能的人员吸引至志愿群体范围之中。另一方面，完善社区对志愿者的管理规范。规范志愿者的统一登记，依据年龄、职业、专长、工作时间等进行记录与分类，针对老年人需求内容、时间、紧迫性等进行统一协调，实现服务时间、服务人员、服务内容的有效匹配。同时，对志愿服务设置相应的奖励机制，依据服务提供质量予以多样化的奖励。第二，将社会工作者纳入到专业化服务参与过程中。社会工作以实现助人自助为目标，进而老年社会工作旨在对老年人自主、自立的生活提供协助，防止社会关系、社会功能的弱化造成的社会退出问题。在社会工作介入中，针对不同老年人所面临的困境，可依托专业化、系统化的个案方式，以优势视角转变老年人悲观态度、最大程度地发挥自身潜力，进而树立积极的认知、保持日常性的延续。第三，提倡和弘扬"初民互助文化"，通过家庭自助、邻里互助、社会关爱等形式引导与整合正式、非正式社会力量为老年人提供力所能及的服务内容，如定期探访、互动交流、应急援助等，基于社会支持网络的扩展，提升养老服务的供给总量。

第八章 "互联网＋数字化"智慧养老服务靶向精准供给策略

近年来，基于数字化技术的快速发展，智慧养老服务模式得到更为广泛的应用。智慧养老服务模式既是新技术在养老服务领域的革命性嵌入，更能对传统养老服务链、服务环境、服务资源的打通与整合。在此背景下，老年人社区居家养老服务需求的满足策略，得以在更具实效、更具规模、更具范畴的模式框架内得以实现与重构。

第一节 "互联网＋数字化"智慧居家养老服务的概念

"互联网＋数字化"智慧养老服务是指在家庭养老与社区养老的基础上，围绕老年人的多方面多层次需求（如生活照料、医疗保健、精神文化等），利用互联网、物联网、大数据、云计算、人工智能等高新技术为手段，建立以社区为单元的居家养老服务智慧平台，实现远程提醒和控制、自动报警和处置、动态监测和记录等功能，智慧化、精准化、高效化地为老年人提供多元养老服务，满足老年人异质性的养老需求。

互联网＋智慧居家养老，一方面，可利用互联网＋的优势为老年人提供便利服务，即智慧助老；另一方面，可利用老年人的智慧及经验为社会创造效益，丰富其自身的老年生活，即智慧用老。可以说，智慧养老对老年人来说是一个付出与收获并行的过程，这也是智能（Intelligent）养老与智慧（Smart）养老的不同之处。

互联网＋智慧居家养老是一个智能化、一体化、全方位的养老服务体系，利用互联网＋技术为支撑创造智慧场景，将智慧场景应用在需求方（主体）、供给方（客体）、管理运行、服务内容、保障体系等各方面，通过互联网＋数字化技术与老年人的智能交互打破时空局限，实现养老需求和养老供给的精准匹配，为老年人提供全方位、全过程的养老服务。其中，智慧养老的供给方主要包括家庭、社区和第三方机构等，服务内容侧重于智慧助老（物质层面）、智慧孝老（精神层面）和智慧用老（自我实现）三个层面。如图 8-1 所示。

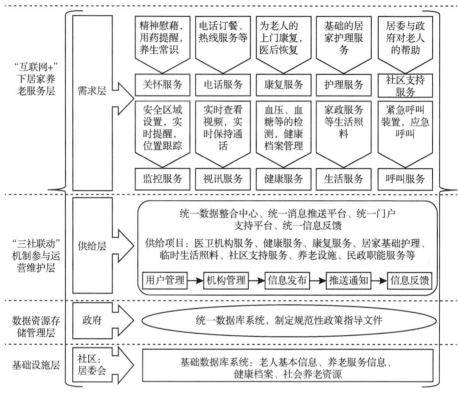

图 8-1　基于"互联网+"的大联动智慧居家养老服务平台①

第二节　基于数字化技术的智慧养老服务靶向精准供给策略

一、智慧养老服务需求的基本要素与种类

（一）智慧养老服务需求的基本要素

智慧养老坚持以"用户体验"为中心，监测、识别和满足老人的需求是智

① 郭延通. 基于"互联网+"的"三社联动"居家养老服务研究［D］. 上海工程技术大学硕士学位论文，2017.

慧养老服务的价值归宿。马斯洛（Abraham Harold Maslow）提出了著名的"需求层次理论"，将人类的需求由低到高分为生理需求、安全需求、社交需求、尊重的需求和自我实现需求五个层次。为此本文以马斯洛需求层次理论为切入点，分析老年人的真实需求，搭建智慧型养老需求的基本框架，如表 8-1 所示。

表 8-1　智慧养老需求的基本要素

智慧养老主要层面	需求层次	养老需求	智慧产品或服务
智慧助老： 基本层面	生理需求 安全需求	衣食住行等 身心健康、生活稳定	助餐、助洁、助行、代购等 智能穿戴、智能监护、智能救助等
智慧孝老： 精神层面	社交需求 尊重需求	精神慰藉、娱乐活动等 自尊、他尊	智能陪聊、电影电视等 智能陪护、养老咨询
智慧用老： 自我实现	自我实现 需求	教学活动、志愿服务等	在线课堂、云志愿

在纵向维度上，智慧养老包含智慧助老（基本层面）、智慧孝老（精神层面）和智慧用老（自我实现）三个层面。其中智慧助老对应着生理需求和安全需求，智慧孝老对应着社交需求和尊重需求，智慧用老对应着自我实现需求。

在横向维度上，老年人的生理需求主要包括饮食、水源、住所、睡眠、空气等方面，也就是常说的衣食住行，智慧养老可以提供助餐、助洁、助行、代购、生活护理等服务；老年人的安全需求主要包括身心健康、人身安全、生活稳定等，老年人可以通过智能穿戴（智能手表、智能轮椅、血压仪等）、智能监护（远程监控、SOS 报警系统、门禁安全等）、智能救助（助医、健康检测与建议、紧急救助等）满足自身的安全需求；老年人社交方面的养老需求体现在精神慰藉、娱乐社交，基于移动端、PC 端和 TV 端开发的智能产品和服务可以有效帮助老年人进行社会交流，丰富老年人的日常生活；老年人也希望实现自尊和得到他人尊重，我们应该塑造"智慧孝老"的环境，向老人提供养老咨询，推动智能陪护、智能交流的应用服务；自我实现是老年人的最高需求层次，老年人渴望发挥余热，为家庭和社会作出贡献，不仅需要通过读书学习丰富自身的知识，也需要在志愿活动等实践中得到运用知识和展示才能的机会。

（二）"互联网＋"居家智慧养老服务的基本种类

老年人居家养老服务的需求如表 8-2 所示。

表 8-2　互联网 + 数字化居家智慧养老服务的种类

服务种类	服务形式	服务内容举例	服务手段
生活照料服务	现实上门服务	洗衣、送餐、送水、穿衣、理发、搀扶上厕所、拖地	日常规范化订单管理
	网络虚拟服务	生活信息提示、日常关怀	网络、电话平台推送
	现实和虚拟均可	信息咨询、讲座培训	现场咨询、在线咨询、观看视频讲座
医疗护理服务	现实上门服务	送药、打针、吃药、测量身体指标	日常规范化订单管理
	网络虚拟服务	健康养身讲座、健康培训、预约挂号、缴费报销	观看视频讲座、网络订单操作
	现实和虚拟均可	康复训练指导、养生讲座	现场咨询、观看视频
精神慰藉服务	现实上门服务	聊天、陪同散步、心理咨询	日常规范化订单管理
	网络虚拟服务	网络聊天、在线交友	在线互动专区
	现实和虚拟均可	线上线下联谊交友、老年人兴趣小组	线上或线下活动
紧急救助服务	现实上门服务	紧急送医、送药、心理咨询服务	日常规范化订单管理
	网络虚拟服务	可穿戴设备自动报警、网络监控、远程监护	网络报警、可穿戴智能设备警示
	现实和虚拟均可	可穿戴设备的开启与关闭	上门操作、网络操作

二、智慧养老服务靶向精准供给机制"主体—工具—效果"框架

基于利益相关者理论、整体性治理理论、供需均衡理论，本章搭建了一个智慧养老服务靶向精准供给机制的"主体—工具—效果"分析框架，如图 8-2 所示。

三、智慧养老服务靶向精准供给机制的优化

（一）主体优化：完善智慧养老服务协同供给机制

1. 价值引领：靶向核心价值，形成智慧养老服务精准供给合力

价值引领是形成精准化供给合力的重要前提，不同供给主体有不同的价值理念，要将不同的价值理念相融合、相贯通，为形成精准化供给合力奠定基础。政府、非营利性组织、营利性企业、养老居民等不同主体要共同靶向智慧养老

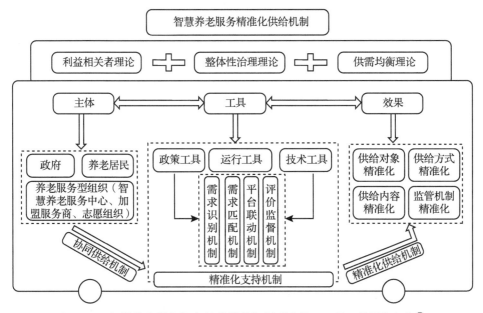

图 8-2　智慧养老服务靶向精准供给机制"主体—工具—效果"框架①

服务的"人本、创新、协同、开放、共享"核心价值，以人本理念为第一要义，以创新理念为不竭动力，以协同理念为内化要求，以开放理念为必然要求、以共享理念为终极目标。

首先，以人本理念为第一要义，就是要以老年人需求为根本导向。要不断优化升级智慧养老服务技术，借助数字化技术全方位获取老人需求，为每位居家老人提供个性化的养老服务，实现智慧助老的目标。在智慧助老的基础上，充分调动老年人的积极性、能动性，实现老年人从消费者的单一身份向消费者、生产者的双重身份转变，实现助老、用老、孝老的融合目标。

其次，以创新理念为不竭动力，推进养老服务供给侧改革，全力发展智慧养老服务。智慧养老是遵循养老事业和养老产业客观规律，顺应"互联网＋"的融合发展趋势，对传统养老服务作出的整体性变革。智慧养老并非是简单地借助技术对传统养老模式的升级改造，实际上还蕴含着服务理念创新、服务资源创新、服务环境创新、服务体系创新等深层次内容。因此，要推进智慧养老的全域创新，由特定养老场景驱动，通过养老物联网＋智联网表达、交换、获取养老服务资源，实现全社会参与、全资源整合、全过程监督，提升养老服务质

---

① 王巍，闫佳.智慧居家养老：O2O 模式下服务全要素设计［J］.时代经贸，2023，20（1）：144–149.

量、形塑为老服务的友好社会氛围。

再次，以协同理念为内化要求，系统谋划、整体推进智慧养老服务体系。协同性是完善智慧养老服务协同供给机制的本质要求：一是主体协同供给，汇聚政府、社区、机构、志愿者、老人及其家庭的力量；二是城乡区域间协同发展，整合城乡服务资源，借助服务平台，改善养老服务资源在地区间的分布不平衡；三是服务资源协同整合，推进养老服务需求的一键到达、养老服务资源的一站获取、养老服务监管的一网覆盖，最大程度地减少因信息不对称导致的养老服务供需不匹配问题。此外，以开放理念为必然要求，推进多样化资源接入。智慧养老服务要秉持开放逻辑，改变过去养老服务资源分散于家庭、机构等不同主体的碎片化现象，为不同主体、不同服务资源提供平台接入端口，主体间相互联结，资源间相互流动，养老服务由封闭走向开放、由单向度递送向共建共享转变。

最后，以共享理念为终极目标，兜好底线，普惠共享。要让每一位老年人拥有平等选择智慧养老服务的权利和机会。具体而言，一是全民共享，针对特殊困难老人群体，地方政府要履行其兜底线的职责；针对普通老人，通过积极宣传、给予补贴等形式吸引其了解并使用。二是全面共享，智慧养老要尽可能地满足老年人的全面发展和全生命周期需求，建立面向老年人的动态预测模型和不同服务方案，充分挖掘老年人的潜在需求，提供全方位、全周期、可追溯的养老服务应用支持。

2. 主体协同：多元主体参与，形成智慧养老服务靶向精准协同机制

作为一项具有福利属性的准公共服务，智慧养老模式要广泛纳入政府、社会、市场、老年人及其家庭、志愿者等多方主体。因此，需要充分发挥各个主体的资源优势，促进政府、养老服务型组织、养老居民的主体耦合，形成"政府＋养老服务型组织＋养老居民"的智慧养老服务精准协同机制。

首先，地方政府要继续发挥引导者的作用，不断优化政政合作、强化政企合作、发展政社合作、加强政家合作，优化养老服务水平，提高老年人的幸福感。地方政府要积极响应中央政策的号召，在区域范围内推进智慧养老服务平台的层级建设和数据连通，加大财政补贴力度，切实发挥好政府兜底线、惠民生的作用，使智慧养老服务惠及更多老年人。

其次，智慧养老服务中心要继续坚守养老服务型组织的社会责任感和发展为老事业的使命感，提高运营的专业化水平。要积极争取地方政府的政策支持和财政扶持，学习先进地区的经验模式，不断完善自身的组织架构，比如，威

海 12349 养老服务中心就形成了"两厅、七中心、四个服务站"的服务布局：通过养老成果展示厅和老年产品展示厅，充分展现养老服务成效；设置呼叫服务中心、养老咨询中心实现资源整合和供需零距离对接，设置积分养老服务中心、志愿服务中心、项目孵化中心吸引凝聚更多为老服务力量（低龄老年人、义工、诚信商家），设置质量管理中心对服务进行更为专业化的监督、管理、考核、评估。通过提高招募要求、加大培训力度、严格考核标准等方式，不断提高工作人员的为老服务专业化水平，使工作人员能够更为快速地、准确地识别需求、匹配服务。

再次，加盟服务商要平衡好利润和责任的关系，以高涨的热情积极投身于养老服务供给。加盟服务商要积极争取政府的政策支持，在政府的指引和规制下，不断优化智能产品与平台、服务技术、服务场景，推进养老服务质量的迭代升级，以低于市场的价格、更为专业化的服务，给老年人带来满意的服务体验。要在养老服务的各个模块引入志愿服务的力量，壮大志愿服务队伍，加强志愿服务的激励管理，推进长效化志愿服务机制，扩大志愿服务的覆盖范围，实现供需双方的有效对接。

最后，精准服务供给离不开老人及其家庭对智慧养老服务的接纳、对真实养老需求、应用场景体验的直接感知和反馈。家庭要积极配合服务组织的询问、主动反馈老年人的需求痛点与难点，鼓励老年人勇于尝试新事物、主动拥抱智慧养老新模式。此外，增设老年人之间的交流互助机制也非常重要，通过交流互助机制，老年人不再局限于由社区、平台、市场等外部力量提供的服务与活动，部分老年人可以实现"线上自己组织＋线下组团参加"，以老年人自身视角出发，还可以使得养老服务供给更加精准化。低龄老年人还可以服务高龄老年人，实现从"服务消费者"到"服务生产者"的转变，成为志愿服务的重要补充力量。如图 8-3 所示。

（二）工具优化：弥合数字鸿沟，强化智慧养老服务技术支撑，建立智慧养老服务靶向精准支持机制

智慧养老服务是现代科学技术和养老服务的耦合，要实现智慧养老服务靶向精准供给，必须重视技术赋能，而技术得以赋能的前提，就是要以数字包容理念问需于民问计于民，进行适老化改造，破除数字鸿沟，克服技术理性局限，以人文情怀增加技术温度。各供给主体要秉持数字包容理念，对于是否使用智慧技术以及如何使用智慧技术，应给予老年人充分的尊重和多样的选择权，打造一个友好、包容的数字化社会环境，让老年人减轻对智能、对技术的恐惧。

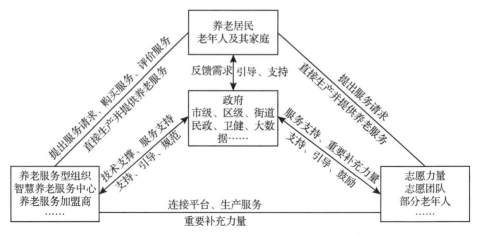

图 8-3　智慧养老服务靶向精准协同机制模型[①]

尽管使用智能手机、有线电视等智能产品已经成为数字时代背景下的一种潮流趋势和必备素养，但对于老年群体来说依旧存在困难。因此，现阶段应作为一种人工辅助工具而缓慢推进、有序过渡，逐步实现由人人交互、人机交互向机机交互的完全转变。政府要做好"把关人"，严格智慧养老产品的准入，从生产源头入手提高产品的适老化、规范化水平；技术产品研发企业应推进养老产品的适老化改造与服务系统的转型升级，应多关注老年群体的现实需求，提升产品的实用性和易用性，在迭代升级过程中要做好长期规划，以现有设备为基础，避免无序开发和资源浪费，提高技术和需求的适配性、系统与用户的衔接性，彰显技术的人文温度。智慧养老服务机构在引进相关智能养老设备时，要注意与服务系统的兼容性；在宣传推广过程中，要针对老年用户的个性化特征和多样化需求，有针对性推荐，并辅之以详细地功能介绍与使用说明，增强老年人对智能技术的接受度和认可度。此外，可以积极发动社区、志愿者的力量，对老年人的智慧养老素养进行培训，以人文关怀打造"技术温度"，使服务的输送与功能的传递充满温情，增强老年群体的幸福效能感。

（三）效果优化：形成智慧养老服务靶向精准供给机制

1. 对象精准：建立分类管理机制，提升智慧养老靶向精准服务

服务对象的精准识别是智慧养老服务精准化供给效果的重要表现之一，也是对老年人主体性的肯定以及老年群体价值的回归。对服务对象进行分类管理，不能仅仅依据服务是否付费的基本原则，而应该从老人个体特性出发，形成各

① 王巍，闫佳. 智慧居家养老：O2O 模式下服务全要素设计［J］. 时代经贸，2023，20（1）：144–149.

具特色的个性化电子档案以及具有共同特征归类的群体标签，以更好地适应与满足老年群体内部异质性的客体要求。袁志刚依据老年人的健康水平、自理能力，将老年人口划分为青老年（60~70岁或65~75岁）、中老年（70~80岁或75~85岁）、老老年（80或85岁以上）。智慧养老服务对象的分类管理也可以参照此标准，结合不同年龄段的生理特征和潜在需求进行精准化供给，比如，对健康状况较好且社会参与意识较强的青老年，可侧重推送老年教育、志愿服务等内容；对健康状况处于亚健康但具有自理能力的中老年，要注重利用养老智能设备进行日常行为数据、健康数据的监测，增强健康管理、降低突发性风险；对处于高龄、失能、半失能的老老年，服务则倾向于生活照料和情感关怀。简言之，就是根据老人的个性特征，有针对性布局养老服务资源，实现精准对接。

精准识别智慧养老服务对象的基础条件，在于老年人信息库的不断完善。要为每位入驻用户建立个性化电子档案，并通过用户激励机制，促使老人尽可能详细地填写个人基本信息、健康信息，系统对服务偏好、需求信息进行自动保存和累计，根据相关数据进行个性化、全面化分析，进而构建服务需求模型，实现老年人的标签化管理，方便服务资源的精准化匹配。同时，要注重信息库的动态更新，老人需求是不断变化的，这意味着大数据的分析处理一旦滞后，就会使得云计算得出的个人需求滞后于此刻的更新需求。因此，要做到动态地分析处理数据信息，根据最新数据和反馈信息不断修正信息库。

2. 供给精准：优化供给子机制，形成智慧养老服务靶向精准供给闭环

（1）优化需求识别机制，确保需求充分表达。必须要采用多种供给方式，才能确保养老服务需求的充分表达。尽管服务网页、微信小程序、养老服务热线等方式为老年群体随时随地表达需求提供了可能性，但并非所有老人都能够自主地通过这些线上渠道表达需求，被迫成为智慧养老"边缘化"群体。基于此，必须将线上线下相结合，拓宽需求表达渠道，提高老年人的需求表达能力。只有如此，才能尽可能多地掌握个体生命全周期、多维度的主观和客观数据。具体而言，可围绕三个方面发力：一是宣传推进智能养老产品嵌入老人生活，利用智能产品实时采集、动态分析老人行为特征、健康状况，挖掘老人潜在服务需求，这些关于老人状况数据的长期性、连续性采集对于预防疾病与化解风险具有重要意义。二是结合线下调查获取需求信息。在社区推广宣传、入户服务过程中，充分与老人进行交流，鼓励引导老人自主表达自己的服务偏好和需求，也可以在上门服务过程中由专业人员利用一些辅助性产品帮助居家老年人完成线上的需求表达。三是不断完善网页、微信小程序等自主订购渠道所展现

的服务信息，激发老年人的需求表达意愿。

（2）完善涉老服务数据库，确保供需精准匹配。需要建立并动态优化老人信息库和服务资源数据库，在老人提出服务申请时，根据信息库中的个人基本信息、健康状况、支付能力、服务偏好、历史订单等与服务商的资质信息、服务内容、服务评价等信息进行最优匹配，提高老人和服务商的适配性。具体而言，要完善服务资源数据库。智慧养老要致力于助老、孝老、用老三方面的服务项目供给，要通过严格的服务商准入机制，一方面对数据库中既有服务资源及所辖区域进行分类优化，另一方面积极联系并吸引那些需求尚未得到有效满足的服务项目的入驻，从而提升服务内容的覆盖面、提高服务质量水平。

（3）健全平台联动机制，确保养老服务资源的整合、联动、贴近基层社区。地方政府要着力打造"市—县（区）—镇（街）—社区"四级联动的智慧养老服务体系，推进各层级平台建设与数据连通，基层社区在感知真实养老需求方面具有绝对优势，因此要在老人数量较多的社区设置线下实体服务站，做好标准化建设和个性化发展相结合，为贴近社区、了解老人心声、满足简单需求提供场所便利。此外，要着力推进相关涉老部门的数据联动、相关涉老机构的资源整合，提高服务效率。比如，将卫健、保险、民政等涉老数据进行互联互通，进一步打破政府内部涉老部门的数据壁垒；与大型医疗机构、养老机构等组织建立合作，推进养老服务与基本医疗护理、健康管理、应急救助的融合发展；智慧养老服务需要更为专业化的人才队伍，加强与职业院校的联合，进行专业人才的培育，提高薪资待遇，鼓励相关人员积极应聘、长期服务。

（4）重视服务评价机制，实现供需有效反馈与互动。老年人的服务评价是精准化供给的优化指南，因此要积极吸引老年人参与服务的评价，引导老年人在服务系统中自主评论，而不仅仅是电话回访或简单评分。这样既利于获取更多的服务偏好信息，方便匹配需求，又利于对服务人员的细化管理与监督。现阶段，电话回访所得到的服务评价大多处于中流水平，对服务人员尚不能起到很好的激励或改进功效。应增设对服务人员的线上星级评价渠道，比如，根据用户对服务人员的评价进行星级评分，并将评分信息动态展现在相关服务人员页面，消费者往往倾向于选择那些整体服务水平较高的服务人员，由此形成更加重视服务质量的自主改进机制。此外，可以考虑设置专门的服务质量监督与管理部门，由专人对服务机构提供的养老服务进行监督，保证服务监督的客观性。

3. 监管精准：采用多元化手段，建立智慧养老服务靶向精准监管机制

智慧养老服务监管精准是服务精准化供给的必然要求。监管精准要求进一

步出台并不断完善监管细则，聚焦政策目标，提高监管效率，正确处理好"管与不管""谁来管""怎么管"的问题。要构建政府主导、行业自律、组织自治、社会参与的综合监管格局，地方民政部门在政府监管中应居于主导地位，做好主导者和协调者的角色，以低门槛、高要求、强监管形式规范组织层面的主体行为；赋予行业协会更多的自主权，通过制定更为严格的行业标准、设置准入黑名单等规制组织行为，形成强大的行业自律力量；智慧养老服务中心及加盟服务企业内部也应形成有效的自我管理，通过规章制度、奖惩措施、良性竞争等实现自我革新；老年人及其家庭等社会力量应积极参与到对养老组织的监督中，形成社会监管合力。综合而言，智慧养老服务监管精准要实现由被动监管向主动监管、由静态监管向动态监管、由政府一元监管向社会多元监管、由粗放式监管向专业化监管、由运动式监管向常态化监管的转变。如图 8-4 所示。

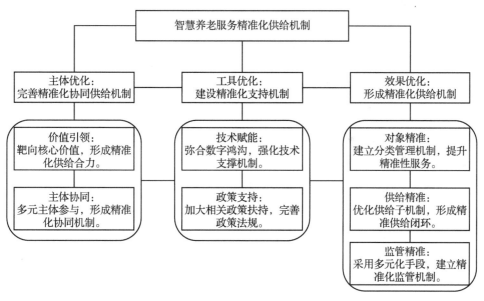

图 8-4 基于数字化的智慧养老服务靶向精化供给机制[①]

四、智慧养老服务靶向精准供给的优化对策

（一）发挥数字平台优势，优化养老服务资源靶向精准配置

1. 明确数字养老优势，推进数字助老

智慧养老可以对传统家庭养老、社区养老或机构养老的服务供给进行补充

① 王巍，闫佳．智慧居家养老：O2O 模式下服务全要素设计［J］．时代经贸，2023，20（1）：144-149.

和拓展，发挥其在养老理念、服务项目、服务形式等方面的独特优势，加快推进养老服务的靶向精准供给，从而提升老年人的晚年生活品质。一方面，智慧养老可以使老年人在其相对熟悉的养老生活环境中，通过与数字技术的互动，享受到更安全、便捷、高效、专业、丰富的养老服务。另一方面，智慧养老注重互联网、大数据、云计算、区块链等数字技术在养老服务领域的融合应用，提高养老服务供给的敏感性和精准性，满足老年人的个性化养老需求。

以大数据技术为例，其在养老服务领域的应用具备多重优势。在需求分析方面，大数据技术为服务供给主体精准细分老年群体，以及挖掘、预测老年人潜在需求提供了新的视角和方式，能积极作用于养老服务需求与供给的匹配。在智能决策方面，大数据技术对政府决策的影响主要体现于决策质量的提升，帮助政府更好地进行知情决策。在协同供给方面，大数据技术帮助政府进行数据导向的资源分配，再造服务供给流程，协调服务生产、递送、评估等活动。基于此，促进养老服务靶向精准供给应明确数字技术的优势，找准数字技术在养老服务供给中的定位，以数据资源为支撑、以技术应用为核心、以政策规划为指导、以人民满意为目的，创新智慧养老服务供给方式，助力老年人群体获得信息化、智能化、个性化的养老服务体验。

2. 充分利用数字信息技术，优化养老服务平台

养老服务信息化数字平台是连接老年人需求和服务供给间的桥梁，为养老服务供给者精准识别需求、精准提供服务提供了平台载体。大数据、区块链等数字技术的蓬勃发展，为智慧养老服务平台建设的优化创造了更多机会。应充分利用数字技术，推进智慧养老服务的覆盖率和可及性，提升数据融合分析能力，让老年人的养老服务在供给、运营、管理和使用环节都朝着精准化方向发展。

3. 整合养老服务资源，实现最优配置

实现养老服务智慧化的本质是应用数字技术改进养老服务生产与供给。整合优化各服务供给主体所拥有的各类资源配置，是养老服务精准供给的关键，如企业的信息技术、医院的医疗资源、社区的养老基础设施等。在此环节，政府应发挥主导作用，鼓励和引导社区、养老机构、医院、家庭、企业、社会组织等多元主体通过数字信息平台互通，增强主体间的对话与合作，整合、共享各主体的资源分布、利用和闲置情况等信息，实现养老服务人、财、物等资源的充分整合和最优配置。

此外，为破除街道、社区间共享壁垒、分配不均等问题，各街道、社区之

间应主动加强信息交流，促进养老服务资源跨区域联合共享。以养老服务专业人才资源为例，智慧养老服务对人员的个人素质要求较高，人力资源的质量直接关系到智慧养老服务水平。培养一支兼备信息技术应用、平台管理与运营、养老服务供给等技能的人才队伍，便于推动老人基本信息数据库高效建立和完善，从而畅通养老服务信息交流，助力匹配服务供给与需求，并为政府制定智慧助老政策、提高为老服务能力建言献策。因此，对于专业技术人才和服务人才，可在各辖区范围内实行跨社区调动，以充分利用有限的人力资源。

（二）创新数字养老服务方式，构建对话机制，精准识别老年人养老服务需求，促进养老服务供需靶向精准对接

精准识别养老服务需求，是养老服务靶向精准供给的前提。为有效解决当前养老需求调查不足、老年人需求表达障碍的问题，应充分利用数字技术构建养老服务使用者与养老服务供给者间的对话机制。

（1）要以政府为主导，在养老服务信息平台和老年人健康档案的基础上建立社区老年人信息数据库，集中社区老年人养老服务的供需信息，增强采集、分析及应用数据的能力，加强与老年人子女的沟通、协作，利用数据库及时把握、动态识别老年人的个性需求及需求变化，如疾病跟踪、慢病管理等，实时监测资源与需求的匹配状态。要加快推进老年人需求数据采集工作，主动联系老年人家庭，实现老年人居家养老服务的主动供给。在数据分析工作中，应注意细化养老服务需求，可以按照老年人的四大类养老服务需求进行分类预测和安全风险预警，从而为政府提供养老服务决策咨询，为养老服务机构提供服务指导，为老年人居家养老提供服务方案参考。

（2）要帮助居家老人建立对智慧养老服务的正确、全面认知，更新老年人自身的养老观念，提升其对智慧养老的信任度。这不仅需要加强对老年人的线下宣传、上门走访，还应结合对老年人子女的线上咨询，由此提升全社会对智慧养老的认可和接受程度，使得老年人能够积极配合社区的信息采集工作，以推动对居家养老服务需求的精准识别，从而为其提供精准的养老服务，促进供需靶向精准对接。

（三）完善数字治理规范，落实养老服务过程精准监管

1. 加强养老服务体系顶层设计，建立规范标准体系

标准规范体系的建立健全能够保障养老服务的有效供给和管理，从而实现养老服务的持续发展。加强养老服务体系的顶层设计，不仅是推动养老服务相关决策落地落实的关键举措，也是推进智慧养老工作开展的现实需要。因此，

应对养老服务工作予以高度重视，科学、合理规划并逐步落实养老服务产事业发展布局及养老服务设施配置专项工作。坚持强化顶层设计与推进实践探索相结合，坚持强化政府主导、引导家庭尽责、依托社区嵌入、鼓励社会参与，为空巢老人安全、幸福的晚年生活施以保障，使智慧养老成为持续性的、可重复的工作，构建"老有所依"新形式。

（1）坚持规划先行，多规合一，统一服务考核评价标准。同时，将智慧养老服务也纳入养老服务工作绩效考核体系，加快出台智慧养老服务考核的相关规范性文件，明确服务考核评价的全过程覆盖，进一步细化、量化、规范化每一项服务的考核标准和不同服务主体的责任、义务。

（2）加强对养老服务补助资金的使用的针对性监督管理，推动养老服务工作规范化、标准化、制度化发展。建议加大对智慧养老管理和服务平台建设、特殊老年人家庭适老化改造等养老服务项目的监督检查力度，可以采取"点单式"电话抽查、"走访式"实地检查以及对重点岗位、重点人员提醒谈话等多种方式，确保资金落实到位，推动资金最大化发挥效用。

2. 完善养老服务供给过程管理，健全精准监管评估机制

养老服务过程的精准监管不仅需要养老服务供给主体内部的自我约束，更需要外界对其供给行为进行严格监管和科学评估，否则可能会导致养老服务水平参次不齐。因此，必须完善对养老服务供给的全过程管理，建立完整的监管体系，实现精准监督、全程监督，提升养老服务质量。

（1）提升评估人员的专业性。针对此，可以委托第三方机构参与评估，由专业服务评估人员不定期对使用服务的空巢老人进行满意度调查和回访，以此作为考核供给主体、后续拨付资金的依据。同时，大力推进社会化监管评估，拓宽监管渠道。不仅可以开通专门用于处理智慧养老服务相关咨询、投诉的热线电话；还可以在云端搭建智慧养老数字监管信息平台，以便及时掌握服务实际供给情况和服务项目开展进度，着力实施全方位、立体化监管。此外，可以委托社会组织成立专家咨询委员会，由专家组结合监管情况开展调查和分析研究，并提出针对性解决方案，以维护和促进监督评估结果的公平、公正。

（2）提升评估指标的科学性和可操作性。具体可以通过实地调研并结合各区养老服务供给中的不精准问题，制定相应的服务质量评估指标，加快构建养老服务评估体系；同时，定期收集并分析全市各区空巢老人对养老服务的评价反馈意见，而后纳入评估体系之中，进一步规范养老服务工作。

（3）积极采用数字信息化评估技术。应用数字信息平台思维和智能技术，

提升合规监督评估效能。可以将老年人的评价反馈借助数字化技术存储于系统平台，便于后续进行数据分析操作。此外，可利用智能逻辑设置，自动矫正评估指标的内在逻辑，以避免评估人员操作失误而导致的结果误差，及时生成精准评估报告。

第九章　研究结论与展望

第一节　主要结论

何谓"需求"，如何理解需求中"需要"和"想要"两种形态的区分，是老年人社区居家养老服务需求研究中值得深入思考的内容，也是当前研究较为忽视的问题；这既涉及到对老年人需求的正确把握，更影响到对有限的社会养老服务资源在社区居家服务层面的整体投入策略。本书基于社区居家养老服务模式在社会化养老服务体系中的功能定位，在理论层面上，从需求的"溢出"视角，将老年服务需求中的"需要—想要"作出"依赖性—期待性"的理解。同时，基于对社区居家养老服务内容框架的构建，通过实证调查，分析老年人对各项服务的需求层次、侧重与动因，进而审视老年人对社区居家养老服务所表现出的依赖性、期待性倾向；依据需求分析结果，探讨了在应然层面如何进行服务需求的优先满足策略问题，即对象如何瞄准、资源如何投入和服务如何提供等。另外，在实然层面，通过实地调查与对象访谈，探讨养老服务实际运行中存在哪些问题、哪些混淆和哪些偏差；并针对老年人服务需求优先满足所面临的问题与困境，给予了相应优化与完善的建议。综上分析，本书主要研究结论如下：

一、当前老年人呈现整体服务需求较低的情况，主要表现为对社区居家养老服务的依赖性有限

从各项服务的整体需求层次划分上，仅划分出2项必备要素（M）、4项一维要素（O）和5项魅力要素（A）；多数服务归属于无关要素（I），说明相应服务的缺失或提供对老年人满意度影响不显著。同时，从不满意度系数（DI）看，整体层面多数服务的"依赖性"表现较低。上述较低的依赖性情况，既反映出

老年人仍倾向于通过非正式性服务获得需求满足，也与社区居家养老服务模式的功能定位相符，即延缓具有"就地养老"能力的老人进入"机构养老"的时间。

另外，从所划分出的11项有效需求层次的服务看，必备要素（M）的内容构成（社区医疗和健身设施）体现出老年人对社区层面基础性服务功能的依赖、社区职责应当性的认知；一维要素（O）的构成，主要呈现出对社区医疗服务功能可及性基础上的前置性、便利性的服务期待，并与老年人日常健康存在紧密联系。魅力要素（A）则体现出老年人对超出预期的补充性服务的需求特征，并属于"有则更好，无则亦可"的内容。但是，在整体层面的划分上，上述需求层次的服务构成特征表现出对象无差异的普遍性特征，即针对所有老人的服务，对专业性、具体行为的服务涉及较少。无关要素（I）的服务构成特点，体现出与老年人日常生活的紧密性低、基础功能对其的替代性高、服务对象的针对性强的特征，但层次内部的各项服务之间仍存在较大差异，部分需求仍需重视。

二、需要与想要存在区别，主要体现出服务需求较为集中性、期待性明显高于依赖性两种情况

（1）在不同服务类别中，整体层面呈现出对医疗保健类服务的需求较为集中，并且生活照料类服务需求高于精神慰藉类，既说明老年人对社区层面的各类服务需求差异，也反映出老年人在日常生活延续中所存在的困难程度差异，即非正式性服务在医疗保健上的需求满足能力最为受限，然后是生活照料方面。同时，老年人针对各类服务内部的需求也存在较为明显的倾向，在13种需求因子中，生活照料上普遍对与日常生活较为紧密的服务的需求突出，特别是家政类、照料类和应急类服务；在医疗保健上，主要是对上游性、基础性的健康预防维护、基础医疗的服务需求，并对侧重于基础医疗功能的强化性与补充性服务的需求呈普遍倾向，比如专业义诊、配药送药；在精神慰藉上，呈现出对具有"主动性"导向的自我需求满足型需求倾向，特别是互动交流平台形式的需求凸出，比如活动室、组织老年活动、培训班等，而对精神依赖型的需求较低。

（2）老年人服务需求整体呈现出期待性明显高于依赖性的倾向。通过对55项服务的不满意度系数（DI）和满意度系数（SI）的测算与比较，无论是整体层面或是群体层面，绝大多数服务的|SI|明显高于|DI|，即老年人对社区居家服务更侧重于"期待性"的需求倾向。其中，生活类、精神类服务更为明显，而在医疗保健类方面的差距相对较小。在此基础上，本书认为"低依赖、高期待"

的需求倾向并不否定社区居家养老服务发展的价值，而是与之发展相契合，即服务的提供会进一步提升老年人对社区居家模式的认同感和满意度，进而在就近养老意愿的基础上，给予老年人生活更为便利的条件，更有利于日常性的延续。同时，从"依赖性""期待性"两种维度，构建出各项服务在 DI 系数和 SI 系数排序中的坐标分布，划分出"高依赖、高期待""高依赖、低期待"、"低依赖、高期待"和"低依赖、低期待"4 类需求象限，并依次作为社会养老服务资源在社区居家层面的反"Z"字形优先投入策略。

三、社区居家养老服务的需求层次存在群体差异，主要表现为基于不同需求动因的老年人群体之间的需求层次存在区别

（1）本书从需求"溢出"角度，对老年人服务需求的影响因素进行了分析，进而探讨需求动机产生的动因。在影响需求"溢出"的原因理解上，主要划分出自我需求满足能力和家庭需求满足能力两个方面，并且两者间存在"啄序性"，即在老年人优先依赖自我满足，然后依赖家庭满足。分析结果显示，个人与家庭因素均对服务需求存在影响，其中：年龄、失能、居住状态以及地区因素的影响作用尤为突出且普遍；收入、慢性病数量、照顾者能力的影响也较为普遍；婚姻状况、照顾者类型主要对生活照料类服务需求存在影响；虽然子女数量影响并不显著，但子、女在照料功能上的差异分别对不同需求产生影响。基于此，本书针对各因素影响的差异，在探讨在服务提供中的对象识别上，应优先针对老年人的失能、年龄和居住状态三个方面依次予以考虑，并随着服务提供能力的提升向其他因素延伸。

（2）基于影响因素的分析结果，对各年龄段、失能等级、居住状态和地区的老年群体需求层次差异进行了区分。分析显示，部分服务的需求层次、依赖性逐渐凸显，并在需求"溢出"的影响差异基础上，多数服务的需求层次在各群体之间呈现"梯次性"的情况。其中，各群体对生活照料类、精神慰藉类服务的需求层次差异较大，对医疗类服务的差异相对较小；高年龄段、高失能等级和独居状态的老年群体的服务"依赖性"最高。可是，在上述 3 种群体划分中，依据"失能等级"划分下的需求层次及群体之间的差异更为明显，而在"居住状态"划分下的需求层次呈现相对不太突出。同时，本书基于"梯次性"导向的调研地区选择，对地区之间的老年人对服务"依赖性"和"期待性"差异分别进行了分析。结果显示，在依赖性上，突出表现为上海（东部）与其他地区间的显著差异，并且长沙、开封和银川之间的差异并不显著；而在期待性

上，除上海明显较高外，开封（中部非省会）显著高于中、西部省会城市（长沙、银川）；同时，中、西部省会城市（长沙、银川）间的依赖性、期待性差异均不显著。针对地区间的差异分析结果，本书从"地区服务发展与服务接受习惯"和"社会服务资源对社区居家服务功能的替代性"两个角度进行理解：①上海社区居家服务发展水平和普及程度显著较高，老年人对服务的认知、接触和获取程度高，形成了相对较好的服务接受习惯，因此依赖性相对较高。②在期待性上，上海老年人因服务认知较高而具有较为明晰的服务期待；开封（中部非省会）与中、西部省会城市相比（长沙、银川），因社会整体福利资源、老年人服务获取渠道的不足，因此更加期待于在社区层面实现自身需求的满足。

四、在理想化需求优先满足策略的实现中，存在现实层面的可获得性困境

（1）在应然状态下，除上述资源投入策略和对象瞄准梯次，本书依据福利多元主义理论，认为在服务提供上应形成私人领域、公共领域、社会领域的多主体的有序参与，实现服务的多元供给。

（2）在实然层面，本书通过实地调查和个案访谈，认为当前服务的可获得性困境是制约需求优先满足策略实现的主要问题。其中，非正式服务功能发挥不足、服务资源的投入偏差、现有资源未能有效利用、服务人员结构不合理造成了服务的提供能力有限。然而，政策导向性不足、政府作用偏差、责任体系不明晰则是导致多主体参与有序性不足、多元供给能力受限的主要原因。

五、老年人服务需求的有效满足，可遵循既定资源的有效利用和服务能力的持续提升两种视角

针对实然层面存在的可获得性困境，本文从如何在既定条件下保障需求有效满足、如何通过服务能力提升促进需求持续满足两个角度，给予了相应的建议。

（1）在既定条件下，以需求满足的侧重性、精准性、灵活性为导向，推行需求动态评估、推广服务菜单模式、推动医养服务结合，是实现现有服务资源有效利用、老年人需求优先满足的重要保障；同时，加强对家庭层面的支持作用，提升非正式服务对老年人需求的缓冲，也是缓解服务资源制约下社区居家需求满足压力的理性选择。

（2）以政府责任优化提升多主体参与的有序性、以人才培养提升服务供给

的可持续性、以社区平台功能强化提升服务的可及性，是持续提升服务供给能力、解决可获得性困境的重要途径。

第二节　研究展望

一、研究不足

（1）样本构成的局限。本书基于对 4 个省市的抽样数据，对城市老年人的社区居家养老服务需求情况进行了探讨。但由于问卷题量较大且研究精力有限，在各地的抽样数量相对有限，可能影响到本书研究的广度问题。同时，老年人并非同质性的群体，特别在当前的社会环境中，地区之间以及各群体老年人之间必然存在较大的需求差异，特别是在年龄、身体状况和居住状况等维度中存在交叉的情况；而本书在抽样中，主要是参照当前老年人年龄构成，进行抽样。因此，在本书的研究结果，旨在对整体层面老年人所表现出的需求层次进行展现，而针对特殊群体的需求探讨也有待未来进一步研究。

（2）纵向研究的局限。本书主要通过同一时间阶段的调查进行分析，因此无法通过对不同时间段情况下的需求作出分析和比较，存在"纵向"研究的不足。进而，纵向研究的局限又影响了需求研究的进一步深入：①服务项目构成内容的饱和性受限。尽管本书从政策、文献和访谈三个方面对服务内容框架进行构建，但由于我国社区居家养老服务正处于快速推广与发展时期，服务内容必将进一步发展。因此，在服务需求的调查设计中，无法避免未来发展的不确定性。②需求具有动态化的特征，Kano 模型中的各需求层次间也存在动态的演化，但演化的周期、诱因是魅力质量理论研究尚未解答的问题，需要以纵向研究为基础进行深入的探讨。

二、研究展望

随着社区居家养老服务模式地位的日益突出，如何理解、如何识别老年人的服务需求将是这一模式建设与发展中无法回避的关键问题。但整体而言，仅围绕"需求"单一主题的研究仍呈现"小众化"的特点，多数涉及"需求"的内容则倾向于作为背景化或经验材料而存在。尽管相关研究较为有限，但已有学者依据不同的理论、视角与方法，对老年人服务需求的匹配与内容的安排有所涉及。本书正是受已有研究启发，追问现实层面为何存在供需不匹配的问题，特别是以往"需求率"的识别方法是否反映真实需求。进而，在"需要"和"想要"的需求形态区分上，通过引入魅力质量理论及其 Kano 模型方法，分析老年人对社区居家养老服务的需求层次情况，并以此对服务资源投向、优先满足问题予以探讨。诚然，本书有利于对以往研究的进一步深入，也有利于相关理论、视角和方法的丰富；但作为探索性研究，囿于研究精力，本书则侧重于对老年人需求情况进行一般性的探索与把握，仅在一项研究中无法做到面面俱到。需求研究是可不断深入和细化的领域，在本研究基础上，部分主题仍是值得探索和有待回应的内容。

（1）研究对象的针对性值得进一步加强。对象精准涉及需求优先匹配的内容精准。对象的无差异分析虽然有利于对需求的整体把握，但在操作性上却存在局限。本书对群体差异的分析，主要针对各年龄段、失能等级和居住状态的单一维度划分，然而，对老年人的理解及其需求溢出的认识却并不仅限于此。在个体层面，老年人自身情况存在较大的复杂性与差异性，特别是上述 3 种维度存在不同程度的交叉，进而相应的需求表现又会发生变化。同时，特别是社会环境不断变化的情况下，收入、文化、家庭等因素的影响可能更为突出，将"老年人"作为研究对象的理解内容、划分视角也将更加多元化。进而，针对特定群体属性的需求分析，将会更具理论研究与实践指导的意义。

（2）定量和定性分析的结合值得进一步深入。在"需要"和"想要"的需求分析视角下，定量与定性分析的结合将更为有利于问题的探索与解释。定量分析有助于对问题的整体情况进行描绘、对客观取向的规律性问题进行探索；定性有益于问题的深入挖掘、提高问题的解释力度。不能因为定量研究的科学主义而忽视定性研究的自身价值。从本书看，老年人在不同服务项目、不同需求类型的"依赖性—期待性"倾向更像是客观条件与主观选择共同交织产生的。在需求动因上，本书主要从自我满足能力和家庭满足能力理解需求的"溢出"，但定量层面的客观变量选择无法穷尽，需要定性分析予以补充，以强化定量结果的解释力度；同时，定性研究也有利于对老年人需求的规律性进行归纳。比如，在依赖性分析基础上，哪些因素、哪些主观动机影响到服务的期待性倾向；或者，在各需求层次之间动态演变中，存在何种周期、哪些因素促发演进等。因此，随着需求研究的深入，通过对定量与定性研究的进一步结合，必将展示更多有价值的内容。

（3）相关研究主题值得进一步延伸。需求的识别与服务的匹配是养老服务研究中相互对应的主题。需求识别属于源头性的环节，而供给匹配是需求研究的最终落脚点，也是需求研究的价值所在。就本书而言，在"需要"和"想要"的区分下，相应的需求与现有服务是否对等、相应的满足策略如何操作，是有待进一步分析的问题。其中，与魅力质量理论 Kano 模型的需求分析相对应，质量机能展开（QFD）或质量屋（HOQ）等方法可以应用于服务资金、资源和人员的匹配研究中。

（4）"需要"与"想要"的分析视角可以延伸至机构养老的研究中。虽然同为社会化养老服务，但社区居家和机构间在对象指向、功能导向上存在差异，相应的需求理解理应有所区别。比如，从社会养老服务与非正式性服务的关系上，本书将社区居家养老视为对家庭需求满足的"辅助"，但机构养老则可能存在对家庭的"替代"作用。进而，对机构养老服务需求中"需要"和"想要"的理解，也理应在机构服务的功能定位基础上作出针对性的分析。

参考文献

一、著作类

[1]吴玉韶,党俊武.中国老龄产业发展报告[M].北京:社会科学文献出版社,2014.

[2]郭远发.银色世界[M].北京:学苑出版社,1990.

[3]杨翠迎.国际社会保障动态:社会养老服务体系建设[M].上海:上海人民出版社,2014.

[4]黄源协.社区照顾——英国与台湾的经验检视[M].台北:杨智文化事业股份有限公司,2000.

[5]时蓉华.老年心理保健必读[M].上海:上海科学技术文献出版社,1996.

[6]陈淑红.养老服务于产业发展[M].长沙:湖南人民出版社,2007.

[7]熊跃根.需要、互惠和责任分担:中国城市老人照顾的政策与实践[M].上海:格致出版社,2008.

[8]徐丽君,蔡文辉.老年社会学:理论与实务[M].台北:巨流图书公司,1985.

[9]梅陈玉婵.老年学理论与实践[M].北京:社会科学文献出版社,2004.

[10]江立华,沈洁.中国城市社区福利[M].北京:社会科学文献出版社,2008.

[11]王铭铭.社会人类学与中国研究[M].北京:生活·读书·新知三联书店,1997.

[12]苏珊·特斯特.老年人社区照顾的跨国比较[M].周向红,张小明译.北京:中国社会出版社,2002.

[13]马斯洛.动机与人格[M].北京:华夏出版社,1987.

[14]弗兰克·G.戈布尔.第三思潮:马斯洛心理学[M].吕明,陈红雯,译.

上海：上海译文出版社，2006.

[15]宋世斌.中国老龄化的世纪之困：老年保障体系的成本、债务及公共财政责任[M].北京：经济管理出版社，2010.

[16]车文博.人本主义心理学[M].杭州：浙江教育出版社，2003.

[17]穆光宗.家庭养老制度的传统与变革[M].北京：华文出版社，2002.

[18]莱恩·多亚尔，伊恩·高夫.人的需要理论[M].北京：商务印书馆，2008.

[19]劳伦斯·纽曼.社会研究方法：定性和定量的取向（第五版）[M].郝大海，译.北京：中国人民大学出版社，2007.

[20]张文彤.世界优秀统计工具SPSS11统计分析教程（高级篇）[M].北京：希望电子出版社，2002.

[21]包红霏.社区发展与管理[M].北京：中国建筑工业出版社，2014.

[22]郭爱妹，张戍凡.城乡空巢老年人的生存状态与社会保障研究[M].广州：中山大学出版社，2011.

[23]萨缪尔森，诺德豪斯.经济学[M].胡代光译.北京：北京经济学院出版社，1996.

[24]R.米什拉.资本主义社会的福利国家[M].郑秉文，译.北京：法律出版社，2003.

[25]吉尔伯特，特瑞.社会福利政策导论[M].黄晨熹，译.上海：华东理工大学出版社，2003.

[26]彭华民.西方社会福利理论前沿[M].北京：中国社会出版社，2009.

[27]杨立雄.老年福利制度研究[M].北京：人民出版社，2013.

[28]张良礼.应对人口老龄化：社会化养老服务体系构建及规划[M].北京：社会科学文献出版社，2006.

二、期刊类

[1]涂爱仙.供需失衡视角下失能老人长期照护的政府责任研究[J].江西财经大学学报，2016（2）：70-76.

[2]陶立群.我国人口老龄化的趋势和特点[J].科学决策，2006（4）：8-10.

[3]李华.人口老龄化对中国服务业发展的影响研究——基于供给和需求的分析视角[J].上海经济研究，2015（5）：95-101.

[4]唐振兴.对发展中国家养老服务业的思考[J].老龄科学研究，2014（4）：13-22.

［5］邬沧萍，王琳，苗瑞凤.中国特色的人口老龄化过程、前景和对策［J］.人口研究，2004，28（1）：8-15.

［6］安玉雪.构建适应老龄化社会的养老服务体系［J］.中国集体经济，2010（3）：195-196.

［7］风笑天.城市独生子女与父母的居住关系［J］.学海，2009（5）：24-30.

［8］张奇林，赵青.我国社区居家养老模式发展探析［J］.东北大学学报（社会科学版），2011，13（5）：416-420.

［9］孙钦荣.论居家养老服务老年人力资源开发［J］.中国老年学杂志，2012（12）：2673-2676.

［10］韩振燕，郑娜娜.空巢老人心理需求与老年社会服务发展探析——基于南京市鼓楼区的调查研究［J］.西北人口，2011，32（2）：102-106.

［11］林娜，卢净."主动空巢"与社会化养老服务模式探究［J］.中共福建省委党校学报，2011（12）：93-99.

［12］罗亚萍，史文静，肖阳.城市居民养老方式的变化趋势、存在问题及对策研究——基于对西安市居民养老方式的调查［J］.西安交通大学学报（社会科学版），2013，33（1）：78-84.

［13］王乐芝，曾水英.关于失能老人状况与老年长期护理保险的研究综述［J］.人口学刊，2015，37（4）：86-91.

［14］林宝.中国不能自理老年人口的现状及趋势分析［J］.人口与经济，2015（4）：77-84.

［15］唐钧.中国老年服务的现状、问题和发展前景［J］.国家行政学院学报，2015（3）：75-81.

［16］姚远.老年群体更替对我国老年社会工作发展的影响［J］.国家行政学院学报，2015（3）：69-74.

［17］郑莹，高源.政府购买社区养老服务的法学审视［J］.辽宁大学学报（哲学社会科学版），2017，45（3）：113-120.

［18］胡爱敏.高速老龄化背景下我国养老服务的着力点——以马斯洛需求层次理论为观照［J］.中共福建省委党校学报，2012（12）：92-97.

［19］马利霞.智慧城市视角下社区居家养老综合服务平台的构建——以青岛西海岸新区为例［J］.经济研究参考，2017（32）：34-39.

［20］童星.发展社区居家养老服务以应对老龄化［J］.探索与争鸣，2015（8）：69-72.

［21］罗亚萍，茹斯羽．我国发展城市社区居家养老服务的问题与对策——以西安市社区老年餐桌为例［J］.西安交通大学学报（社会科学版），2014（5）：84-92.

［22］刘焕明，蒋艳．社区居家养老为老服务模式探析［J］.贵州社会科学，2015（11）：103-107.

［23］边恕，黎蔺娴，孙雅娜．社会养老服务供需失衡问题分析与政策改进［J］.社会保障研究，2016（3）：23-31.

［24］王锦成．居家养老：中国城镇老人的必然选择［J］.人口学刊，2000（4）：20-23.

［25］丁煜，叶文振．城市老人对非家庭养老方式的态度及其影响因素［J］.人口学刊，2001（2）：12-17.

［26］胡永琴．人口老龄化背景下城市社区养老机制研究［J］.哈尔滨市委党校学报，2008（6）：10-12.

［27］丁志宏，王莉莉．我国社区居家养老服务均等化研究［J］.人口学刊，2011（5）：83-88.

［28］王莉莉．基于"服务链"理论的居家养老服务需求、供给与利用研究［J］.人口学刊，2013（2）：49-59.

［29］王琼．城市社区居家养老服务需求及其影响因素——基于全国性的城市老年人口调查数据［J］.人口研究，2016（1）：98-112.

［30］刘金华，谭静．养老需求中精神慰藉类型的分析——基于四川省彭州市宝山村的调查［J］.农村经济，2016（10）：81-87.

［31］田奇恒，孟传慧．城镇空巢老人社区居家养老服务需求探析——以重庆市某新区为例［J］.人口与社会，2012（1）：30-33.

［32］穆光宗．中国"老龄产业"发展的市场潜力和战略取向［J］.人口与发展，2000（4）：63-68.

［33］郭竞成．农村居家养老服务的需求强度与需求弹性——基于浙江农村老年人问卷调查的研究［J］.社会保障研究，2012（1）：47-57.

［34］刘立峰．养老社区发展中的问题及对策［J］.宏观经济研究，2012（1）：29-32.

［35］李兵，张文娟，洪小良．社区居家养老服务的政策体系研究——以北京市月坛街道为例［J］.北京行政学院学报，2008（1）：79-83.

［36］葛文钰．社区居家养老服务调查与思考［J］.中国统计，2010（11）：50-52.

[37] 杨瑞.立足老年人需求发展老年福利服务 [J].人口与经济,2010(S1):3-4.

[38] 史薇,谢宇.家庭养老资源对城市老年人居家养老服务需求的影响研究——以北京市为例 [J].西北人口,2014(4):88-94.

[39] 行红芳.老年人的社会支持系统与需求满足 [J].中州学刊,2006(3):120-123.

[40] 蔡中华,安婷婷,侯翱宇.城市老年人社区养老服务需求特征与对策——基于吉林市的调查 [J].社会保障研究,2013(4):45-49.

[41] 温海红,王怡欢.社区养老服务政策实施效果评价体系构建及其应用——以西安市为例 [J].社会保障研究,2017(1):14-22.

[42] 周伟文,严晓萍,赵巍,等.城市老年群体生活需求和社区满足能力的现状与问题的调查分析 [J].中国人口科学,2001(4):55-61.

[43] 周伟文,赵巍,严晓萍,等.居家式社区养老方式与老年群体的社会化管理 [J].河北学刊,2001,21(4):75-78.

[44] 李斌,王依明,李雪,等.城市社区养老服务需求及其影响因素 [J].建筑学报,2016(S1):90-94.

[45] 王石泉.老年社会服务需求考察 [J].中国社会保障,2006(9):28-29.

[46] 阴国恩,丁新萌,杨红.老年人需要及相关因素的研究 [J].天津师范大学学报(社会科学版),2001(5):37-41.

[47] 陈英姿,满海霞.中国养老公共服务供给研究 [J].人口学刊,2013,35(1):22-26.

[48] 明艳.老年人精神需求"差序格局"[J].南方人口,2000(2):56-60.

[49] 周兆安.家庭养老需求与家庭养老功能弱化的张力及其弥合 [J].西北人口,2014(2):45-49.

[50] 山娜,姜向群,王硕.老年人眼中的养老院:现状和出路——基于老年人需求层次和社会分层理论 [J].调研世界,2016(9):54-59.

[51] 傅双喜.老年人心理需求状况及其增龄效应 [J].中国老年学杂志,2011,31(11):2057-2060.

[52] 左美云,刘勍勍,刘方.老年人信息需求模型的构建与应用 [J].管理评论,2009,21(10):70-77.

[53] 宋跃飞.养老需求满足与养老策略选择——基于一个农村多子女家庭的个案研究 [J].人文杂志,2010(2):181-185.

[54]陆群峰.上海市老年人家庭照顾者支持性服务需求的质性研究[J].同济大学学报（医学版），2012（3）：109-112.

[55]曾友燕，王志红，吕伟波，等.老年人社会支持性家庭护理服务需求的质性研究[J].护士进修杂志，2006（6）：495-496.

[56]田君叶，刘均娥，王永利，等.空巢老人对社区医疗护理需求的质性研究[J].护理管理杂志，2010（6）：383-385.

[57]曹娟，安芹，陈浩.ERG理论视角下老年人心理需求的质性研究[J].中国临床心理学杂志，2015（2）：343-345.

[58]张俊良，曾祥旭.市场化与协同化目标约束下的养老模式创新——以市场人口学为分析视角[J].人口学刊，2010（3）：48-53.

[59]田北海，王彩云.城乡老年人社会养老服务需求特征及其影响因素——基于对家庭养老替代机制的分析[J].中国农村观察，2014（4）：2-17.

[60]黄匡时.中国老年人日常生活照料需求研究[J].人口与社会，2014，30（4）：10-17.

[61]王红.老年人社会服务需求、供给及利用情况分析——以北京市西城区为例[J].北京交通大学学报（社会科学版），2015（1）：124-131.

[62]朱蓉，郝勇，王菲菲.上海市老年人养老服务需求调查研究[J].社会保障研究，2013（6）：21-26.

[63]姜向群，郑研辉.城市老年人的养老需求及其社会支持研究——基于辽宁省营口市的抽样调查[J].社会科学战线，2014（5）：186-192.

[64]刘晶.上海城市生活不能自理老人生活照料状况及意愿研究[J].西北人口，2001（2）：54-57.

[65]郭延通，郝勇.失能与非失能老人社区养老服务需求比较研究——以上海市为例[J].社会保障研究，2016（4）：25-33.

[66]董倩楠，靳岩鹏，张小丽，等.不同文化程度、日常生活活动能力的老年人对社区居家养老服务的需求[J].中国老年学，2016，36（13）：3297-3299.

[67]桂世勋.中国高龄老人长期护理问题的思考[J].中国人口科学，2004（S1）：113-118.

[68]石燕.城市独生子女空巢家庭的阶段划分与特征[J].人口与社会，2008，24（1）：24-28.

[69]风笑天.独生子女父母的空巢期：何时开始？会有多长？[J].社会科学，

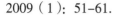
2009（1）：51–61.

［70］毕红霞，徐汝峰.以需求为导向的农村空巢老人养老保障路径优化——以山东为例［J］.人口与社会，2015（4）：69–78.

［71］陈盼盼.失独老人社区照顾的模式［J］.重庆社会科学，2015（6）：47–54.

［72］龚志文，刘太刚.我国失独家庭养老保障的差异化制度设计研究——基于需求溢出理论的视角［J］.学习论坛，2015，31（7）：55–59.

［73］黄晨熹，汪静，陈瑛.家庭长期照顾者的特征需求与支持政策——以上海市失能失智老人照顾者为例［J］.上海城市管理，2016（5）：70–76.

［74］董毅，胡善菊，郭继志，等.山东省城市社区养老中的社区卫生服务需求与利用［J］.中国老年学，2015（2）：461–463.

［75］严书欢，林枫，周绿林，等.老年人老年护理服务需求影响因素及对策研究［J］.中国全科医学，2015（15）：1775–1779.

［76］朱晓平，刘雪荣，叶文，等.717名城镇老年人社区卫生服务需求探讨［J］.中华流行病学杂志，2005，26（11）：888–891.

［77］罗莉，罗盛，李伟.城市社区慢性病老年人护理服务需求及影响因素［J］.中国老年学杂志，2016（19）：4883–4884.

［78］罗金凤，齐玉梅，王承明.湖北西部地区准老年人养老意愿及老年护理需求的调查研究［J］.中国全科医学，2014（22）：2627–2629.

［79］徐刚，袁兆康，朱宏.老年人群医疗卫生服务需求及利用［J］.中国老年学杂志，2010（10）：1417–1419.

［80］李芳.老年人精神需求及其社会支持网的构建［J］.学术交流，2012（8）：116–119.

［81］阮云龙，王凯珍，李骁天.北京市社区老年人群体育参与和需求研究［J］.体育文化导刊，2016（6）：30–34.

［82］吴翠萍.影响城市居民未来养老意愿的因素分析［J］.中国老年学，2011，31（12）：2296–2297.

［83］魏民，邢凤梅，李颖，等.社区老年人居家养老选择现状及影响因素分析［J］.中国公共卫生，2016，32（9）：1153–1155.

［84］刘艺容，彭宇.湖南省社区居家养老的需求分析——以对部分老年人口的调研数据为基础［J］.消费经济，2012（2）：63–66.

［85］杨琨.老年人的福利需要及其影响因素研究——基于适度普惠老年人福利数据库的分析［J］.西北人口，2017（2）：61–68.

［86］向前，谭剑，许军，等.基于供给需求理论的老龄化人口卫生服务的探讨［J］.医学与哲学，2016（9）：61-63.

［87］万霞，贺亚楠，黄煊，等.老年家庭护理服务需求及其支付意愿影响因素的质性研究［J］.护理研究，2013（11）：977-979.

［88］李文君.城市老年人养老服务需求及洛阳市养老机构的分析［J］.中国老年学，2011，31（13）：2541-2543.

［89］李长远.社区居家养老服务的国际经验借鉴［J］.重庆社会科学，2014（11）：21-27.

［90］李翔.社会嵌入理论视角下城市社区居家养老问题研究［J］.广西社会科学，2014（4）：131-134.

［91］董海军，吕耀鹏.社区照顾养老模式：需求拓展、实施条件及建议［J］.学习与实践，2010（3）：116-120.

［92］李宗华，李伟峰，张荣.老年人社区照顾的本土化实践及反思［J］.甘肃社会科学，2009（4）：34-37.

［93］钱宁.中国社区居家养老的政策分析［J］.学海，2015（1）：94-100.

［94］李凤琴，陈泉辛.城市社区居家养老服务模式探索——以南京市鼓楼区政府向"心贴心老年服务中心"购买服务为例［J］.西北人口，2012（1）：46-50.

［95］许爱花.中国城市社区老年人养老模式之反思［J］.宁夏大学学报（人文社会科学版），2005（3）：108-111.

［96］陈玉娟，李立，李壮志，等.石家庄市老年人居家养老服务需求与对策［J］.中国老年学杂志，2013（4）：901-902.

［97］陈伟，黄洪.批判视域下的老年社会工作：对社区居家养老服务的反思［J］.南京社会科学，2012（1）：70-77.

［98］章晓懿，刘帮成.社区居家养老服务质量模型研究——以上海市为例［J］.中国人口科学，2011（3）：83-92.

［99］高灵芝.当前城市社区服务的基本定位与发展走向［J］.甘肃社会科学，2004（3）：111-114.

［100］郭竞成.居家养老模式的国际比较与借鉴［J］.社会保障研究，2010（1）：29-39.

［101］陈友华，吴凯.社区养老服务的规划与设计——以南京市为例［J］.人口学刊，2008（1）：42-48.

［102］卢德平．略论中国的养老模式［J］．中国农业大学学报（社会科学版），
　　　　2014（4）：56-63．

［103］席恒．分层分类：提高养老服务目标瞄准率［J］．学海，2015（1）：80-87．

［104］邬庆祥．对马斯洛需要层级理论的批评［J］．外国心理学，1985（4）：
　　　　51-52．

［105］郭志刚，刘鹏．中国老年人生活满意度及其需求满足方式的因素分析——
　　　　来自核心家人构成的影响［J］．中国农业大学学报，2007，24（3）：73-79．

［106］杨善华，贺常梅．责任伦理与城市居民的家庭养老——以"北京市老年人
　　　　需求调查"为例［J］．北京大学学报（哲学社会科学版），2004，41（1）：
　　　　71-84．

［107］邓大松，李玉娇．失能老人长照服务体系构建与政策精准整合［J］．西北
　　　　大学学报（哲学社会科学版），2017（6）：55-62．

［108］施巍巍，罗新录，唐德龙．福利经济学视角下老年人养老方式的选择决策
　　　　及影响因素分析——以齐齐哈尔市的三个区为例［J］．学习与探索，2015
　　　　（2）：40-46．

［109］同春芬，王珊珊．老龄社会转型背景下老龄服务社会化的推进——基于福
　　　　利社会范式的视角［J］．求实，2017（11）：61-70．

［110］肖云，随淑敏．我国失能老人机构养老意愿分析——基于新福利经济学视
　　　　角［J］．人口与发展，2017（2）：92-99．

［111］董彭滔．建立健全中国家庭养老支持政策探析［J］．老龄科学研究，2014
　　　　（2）：10-17．

［112］肖云，杨光辉．我国社区居家养老服务人员队伍结构优化研究——以564
　　　　名社区居家养老服务人员为例［J］．西北人口，2013（6）：95-99．

［113］罗兴奇．居家养老服务的结构困境及优化路径——以上海市为例［J］．城
　　　　市问题，2017（2）：83-89．

［114］张国平．居家养老社会化服务的新模式——以苏州沧浪区"虚拟养老院"
　　　　为例［J］．宁夏社会科学，2011，5（3）：56-62．

［115］颜秉秋，高晓路．城市老年人居家养老满意度的影响因子与社区差异［J］．
　　　　地理研究，2013（7）：1269-1279．

［116］钟仁耀，侯冰．公平性视角下的养老机构分类管理机制研究［J］．中共浙
　　　　江省委党校学报，2017（1）：66-72．

［117］彭艳芳．国内城市居家养老的研究综述［J］．社会工作，2010（3）：13-15．

三、学位论文

［1］黄敏.老龄时代新型养老商务服务模式研究［D］.复旦大学硕士学位论文，2013.

［2］孙晓芹.上海城市老年人养老生活满意度及其影响因素研究［D］.上海工程技术大学硕士学位论文，2011.

［3］陈尹.空巢老人社区心理需求的质性分析及其应用研究［D］.南京师范大学硕士学位论文，2014.

［4］王凯.老年保障服务链构建研究［D］.大连理工大学硕士学位论文，2011.

［5］王方兵.城市居家养老老年人居住环境需求研究［D］.华东师范大学博士学位论文，2015.

［6］穆瑞章.老年群体隐性需求研究［D］.天津财经大学硕士学位论文，2010.

［7］高晓薇.基于互联网的政府全民健身公共服务网站的信息供需研究［D］.福建师范大学硕士学位论文，2014.

［8］康乃馨.基于家庭视角的我国老年社会福利政策研究［D］.南京师范大学硕士学位论文，2014.

［9］纪洋平."互联网＋居家养老服务"研究［D］.吉林财经大学硕士学位论文，2018.

［10］彭庆超."互联网＋"背景下我国城市社区居家养老服务模式研究［D］.陕西师范大学硕士学位论文，2017.

［11］刘也.基于"互联网＋"的社区智慧养老体系构建研究——以天津市为例［D］.天津大学博士学位论文，2019.

［12］王茹.互联网＋居家养老服务：养老服务模式的创新［D］.吉林大学硕士学位论文，2017.

［13］沈双颖.数字治理时代上海市空巢老人养老服务精准供给问题研究［D］.东华大学硕士学位论文，2023.

［14］刘书奇.基于数字化的智慧养老服务精准化供给机制研究——以 J 市为例［D］.南昌大学硕士学位论文，2023.

四、其他

［1］侯冰，钟仁耀.社区居家养老服务体系建设面临六大挑战［N］.中国社会报，2016-09-05（2）.

［2］侯冰，钟仁耀.破解社区居家养老服务体系建设困境的六条路径［N］.中国社会报，2016-11-07（2）.

［3］国务院.国务院关于印发"十三五"国家老龄事业发展和养老体系建设规划的通知［EB/OL］.http：//www.cncaprc.gov.cn/contents/2/179240.html.

［4］阎青春.我国城市居家养老服务研究新闻发布稿［EB/OL］.http：//www.cnca.org.cn/default/iroot1001310000/4028e47d182f03c01183f052d2e02f6.html.

［5］国务院.国务院关于印发"十三五"国家老龄事业发展和养老体系建设规划的通知［EB/OL］.http：//www.cncaprc.gov.cn/contents/2/179240.html.

［6］世界卫生组织.关于老龄化与健康的全球报告［EB/OL］.http：//www.who.int/ageing/publications/world-report-2015/zh/.

［7］世界卫生组织.建立老年人长期照顾政策的国际共识［EB/OL］.http：//www.who.int/publications/list/WHO_HSC_AHE_00_1/zh/.

［8］习近平.决胜全面建成小康社会夺取新时代中国特色社会主义伟大胜利——在中国共产党第十九次全国代表大会上的报告［EB/OL］.http：//news.xinhuanet.com/politics/19cpcnc/2017-10/27/c_1121867529.htm.